传承百年学术重镇薪火与精华

老北大讲义

史学方法导论

傅斯年 著

時代文藝出版社

图书在版编目（CIP）数据

史学方法导论 / 傅斯年著．—长春：时代文艺出版社，2019.5

ISBN 978-7-5387-5742-2

Ⅰ. ①史…　Ⅱ. ①傅…　Ⅲ. ①史学－方法论－中国－文集　Ⅳ. ①K207-53

中国版本图书馆CIP数据核字（2018）第003653号

出 品 人　陈　琛
产品总监　郭力家
责任编辑　方　伟
助理编辑　刘　力
装帧设计　孙　利
排版制作　毛倩雯

史学方法导论

傅斯年 著

出版发行 / 时代文艺出版社
地址 / 长春市净月高新技术产业开发区生态大街与福祉大路交会西行200米
出版集团A座15楼　时代文艺出版社　邮编 / 130000
北京开发部 / 010-63108163
官方微博 / weibo.com / tlapress　天猫旗舰店 / sdwycbsgf.tmall.com
印刷 / 三河市万龙印装有限公司
开本 / 710mm × 1000mm　1 / 16　字数 / 219千字　印张 / 18.25
版次 / 2019年5月第1版　印次 / 2019年5月第1次印刷　定价 / 45.00元

图书如有印装错误　请寄回印厂调换

出版说明

自1898年建校以来，北京大学作为中国第一所国立大学，当仁不让地成为一座重镇。我们很难在“重镇”的前面加上合适的定语，如果挂一漏万地勉强做一下尝试，那么，如下关键词应该无法忽略：教育、学术、思想、文化传承；如果再在这些严肃的字眼前做个补充，我们应该谨慎地加上——心目中。

因此，这句话完整地表述出来，或许是这个样子的——北大是我们心目中一座教育、学术、思想和文化传承的重镇。

从语法的角度来看，离中心词越远的形容词，它的定语功能越弱，因此，这个“心目中”的限定作用其实很让人怀疑——难道事实不是这样吗？难道北大只是无数人在心中塑造的神圣殿堂吗？

确实如此，在我们没有条件走入北大的课堂，在我们没有聆听教授们的传道、授业、解惑，甚至在我们没有阅读这套《老北大讲义》之前，它只不过存在于我们渴求学业、探求人文理想的心目中。如今的我们很难跨越时空触摸“五四”时期的红楼，也再无可能听到黄侃挤兑胡适的精彩言辞——但好在，校址课堂可以变换，教授先生可以逝去，但这套《老北大讲义》，仍然使这座学术思想的重镇触手可及般呈现在我们的面前，而不仅仅再让我们于心目中憧憬和描摹。事实上，又有什么比文字著述能流传得更远更久，同时又能连缀百年与今日、先贤与遗产呢？

这套《老北大讲义》，就是这样与我们“心目中”的那座殿堂如此接近，它来自于塑造这座重镇所需的基石——现在我们依然无法用准确的词汇总结出给神殿做基石所必要的成分。好在北大建校百年后的大洋彼岸，美国斯坦福大学明确拒绝了国务卿赖斯重回母校任职的申请。一位教授这样阐述他的理由：赖斯为之服务的政府破坏了正义、科学、专业、正直等基本的学术价值观，斯坦福不应该再让她回来。美国人在现代文明中体会到“学校”的本质精神，而早在百年前社会思想纷杂的乱世中，北大的学者便在这个基础上加上了“勇气”二字，因为，他们面对的是启蒙。

正是基于勇气之下的正义、科学、专业、正直，老北大的讲义直到如今，依然在现代学术和思想史上具有无可替代的价值。原因似乎很简单：它只为良知负责，而不掺杂任何功利；原因却也很复杂：能够做到这一点，并不是仅有愿望和坚持那么容易。因此，我们很难想象，这套《老北大讲义》，是如何能够穿越百年风云，在思想的多次变革和社会的动荡过后，依然能够熠熠闪光。

或许所有的答案早在蔡元培先生的一句话中：“循思想自由原则，取兼容并包之义。”这是北大的立校之基，是北大的教育准绳。但是，如果我们抛开了学校与教育的因素，就会清晰地看到现代学术与思想发轫的源头。正是本着这种精神，这套《老北大讲义》呈现出大多数人意想不到的面貌：

其一，它涵盖了文学、史学、艺术、哲学甚至更多的边缘学科。而我们大概很难想到那些目前几近符号化定格的先贤竟会如此“跨学科”，在某个非专项的细小考证上侃侃而谈；

其二，在同类学术问题的思考上，各教授的观点未必一致甚或相左。课堂上也经常有明讥暗讽、互相贬低之类的掌故。但这并不妨碍落了下风的一方以独立的精神和学术的品格坚守自己；

其三，在当时的情况下，教授们对西方现代哲学思想或历史观念的了解并不很深，哪怕对本国正在发生的白话文运动也多有不成熟的看法，但这并不妨碍以客观踏实的精神大胆探求；

其四，即或放在今天，我们依然看到著述中鲜活的思路和治学原则。或许其所述内容业已陈旧，但其字里行间跳动的思想却是今天的某些所谓巨著中缺少的灵魂。

正因为如此，《老北大讲义》不仅仅是小小课堂的教学工具，更是现代学术和思想发轫的第一媒介。因为有了李大钊的《史学要论》，才有了马克思主义唯物史观在中国的首次公开而正式的传播；因为有了胡适的西方哲学讲义，才有了国人对西方文明尤其是现代思潮的进一步了解；因为有了钱玄同和刘半农的汉语研究，才有了推动白话文运动的基本依据……

当我们无法亲临北大课堂，当我们无法回到那个大师辈出的年代时，这套《老北大讲义》像是一座桥梁沟通了时空，轻易地在我们脚下搭建了一条通往中国学养源头的路。

然而，对这些珍贵思想文化遗产的整理和推广，看似轻易简单，实则困难重重。在首批推出的著述中，我们不得不仔细考虑作者的成就与影响，也不得不考量每一本书的内容价值，甚至还得兼顾品种的丰富性和学科的完整性，因此，难免有遗珠之憾。

此外，有些影响较广的著述，此前亦有各种单行本见于市面。编者虽然力求呈现出更多的新品种，填补文化传承上的空白，但考虑到这是国内首次完整地以“老北大讲义”的概念进行编纂出版，所以，我们也在严谨衡量的基础上推出了这类“旧作”。

以往，老北大讲义有很多著述仅有存目，出版本十分罕见。但让我们十分快慰的是，在此次编选的过程中找到了一些孤本，不日将陆续付梓——在兴奋与欣喜之余，我们也不免惧怕，如果再不出版，它们，这些凝聚一流学者的毕生心血的思想学术经典，恐怕后人再难读到了。

正因如此，我们希望这套书的出版，能够延续我们“心目中”的那座殿堂，否则，很难说再过百年后，北大是不是一座空中楼阁，会不会只是个在口头传颂的一段传奇。

关于本书与作者

傅斯年（1896—1950），初字梦簪，字孟真。中国现代历史学家，是20世纪上半叶我国重要的学术领袖，曾任国立中央研究院历史语言研究所所长。

傅斯年与北大渊源甚深，1913年他考入北京大学预科，1916年升入北京大学文科，1918年夏与罗家伦等组织新潮社，成为北大学生会领袖之一,五四运动爆发时，傅斯年担任游行总指挥，风云一时。1919年傅斯年大学毕业后赴海外留学，一度学习自然科学。1926年回国，后受蔡元培之聘筹办中央研究院历史语言研究所，并任所长。该所从广州迁往北平后，他便重回母校，兼任了北大教授。此后他先后兼任社会科学研究所所长、中央博物院筹备主任、国民参政会参政员、中央研究院总干事、政治协商会议委员等，在抗战胜利后，又一度代理北大校长之职。

傅斯年在北大做过学生、学生领袖、教授和校长，有这种经历的人确乎少见。他对北大的功劳也确实巨大，在他第一次任教北大时，校长是蒋梦麟，他回忆说:“九一八事变后，北平正在多事之秋，我的参谋就是适之（胡适）、孟真两位，事无大小，都就商于两位。他们两位代北大请到了好多位国内著名的教授，北大在北伐成功以后之复兴，他们两位的功劳实在太大了。”

而他第二次任职北大，实是国民政府任命胡适为校长，但胡在美国，傅斯年暂为代理。当时，从敌伪手里接办北京大学，有很多棘手问题，如对日本统治下的教职员如何处理便是一个问题。傅斯年决定一个不用。他给夫人写信说：“大批伪教职员进来，这是暑假后北大开办的大障碍，但我决心扫荡之，决不为北大留此劣根。”又说：“在这样局面下，胡先生办远不如我，我在这几个月给他打平天下，他好办下去。”

傅斯年在北大史学系先后开设了史学方法导论、中国古代文籍文辞史、中国古代文学史、中国上古史专题研究、汉魏史专题研究等五六门课。

傅斯年的史学成就非但在考证，更在于方法。

比如这门“史学方法导论”课程包括三个方面：一、中国及欧洲史学观点之演讲；二、自然科学与史学之关系；三、史料之整理方法。

傅斯年在课堂上再三提出“史学即是史料学”的命题，并且常常把“上穷碧落下黄泉，动手动脚找东西”这句话挂在嘴边。这一思想得益于他在国外留学时受到了一代史学大师兰克（德国人，1795—1886）的影响。兰克强调重视史料，认为把史料分类摆出来就是历史，历史是超然物外、不偏不倚的。傅斯年进而说：“近代的历史学只是史料学。”“我们反对疏通，我们只是把材料整理好，则事实自然显明了。一分材料出一分货，十分材料出十分货，没有材料便不出货。两件事实之间，隔着一大段，把它们联系起来的一切涉想，自然有些也是多多少少可以容许的，但推论是危险的事……材料之内使它发现无遗，材料之外我们一点也不越过去说。”

这种方法是否有瑕疵暂不必说，但它当年确实影响巨大，人称傅斯年开创了“史料学派”。他的学生邓广铭回忆说:“傅斯年先生最初在中山大学创办语言历史研究所时提出这一治史方针，后来又在《中央研究院历史语言研究所集刊》上声明这是办所的宗旨。胡适在北京大学《国学季刊》发刊词中也表达了同样的意见。他们两人一南一北，推动史学朝这个方向发展，史学界由此也形成一种重视史料的风气和氛围。”

目　录

拟　目

第一讲　论史学非求结论之学问

论史学在"叙述科学"中之位置

论历史的知识与艺术的手段

第二讲　中国及欧洲历代史学观念演变之纲领

第三讲　统计方法与史学

第四讲　史料论略

第五讲　古代史与近代史

第六讲　史学的逻辑

第七讲　所谓"史观"

史料论略

我们在上章讨论中国及欧洲历史学观念演进的时候，已经归纳出下列的几个结论：

一、史的观念之进步，在于由主观的哲学及伦理价值论变作客观的史料学。

二、著史的事业之进步，在于由人文的手段，变作如生物学、地质学等一般的事业。

三、史学的对象是史料，不是文词，不是伦理，不是神学，并且不是社会学。史学的工作是整理史料，不是做艺术的建设，不是做疏通的事业，不是去扶持或推倒这个运动，或那个主义。

假如有人问我们整理史料的方法，我们要回答说：第一是比较不同的史料，第二是比较不同的史料，第三还是比较不同的史料。假如一件事只有一个记载，而这个记载和天地间一切其他记载（此处所谓记载，不专指文字，犹史料之不以文字为限）不相干，则对这件事只好姑信姑疑，我们没有法子去对它做任何史学的工夫。假如天地间事都是这样，则没有一切科学了，史学也是其一。不过天地间事并不如此。物理化学的事件重复无数，故可以试验，地质生物的记载每有相互的关系，故有归纳的结论。历史的事件虽然一件事只有一次，但一个事件不尽只有一个记载，所以这个事件在多种情形下，可以比较而得其近真；好几件事情又每每有相关联的地方，更可以比较而得其头绪。

在中国详述比较史料的最早一部书，是《通鉴考异》。这是司马君实领导着刘攽、刘恕、范祖禹诸人做的。这里边可以看出史学方法的成熟和整理史料的标准。在西洋则这方法的成熟晚了好几百年；到十七八世纪，这方法才算有自觉的完成了。

史学便是史料学：这话是我们讲这一课的中央题目。史料学便是比较方法之应用：这话是我们讨论这一篇的主旨。但史料是不同的，有来源的不同，有先后的不同，有价值的不同，有一切花样的不同。比较方法之使用，每每是“因时制宜”的。处理每一历史的事件，每每取用一种特别的手段，这手段在宗旨上诚然不过是比较，在迎合事体上却是甲不能转到乙，乙不能转到丙，丙不能转到丁……徒然高揭“史学的方法是以科学的比较为手段，去处理不同的记载”一个口号，仍不过是“托诸空言”；何如“见诸实事之深切著明”呢？所以我们把这一篇讨论分作几节，为每节举一个或若干个实例，以见整理史料在实施上的意义。

第一章　史料之相对的价值[①]

第一节　直接史料对间接史料

史料在一种意义上大致可以分作两类：一、直接的史料；二、间接的史料。凡是未经中间人手修改或省略或转写的，是直接的史料；凡是已经中间人手修改或省略或转写的，是间接的史料。《周书》是间接的材料，毛公鼎则是直接的;《世本》是间接的材料（今已佚），卜辞则是直接的;《明史》是间接的材料，明档案则是直接的。以此类推。有些间接的材料和直接的差不多，例如《史记》所记秦刻石；有些便和直接的材料成极端的相反，例如《左传》《国语》中所载的那些语来语去。自然，直接的材料是比较可信的，间接材料因转手的缘故容易被人更改或加减；但有时某一种直接的材料也许是孤立的，是例外的，而有时间接的材料反是前人精密归纳直接材料而得的：这个都不能一概论断，要随时随地地分别着看。

直接史料的出处大致有二：一、地下；二、古公廨、古庙宇及世家之所藏。不是一切东西都可在地下保存的，而文字所凭的材料，在

① 本章及所包括的“拟目”“史料论略”为旧版整理稿，现依原版编排。

后来的，几乎全不能在地下保存，如纸如帛。在早年的幸而所凭借者是骨，是金，是石，是陶，是泥；其是竹木的，只听见说在干燥的西域保存着，在中国北方的天气，已经很不适于保存这些东西于地下。至于世家，中国因为久不是封建的国家，所以是很少的，公廨庙宇是历经兵火匪劫的。所以敦煌的巨藏有一不有二，汲冢的故事一见不再见。竹书一类的东西，我也曾对之“寤寐思服”，梦想洛阳周冢，临淄齐冢，安知不如魏安僖王冢？不过洛阳陵墓已为官匪合作所盗尽，临淄滨海，气候较湿，这些梦想未必能实现于百一吧？直接材料的来源有些限制，所以每有偏重的现象。如殷卜辞所记“在祀与戎”，而无政事。周金文偏记光宠，少记事迹。敦煌卷子少有全书。（其实敦煌卷子只可说是早年的间接材料，不得谓为直接材料。）明清内阁大库档案，都是些“断烂朝报”。若是我们不先对于间接材料有一番细工夫，这些直接材料之意义和位置，是不知道的；不知道则无从使用。所以玩古董的那么多，发明古史的何以那么少呢？写钟鼎的那么多，能借殷周文字以补证经传的何以只有许瀚、吴大澂、孙诒让、王国维几个人呢？何以翁方纲、罗振玉一般人都不能呢？（《殷虚书契考释》一书，原是王国维作的，不是罗振玉的）珍藏唐写本的那么多，能知各种写本的互相位置者何以那么少呢？直接材料每每残缺，每每偏于小事，不靠较为普遍、略具系统的间接材料先作说明，何从了解这一件直接材料？所以持区区的金文，而不熟读经传的人，只能去做刻图章的匠人；明知《说文》有无穷的毛病，无限的错误，然而丢了它，金文更讲不通。

以上说直接材料的了解，靠间接材料做个预备，做个轮廓，做个界落。然而直接材料虽然不比间接材料全得多，却比间接材料正确得多。一件事经过三个人的口传便成谣言，我们现在看报纸的记载，竟那么靠不住。则时经百千年，辗转经若干人手的记载，假定中间人并无成见，并无恶意，已可使这材料全变一翻面目；何况人人免不了他自己时代的精神：即免不了他不自觉而实在深远的改动。一旦得到一个可信的材料，自然应该拿它去校正间接史料。间接史料的错误，靠它更正；间接史料的不足，靠它弥补；间接史料的错乱，靠它整齐；间接史料因经中间人手而成之灰沉沉样，靠它改给一个活泼泼的生气象。我们要能得到前人所得不到的史料，然后可以超越前人；我们要能使用新得材料于遗传材料上，然后可以超越同见这材料的同时人。那么以下两条路是不好走的：

一、只去玩弄直接材料，而不能把它应用到流传的材料中。例如玩古董的，刻图章的。

二、对新发现之直接材料深固闭拒的，例如根据秦人小篆，兼以汉儒所新造字，而高谈文始，同时说殷墟文字是刘铁云假造的章太炎。

标举五例，以见直接间接史料之互相为用。

例一 王国维君《殷卜辞中所见先公先王考》

王静安君所作《殷卜辞中所见先公先王考》两篇（《观堂集林》卷九），实在是近年汉学中最大的贡献之一。原文太长，现在只节录前篇的“王亥”“王恒”“上甲”三节，下篇的“商先王世数”一节，以见其方法。其实这个著作是不能割裂的，读者仍当取原书全看。

王君拿直接的史料，用细密的综合，得到了下列的几个大结果。第一，证明《史记》袭《世本》说之不虚构；第二，改正了《史记》中所有由于传写而生的小错误；第三，于间接材料之矛盾中（《汉书》与《史记》），取决了是非。这是史学上再重要不过的事。至于附带的发现也多。假如王君不熟习经传，这些材料是不能用的；假如熟习经传者不用这些材料，经传中关涉此事一切语句之意义及是非是不能取决的。那么，王君这个工作，正可为我们上节所数陈的主旨作一个再好不过的实例。

王亥

卜辞多记祭王亥事，《殷虚书契前编》有二事，曰：贞燎于王亥（卷一第四十九叶），曰：贞之于王亥卌牛辛亥用（卷四第八叶）。后编又有七事，曰：贞于王亥求年（卷上第一叶），曰：乙巳卜□贞之于王亥十（下阙同上第二十叶），曰：贞燎于王亥（同上第十九叶），曰：燎于王亥（同上第二十三叶），曰：癸卯□贞□□高祖王亥□□□（同上第二十一叶），曰：甲辰卜□贞辛亥燎于王亥卅牛十二月（同上第二十三叶），曰：贞登王亥羊（同上第二十六叶），曰：贞之于王亥羊□三百牛（同上第二十八叶）。龟甲兽骨文字有一事，曰：贞燎于王亥五牛（卷一第九叶）。观其祭日用辛亥，其牲用五牛，三十牛，四十牛，乃至三百牛，乃祭礼之最隆者，必为商之先王先公无疑。案：《史记·殷本纪》及《三代世表》，商先祖中无王亥。惟云：冥卒，子振立；振卒，子微立。《索隐》：振，系本作核；《汉书·古今人表》作垓。然则《史记》之振当为核，或为垓字之讹也。《大荒东经》曰：有困民国，句姓，而食有人，曰王亥。两手操鸟，方食其头。王亥托于有易，河伯仆牛，有易杀王亥，取仆牛。郭璞注引《竹书》曰：殷王子亥宾于有易，而淫焉，有易之君绵臣杀而放之。是故殷主甲微假师于河伯，以伐有易，克之，遂杀其君绵臣也（此《竹书纪年》真本，郭氏隐括之如此）。今本《竹书纪年》，帝泄十二年，殷侯子亥宾于有易，有易杀而放之。十六年，殷侯微以河伯之师伐有易，杀其君绵臣。是《山海经》之王亥，古本《纪年》作殷王子亥，今本作殷侯子亥。又前于上甲微者一世，则为殷之先祖，冥之子，微之父，无疑。卜辞作王亥，正与《山海经》同。又祭王亥皆以亥日，则亥乃其正字，《世本》作核，《古今人表》作垓，皆其通假字；《史记》作振，则因与核或垓二字形近而讹。夫《山海经》一书，其文不雅驯，其中人物，世亦以子虚乌有视之。《纪年》一书，亦非可尽信者。而王亥之名竟于卜辞见之，其事虽未必尽然，而其人则确非虚构。可知古代传说存于周秦之间者，非绝无根据也。

王亥之名及其事迹，非徒见于《山海经》《竹书》，周秦间人著书多能道之。《吕览·勿躬篇》：王冰作服牛。案，篆文冰作仌，与亥字相似，王仌亦王亥之讹。《世本·作篇》，胲作服牛，（《初学记》卷九十引，又《御览》八百九十引《世本》，鮌作服牛，鮌亦胲之讹。《路史注》引《世本》胲为黄帝马医，常医龙。疑引宋衷注。《御览》引宋注曰：胲黄帝臣也，能驾牛。又云：少昊时人，始驾牛。皆汉人说，不足据。实则《作篇》之胲，即《帝系篇》之核也）其证也。服牛者，即《大荒东经》之仆牛，古服仆同音。《楚辞·天问》：该秉季德，厥父是臧。胡终弊于有扈，牧夫牛羊？又曰：恒秉季德，焉得夫朴牛？该即胲，有扈即有易（说见下），朴牛亦即服牛。是《山海经》《天问》《吕览》《世本》皆以王亥为始作服牛之人。盖夏初奚仲作车，或尚以人挽之，至相土作乘马，王亥作服牛，而车之用益广。《管子·轻重戊》云：殷人之王立帛牢服牛马以为民利，而天下化之。盖古之有天下者，其先皆有大功德于天下。禹抑洪水，稷降嘉种，爰启夏周。商之相土王亥，盖亦其俦。然则王亥祀典之隆，亦以其为制作之圣人，非徒以其为先祖。周秦间王亥之传说，胥由是起也。

卜辞言王亥者九，其二有祭日，皆以辛亥，与祭大乙用乙日，祭大甲用甲日同例，是王亥确为殷人以辰为名之始，犹上甲微之为以日为名之始也。然观殷人之名，即不用日辰者，亦取于时为多，自契以下，若昭明，若昌若，若冥，皆含朝莫明晦之意，而王恒之名亦取象于月弦。是以时为名或号者，乃殷俗也。夏后氏之以日为名者，有孔甲，有履癸，要在王亥及上甲之后矣。

王恒

卜辞人名于王亥外又有王亙。其文曰：贞之于王亙（《铁云藏龟》第一百九十九叶及《书契后编》卷上第九叶）。又曰：贞𠬝之于王亙（《后编》卷下第七叶）。又作王𠄢，曰：贞王𠄢□（下阙，《前编》卷七第十叶）。案，亙即恒字。《说文解字》二部：恆，常也，从心从舟，在二之间，上下一心以舟施恒也。𠄨，古文恆从月。《诗》曰：如月之恒。案，许君既云古文恆从月，复引《诗》以释从月之意，而今本古文乃作𠄨，从二，从古文外，盖传写之讹，字当作𠄢。又，《说文》木部：𣏾，竟也，从木恆声。𠄨，古文𣏾。案，古从月之字，后或变而从舟，殷虚卜辞朝莫之朝作𣶃（《后编》卷下第三叶），从日月在茻间，与莫字从日在茻间同意，而篆文作𦩻，不从月而从舟。此例之𠄨本当作𠄢。𣏾鼎有字𠄢，从心从亙，与篆文之恆从亙者同，即恆之初字，可知亙亙一字。卜辞𠄨字从二从☾，（卜辞月字或作☽或作☾）其为亙亙二字，或恒字之省无疑。其作𠄨者，《诗·小雅》：如月之恒。毛传：恒，弦也。弦本弓上物，故字又从弓。然则𠄨𠄨二字，确为恒字。王恒之为殷先祖，惟见于《楚辞·天问》。《天问》自“简狄在台喾何宜”以下二十韵，皆述商事（前夏事后周事）。其问王亥以下数世事曰：该秉季德，厥父是臧。胡终弊于有扈，牧夫牛羊？干协时舞，何以怀之？平胁曼肤，何以肥之？有扈牧竖，云何而逢？击床先出，其命何从？恒秉季德，焉得夫朴牛？何往营班禄，不但还来？昏微遵迹，有狄不宁。何繁鸟萃棘，负子肆情？眩弟并淫，危害厥兄。何变化以作诈，后嗣而逢长？此十二韵以《大荒东经》及郭注所引《竹书》参证之，实纪王亥王恒及上甲微三世之事。而《山海经》《竹书》之有易，《天问》作有扈，乃字之误，盖后人多见有扈，少见有易，又同是夏时事，故改易为扈。下文又云：昏微遵迹，有狄不宁。昏微即上甲微，有狄亦即有易也。古狄易二字同音，故互相通假。《说文解字》辵部，逖之古文作逷。《书·牧誓》：逷矣西土之人。《尔雅》郭注引作逷矣西土之人。《书·多士》：离逷尔土。《诗·大雅》：用逷蛮方。《鲁颂》：狄彼东周。《毕狄钟》：毕狄不龚。此逖逷狄三字，异文同义。《史记·殷本纪》之简狄，《索隐》曰：旧本作易。《汉书·古今人表》作简逷。《白虎通·礼乐篇》：狄者，易也。是古狄易二字通。有狄即有易，上甲遵迹而有易不宁，是王亥弊于有易，非弊于有扈，故曰，扈当为易字之误也。狄易二字不知孰正孰借，其国当在大河之北，或在易水左右（孙氏之騄说）。盖商之先自冥治河，王亥迁殷（今本《竹书纪年》，帝芒三十三年，商侯迁于殷，其时商侯即王亥也。《山海经》注所引《真本竹书》，亦称王亥为殷王子亥，称殷不称商，则《今本纪年》此条，古本想亦有之。殷在河北，非亳殷，见余前撰《三代地理小记》），已由商邱越大河而北，故游牧于有易高爽之地，服牛之利即发现于此。有易之人杀王亥，取服牛，所谓胡终弊于有扈，牧夫牛羊者也。其云有扈牧竖，云何而逢，击床先出，其命何从者，似记王亥被杀之事。其云恒秉季德，焉得夫朴牛者，恒盖该弟，与该同秉季德，复得该所失服牛也。所云昏微遵迹，有狄不宁者，谓上甲微能率循其先人之迹，有易与之有杀父之仇，故为之不宁也。繁鸟萃棘以下，当亦记上甲事，书阙有间，不敢妄为之说，然非如王逸章句所说，解居父及象事，固自显然。要之，《天问》所说当与《山海经》及《竹书纪年》同出一源，而《天问》就壁画发问，所记尤详。恒之一人，并为诸书所未载。卜辞之王恒，与王亥同以王称，其时代自当相接，而《天问》之该与恒，适与之相当，前后所陈又皆商家故事，则中间十二韵自系述王亥王恒上甲微三世之事。然则王亥与上甲微之间，又当有王恒一世。以《世本》《史记》所未载，《山经》《竹书》所不详，而今于卜辞得之;《天问》之辞，千古不能通其说者，而今由卜辞通之：此治史学与文学者所当同声称快者也。

上甲

《鲁语》：上甲微，能帅契者也，商人报焉。是商人祭上甲微。而卜辞不见上甲。郭璞《大荒东经注》引《竹书》作主甲微，而卜辞亦不见主甲。余由卜辞有⿷匚乙⿵冂丙⿴口丁三人名，其乙丙丁三字皆在匚或コ中，而悟卜辞中凡数十见之⊞（或作⿱一⊞），即上甲也。卜辞中凡田狩之田字，其□中横直二笔皆与其四旁相接；而人名之⊞，则其中横直二笔或其直笔必与四旁不接，与田字区别较然。⊞中十字即古甲字（卜辞与古金文皆同），甲在□中，与⿷匚乙⿵冂丙⿴口丁之乙丙丁三字在匚或コ中同意。亦有□中横直二笔与四旁接，而与田狩字无别者，则上加一作⿱一⊞以别之。上加一者，古六书中指事之法，一在⊞上，与二字（古文上字）之一在一上同意，去上甲之义尤近。细观卜辞中记⊞或⿱一⊞者数十条，亦惟上甲微始足当之。卜辞中云自⊞（或作⿱一⊞）至于多后衣者五（《书契前编》卷二第二十五叶三见，又卷三第二十七叶，《后编》卷上第二十叶各一见），其断片云自⊞至于多后者三（《前编》卷二第二十五叶两见，又卷三第二十八叶一见），云自⊞至于武乙衣者一（《后编》卷上第二十叶）。衣者，古殷祭之名。又卜辞曰：丁卯，贞来乙亥告⊞自（《后编》卷上第二十八叶）；又曰：乙亥卜宾贞□大御自⊞（同上卷下第六叶）；又曰：（上阙）贞翌甲□㞢自⊞（同上第三十四叶）。凡祭告皆曰自⊞，是⊞实居先公先王之首也。又曰：辛巳卜大贞之自⊞元示三牛二示一牛十三月（《前编》卷三第二十二叶）。又云：乙未贞其求自⊞十又三示牛小示羊（《后编》卷上第二十八叶）。是由为元示及十又三示之首。殷之先公称示，主壬主癸卜辞称示壬示癸，则⊞又居先公之首也。商之先人王亥始以辰名，上甲以降皆以日名，是商人数先公当自上甲始。且⊞之为上甲，又有可征证者。殷之祭先，率以其所名之日祭之，祭名甲者用甲日，祭名乙者用乙日，此卜辞之通例也。今卜辞中凡专祭田者皆用甲日，如曰：在三月甲子□祭田（《前编》卷四第十八叶）；又曰：在十月又一（即十有一月）甲申□酌祭田（《后编》卷下第二十叶）；又曰：癸卯卜翌甲辰之由牛吉（同上第二十七叶）；又曰：甲辰卜贞来甲寅又伐田羊五卯牛一（同上第二十一叶）。此四事祭由有日皆用甲日。又云：在正月□□（此二字阙）祭大甲𠂤田（同上第二十一叶）。此条虽无祭日，然与大甲同日祭，则亦用甲日矣。即与诸先王先公合祭时，其有日可考者，亦用甲日。如曰：贞翌甲□𠂤自由（同上）；又曰：癸巳卜贞酌肜日自田至于多后衣亡它自□在四月惟王二祀（《前编》卷三第二十七叶）；又曰：癸卯，王卜贞酌翌日自田至多后衣亡它在□在九月惟王五祀（《后编》卷上第二十叶）。此二条以癸巳及癸卯卜，则其所云之肜日翌日，皆甲日也。是故田之名甲，可以祭日用甲证之；田字为十（古甲字）在□中，可以㔯㔭㔮三名乙丙丁在匚中证之；而此甲之即上甲，又可以其居先公先王之首证之。此说虽若穿凿，然恐殷人复起，亦无以易之矣。

《鲁语》称商人报上甲微，《孔丛子》引《逸书》：惟高宗报上甲微。（此魏晋间伪书之未采入梅本者，今本《竹书纪年》武丁十二年报祀上甲微，即本诸此）报者，盖非常祭。今卜辞于上甲有合祭，有专祭，皆常祭也。又商人于先公皆祭，非独上甲，可知周人言殷礼已多失实，此孔子所以有文献不足之叹欤？

商先王世数

《史记·殷本纪》《三代世表》及《汉书·古今人表》所记殷君数同，而于世数则互相违异。据《殷本纪》则商三十一帝（除大丁为三十帝），共十七世;《三代世表》以小甲雍己大戊为大庚弟（《殷本纪》大庚子），则为十六世;《古今人表》以中丁外壬河亶甲为大戊弟（《殷本纪》大戊子），祖乙为河亶甲弟（《殷本纪》河亶甲子），小辛为盘庚子（《殷本纪》盘庚弟），则增一世，减二世，亦为十六世。今由卜辞证之，则以《殷本纪》所记为近。案，殷人祭祀中有特祭其所自出之先王而非所自出之先王不与者，前考所举求祖乙（小乙）、祖丁（武丁）、康祖丁（庚丁）、武乙衣，其一例也。今检卜辞中又有一断片，其文曰:（上阙）大甲大庚（中阙）丁祖乙祖（中阙）一羊一南（下阙，共三行，左读，见《后编》卷上第五叶）此片虽残阙，然于大甲、大庚之间，不数沃丁，中丁（中字直笔尚存）、祖乙之间，不数外壬河亶甲，而一世之中仅举一帝，盖亦与前所举者同例。又其上下所阙得以意补之，如下：

由此观之，则此片当为盘庚、小辛、小乙三帝时之物，自大丁至祖丁皆其所自出之先王。以《殷本纪》世数次之，并以行款求之，其文当如是也。惟据《殷本纪》则祖乙乃河亶甲子，而非中丁子，今此片中有中丁而无河亶甲，则祖乙自当为中丁子，《史记》盖误也。且据此则大甲之后有大庚，则大戊自当为大庚子，其兄小甲雍己亦然，知《三代世表》以小甲、雍己、大戊为大庚弟者，非矣。大戊之后有中丁，中丁之后有祖乙，则中丁、外壬、河亶甲自当为大戊子，祖乙自当为中丁子，知《人表》以中丁、外壬、河亶甲、祖乙皆为大戊弟者非矣。 卜辞又云：父甲一牡，父庚一牡，父辛一牡（《后编》卷上第二十五叶）甲为阳甲，庚则盘庚，辛则小辛，皆武丁之诸父，故曰父甲，父庚，父辛；则《人表》以小辛为盘庚子者，非矣。凡此诸证，皆与《殷本纪》合，而与《世表》《人表》不合。是故殷自小乙以上之世数可由此二片证之，小乙以下之世数可由祖乙、祖丁、祖甲、康祖丁、武乙一条证之。考古者得此，可以无遗憾矣。

附殷世数异同表

帝名	殷本纪	三代世表	古今人表	卜辞
汤	主癸子	主癸子	主癸子	一世
大丁	汤　子	汤　子	汤　子	汤子二世
外丙	大丁弟	大丁弟	大丁弟	
中壬	外丙弟	外丙弟	外丙弟	
大甲	大丁子	大丁子	大丁子	大丁子三世
沃丁	大甲子	大甲子	大甲子	
大庚	沃丁弟	沃丁弟	沃丁弟	大甲子四世
小甲	大庚子	大庚弟	大庚子	
雍己	小甲弟	小甲弟	小甲弟	
大戊	雍己弟	雍己弟	雍己弟	大庚子五世
中丁	大戊子	大戊子	大戊子	大戊子六世

外壬	中丁弟	中丁弟	中丁弟	
河亶甲	外壬弟	外壬弟	外壬弟	
祖乙	河亶甲子	河亶甲子	河亶甲弟	中丁子七世
祖辛	祖乙子	祖乙子	祖乙子	祖乙子八世
沃甲	祖辛弟	祖辛弟	祖辛弟	
祖丁	祖辛子	祖辛子	祖辛子	祖辛子九世
南庚	沃甲子	沃甲子	沃甲子	
阳甲	祖丁子	祖丁子	祖丁子	祖丁子十世
盘庚	阳甲弟	阳甲弟	阳甲弟	阳甲弟十世
小辛	盘庚弟	盘庚弟	盘庚子	盘庚弟十世
小乙	小辛弟	小辛弟	小辛弟	小辛弟十世
武丁	小乙子	小乙子	小乙子	小乙子十一世
祖庚	武丁子	武丁子	武丁子	武丁子十二世
祖甲	祖庚弟	祖庚弟	祖庚弟	祖庚弟十二世
廪辛	祖甲子	祖甲子	祖甲子	
庚丁	廪辛弟	廪辛弟	廪辛弟	祖甲子十三世
武乙	庚丁子	庚丁子	庚丁子	庚丁子十四世
大丁	武乙子	武乙子	武乙子	
帝乙	大丁子	大丁子	大丁子	
帝辛	帝乙子	帝乙子	帝乙子	

例二　陈寅恪君《吐蕃彝泰赞普名号年代考》

例一所举虽系史学上之绝大问题，然或有人嫌其多半仍是文字学的问题，不是纯粹史学的问题（其实史学语学是全不能分者）。现在更举一个纯粹史学的考定。我的朋友陈寅恪先生，在汉学上的素养不下钱晓徵，更能通习西方古今语言若干种，尤精梵藏经典。近著《吐蕃彝泰赞普名号年代考》一文，以长庆唐蕃会盟碑为根据，“千年旧史之误书，异国译音之讹读，皆赖以订”。此种异国古文之史料至不多，而能使用此项史料者更属至少，苟其有之，诚学术中之快事也。文不长，兹全录之如下：

《吐蕃彝泰赞普名号年代考》(《蒙古源流》研究之一)
(《国立中央研究院历史语言研究所集刊》第二本第一分)

小彻辰萨囊台吉著《蒙古源流》，其所纪土伯特事，盖本之西藏旧史。然取新旧唐书吐蕃传校其书，则赞普之名号，往往不同，而年代之后先，相差尤甚。夫中国史书述吐蕃事，固出于唐室当时故籍，西藏志乘，虽间杂以宗教神话，但历代赞普之名号世系，亦必有相传之旧说，决不尽为臆造。今二国载籍互相差异，非得书册以外实物以资考证，则无以判别二者之是非，兼解释其差异之所由来也。

《蒙古源流》卷二云：“穆迪子藏（坊刊本作减，误）玛达尔玛持（坊刊本作特，误）松垒罗垒伦多卜等兄弟五人，长子藏玛出家，次子达尔玛持松（略一垒字，满文本已如是）自前岁戊子纪二千九百九十九年之丙戌年所生，岁次戊戌年十三岁，众大臣会议辅立即位，岁次辛酉年三十六岁，殁，汗无子，其兄达尔玛即位”云云。按小彻辰萨囊台吉以释迦牟尼佛涅槃后一岁为纪元，据其所推算佛灭度之年为西历纪元前二千一百三十四年，故其纪元前之戊子元年为西历纪年前二千一百三十三年。其所谓自前岁戊子纪二千九百九十九年之丙戌年，即西历纪元后八百六十六年，唐懿宗咸通七年。

戊戌即西历纪年后八百七十八年，唐僖宗乾符五年。辛酉年则西历纪元后九百零一年，唐昭宗天复元年。惟《蒙古源流》此节所纪达尔玛持松垒赞普之名号年代，皆为讹误。兹先辨正其名号，兼解释其差异之所由来，然后详稽其年代之先后，以订正中国西藏二国旧史相传之讹误，或可为治唐史者之一助欤?

名号之讹误有二,一为误联二名为一名，一为承袭蒙古文旧本字形之讹而误读其音。

何谓误联二名为一名？按《唐书·吐蕃传》:“赞普（指可黎足即彝泰赞普）立几三十年死，以弟达磨嗣。”《资治通鉴考异》卷二十一唐纪十三文宗开成三年，吐蕃彝泰赞普卒弟达磨立条云“彝泰卒，及达磨立，实录不书，旧传及续会要皆无之，今据补国史”。坊刊本《蒙古源流考》卷二:“汗（指持松垒）无子，其兄达尔玛癸未年所生，岁次壬戌，年四十岁，即位，因其从前在世为象时，曾设恶愿，二十四年之间，恶习相沿，遂传称为天生邪妄之朗达尔玛。”（按藏语谓象为朗 glan）又藏文嘉喇卜经 rgyalrabs 者，（闻中国有蒙文刊本，予未见）本书译本子注及《四库总目提要》，皆言其与小彻辰萨囊台吉所纪述多相符合。今据 Emil Schalgiutweit 本嘉喇卜经藏文原文第十二页第十二行，其名亦为 glan darma，即本书之朗达尔玛也。而本书之持松垒，在嘉喇卜经则称为 ral-pa-chan，与朗达玛为二人，章章明甚。又乾隆中敕译中文《首楞严经》为藏文时，章嘉胡图克图言此经西藏古译本为五百年前之浪达尔玛汗所毁灭云云。（见清高宗御制文集藏译楞严经序）持松垒与达尔玛孰为兄弟，及浪达尔玛汗是否生于乾隆前五百年，以至《首楞严经》乾隆以前有无藏文译本，皆不必论；而持松垒与达尔玛之为二人，则中国史籍、《蒙古源流》本书及西藏历世相传之旧说，无不如是。今景阳宫所藏《蒙古源流》满文译本，误联达尔玛、持松垒二名为一名，此必当日满文译者所据喀尔喀亲王成衮札布进呈之蒙文本，已有此误，以致辗转传讹，中文译本遂因而不改，即彭楚克林沁所校之中文译本，（曾见江安傅氏转录本）亦误其句读。以予所见诸本，惟施密德氏 Isaac Jacob schmidt 之蒙文校译本，二名分列，又未省略，实较成衮扎布本为佳也。

何谓承袭蒙文旧本字形之讹而误读其音？此赞普名号诸书皆差异，今据最正确之实物，即拉萨长庆唐蕃会盟碑碑阴吐蕃文（据前北京大学研究所国学门所藏缪氏艺风堂拓本）补正其省略讹误，并解释其差异之所由来焉。

按长庆唐蕃会盟碑碑阴吐蕃文，首列赞普名号，末书长庆及蕃彝泰纪元，其所载赞普之名号为 khri-gtsug lde-brtsan。近年西北发见之藏文写本亦同（见 F. W. Thomas : Tibetan Documents concerning Chinese Turkestan PP. 71. 72. 76. Journal of the Royal Asiatic Society of Great Britain and Ireland, Jan. 1928）。兹取此碑碑阴蕃文，历校诸书，列其异同于左。《新唐书·吐蕃传》："元和十二年赞普死，可黎可足立为赞普。"按可黎可足即碑文 khri-gtsug，其下之 ldebrtsan 则从省略，且据此可知当时实据藏文之复辅音而对音也。

《资治通鉴》卷二百三十九唐纪五十五："宪宗元和十一年二月，西川奏吐蕃赞普卒，新赞普可黎可足立。"又卷二百四十六唐纪六十二："文宗开成三年吐蕃彝泰赞普卒，弟达磨立。”按会盟碑碑阴末数行吐蕃年号为 Skyid-rtag，即彝泰之义，然则可黎可足之号为彝泰赞普者实以年号称之也。

《菩提末》(Bodhimör）此书纪赞普世系，实出于藏文之嘉刺卜经，据施密德氏蒙文《蒙古源流》校译本第三百六十页所引菩提末之文，此赞普之名为 Thi-atsong-Itebdsan。按此书原文予未见，此仅据施密德氏所转写之拉丁字而言，Thi 者藏文 Khri 以西藏口语读之之对音，严格言之，当作 Thi。Ite 者据会盟碑蕃文应作 lde，蒙文 dt 皆作ᠳ形无分别，bdsan 即碑文及西北发现之藏文写本之 brtsan，此乃施密德氏转写拉丁字之不同，（藏文古写经多一 r）非原文之有差异也。惟 atsong 一字，则因蒙文字形近似而讹，盖此字依会盟碑蕃文本及西北发见之藏文写本，应作 gtsug，蒙文转写藏文之ག（g）作ᠭ形，转写藏文之འ（a）（或作 h）作ᠠ形，ug，ük 作ᠦᠭ形，ung 或 ong 作ᠣᠩ形，字体极相似故讹。或菩提末原书本不误，而读者之误，亦未可知也。

《蒙古源流》施密德校译本　据此本，此赞普名作 Thibtsonglte，此名略去名末之 brtsan。至 btsong 者，gtsug 之讹读，藏文（ག）(g）字，蒙文作ᠭ，与蒙文ᠪ（b）字形近故讹，蒙文之 ug 转为 ük 亦以形近误为 ong，见上文菩提末条。

《蒙古源流》满文译本　《蒙古源流》中文译本非译自蒙文，乃由满文而转译者，今成衮扎布进呈之蒙文原本，虽不可得见，（予近发见北平故宫博物院藏有《蒙古源流》之蒙文本二种：一为写本，一为刊本。沈阳故宫博物馆亦藏有蒙文本，盖皆据成衮札布本抄写刊印者也。）幸景阳宫尚藏有满文译本，犹可据以校正中文译本也。按满文本，此赞普名凡二见，一作 Darmakriltsung Lni，一作 Darmakribtsung，皆略去 brtsan 字，此名误与达尔玛之名联读，已详上文。惟藏文之 khri，满文或依藏文复辅音转写，如此名之 kri 即其例；或依西藏口语读音转写，如持苏陇德灿 Cysurongtetsan 之 Cy（满文）即其例。盖其书之对音，先后殊不一致也。un 乃 ug 转写 ü k 之误，见上文菩提末条。又藏文 Ide 所以讹成垒者，以蒙文 t 字 d 字皆作 d 形，o 字 u 字皆作 d 形，又 e 字及 i 字结尾之形作及，皆极相似，颇易淆混，故藏文之 Ide，遂讹为满文之 Lui 矣。或者成衮札布之蒙文原本，亦已讹误，满文译本遂因袭而不知改也。

文津阁本及坊刊本汉译《蒙古源流》 中文《蒙古源流》既译自满文，故满文译本之误，中文译本亦因袭不改，此二本中，此赞普名一作达尔玛持松垒，一作达尔玛持松，满文 kri 作持者，依藏文口语读之也。按义净以中文诧为梵文 tha 字对音，（见高楠顺次郎英译南海寄归内法传）则 thi 固可以满文之（cy）字，中文之持字对音。又此本持字俱作特，乃误字，而先后校此书者皆未改正，松字乃满文 Tsung 之对音，其误见上文菩提末条。

蒙文书社本汉语《蒙古源流》 此本此赞普名一作（达尔玛）哩卜崇垒，一作（达尔玛）持松哩卜崇。第一名作哩者，依满文 kri 而对哩音，其作卜者，满文译本固有 b 字音也。第二名则持哩二字重声，松崇二字亦垒音，殆当时译者并列依原字及依口语两种对音，而传写者杂糅为一，遂致此误欤？余见上文。

此赞普之名号既辨正，其年代亦可得而考焉。《唐会要》

卷九十七："元和十一年西川奏吐蕃赞普卒，十二年吐蕃告丧使论乞冉献马十匹玉带金器等。"《旧唐书·吐蕃传》："宪宗元和十二年吐蕃以赞普卒来告。"《新唐书》："宪宗元和十二年赞普死，使论乞髯来（告丧），可黎可足立为赞普。"《资治通鉴》卷二百三十九唐纪五十五："宪宗元和十一年二月西川奏吐蕃赞普卒，新赞普可黎可足立。"《新唐书·吐蕃传》："赞普立（指可黎可足）几三十年，死，以弟达磨嗣。"《资治通鉴》卷二百四十六唐纪六十二："文宗开成三年吐蕃彝泰赞普卒，弟达磨立。"《资治通鉴考异》卷二十一唐纪十三，会昌二年十二月吐蕃来告达磨赞普之丧，略云"《实录》丁卯吐蕃赞普卒，遣使告丧，赞普立仅三十余年。据《补国史》，彝泰卒后，又有达磨赞普，此年卒者，达磨也。《文宗实录》不书彝泰赞普卒，旧传及《续会要》亦皆无达磨，新书据《补国史》，疑《文宗实录》阙略，故他书皆因而误。彝泰以元和十一年立，至此二十七年，然开成三年已卒，达磨立至此五年，而《实录》云仅三十年，亦是误以达磨为彝泰也"。《蒙古源流》卷二："持松垒岁次戊戌年十三岁众大臣会议辅立即位，在位二十四年，岁次辛酉，三十六岁殁。"据小彻辰萨囊台吉书所用之纪元推之，戊戌为唐僖宗乾符五年，西历纪元后八百七十八年；辛酉年为唐昭宗天复元年，西历纪元后九百零一年。（诸书之文，前已征引，兹再录之以便省览而资比较）按《蒙古源流》所载年代太晚，别为一问题，姑于此不置论。而诸书所记彝泰赞普嗣立之年，亦无一不误者。何以言之？唐蕃会盟碑碑阴蕃文，唐蕃二国年号并列，唐长庆元年，当蕃彝泰七年；长庆二年，当彝泰八年；长庆三年，当彝泰九年。又《新唐书·吐蕃传》"长庆二年刘元鼎使吐蕃会盟还，虏元帅尚塔藏馆客大夏川，集东方节度诸将百余，置盟策台上，遍晓之，且戒各保境，毋相暴犯，策署彝泰七年"云云。考《旧唐书·吐蕃传》，长庆元年十月十日命崔植、王播、杜元颖等与吐蕃大将讷罗论等会盟于长安，盟文末有大蕃赞普及宰相钵阐布尚绮心儿等先寄盟文要节之语，则是刘元鼎长庆二年所见虏师遍晓诸将之盟策，即前岁长庆元年之盟策，故彝泰七年即长庆元年，而非长庆二年。梁曜北《玉绳元号略》及罗雪堂振玉丈重校订《纪元编》，皆据此推算。今证以会盟碑碑阴蕃文，益见其可信。故吐蕃可黎可足赞普之彝泰元年，实当唐宪宗元和十年，然则其即赞普之位置迟亦必在是年。《唐会要》、新旧《唐书》及《资治通鉴》所载年月，乃据吐蕃当日来告之年月，而非当时事实发生之真确年月也。又《蒙古源流》载此赞普在位二十四年，不知其说是否正确，但宪宗元和十年，即西历纪元后八百十五年，为彝泰元年；文宗开成三年，即西历纪元后八百三十八年，亦即《补国史》所纪可黎可足赞普卒之岁，为彝泰末年，共计二十四年，适相符合。予于《蒙古源流》所纪年岁固未敢尽信，独此在位二十四年之说，与依据会盟碑等所推算之年代，不期而暗合，似非出于臆造所能也。

综校诸书所载名号年代既多讹误，又复互相违异，无所适从。幸得会盟碑阴残字数行，以资考证，千年旧史之误书，异国译音之讹读，皆赖以订正。然中外学人考证此碑之文，以予所知，尚未有证论及此者，故表而出之，使知此逻逤片石，实为乌斯赤岭（此指拉萨之赤岭而言）之大玉天球，非若寻常碑碣，仅供揽古之士赏玩者可比也。

例三 《集古录》与《潜研堂金石文字跋尾》

以金文证经典虽为较近之事，然以石文校史事，宋朝人已能为之。如欧阳永叔《集古录跋尾》，其中颇有胜义。即如下例，可见其旨趣。

> 《魏受禅碑》……按，《汉·献帝纪》，延康元年十月乙卯，皇帝逊位，魏王称天子。又按《魏·志》，是岁十一月葬士卒死亡者，犹称令。是月丙午，（一本作寅）汉帝使张愔奉玺绶。庚午，王升坛受禅。又是月癸酉，奉汉帝为山阳公。而此碑云："十月辛未，受禅于汉。"三家之说皆不同。今据裴松之注《魏·志》，备列汉魏禅代诏册书令群臣奏议甚详。盖汉实以十月乙卯策诏魏王，使张愔奉玺绶，而魏王辞让，往返三四，而后受也。又据侍中刘廙奏问太史令许芝，今月十七日己未，可治坛场；又据尚书令桓楷等奏云，辄下太史令，择元辰，今月二十九日，可登坛受命。盖自十七日己未，至二十九日，正得辛未。以此推之，汉魏二纪皆缪，而独此碑为是也。《汉·纪》乙卯逊位者，书其初命，而略其辞让往返，遂失其实尔。《魏·志》十一月癸卯犹称令者，当是十月，衍一字尔。丙午张愔奉玺绶者，辞让往返，容（集本作殆）有之也。惟庚午升坛最为缪尔。癸卯去癸酉三十一日，不得同为十一月，此尤缪也。禅代大事也，而二纪所书如此，则史官之失，以惑后世者，可胜道哉？

北宋人的史学分析功夫到这个地步，所以才能有《唐书》《通鉴》那样的制作。到了近代顾亭林、朱竹垞等，以石文校史书，时有精论，而钱竹汀"乃尽……出其上，遂为古今金石学之冠"（见《集古录跋尾·王昶序》)。廿一史之考异，金石文之跋尾，皆同一意义之工作。现在摘录两条，以见其精诣所至。其实竹汀此书论石各篇，皆是精能之作，原书易得，不复多举。

《后魏孝文帝吊比干文碑阴》：……北史太和十九年，诏迁洛人死葬河南，不得还北，于是代人南迁者悉为河南洛阳人。又云：太和二十年正月，诏改姓元氏。今此碑立于太和十八年冬，宗室已系元姓，代人并称河南郡，则史所载岁月恐未得其实矣。诸臣称河南郡者，元氏而外，若邱目陵氏，万忸于氏，候莫陈氏，乙旃氏，叱罗氏，吐难氏，伊娄氏，独孤氏，拔拔氏，莫耐娄氏，并见《魏书·官氏志》，而译字小有异同。如邱氏目陵之目作穆，万忸于之万作勿，吐难之吐作土，莫耐娄之耐作那，是也。陆氏本步六孤氏。太和十九年，诏称穆陆贺刘楼于嵇尉八姓，皆太祖已降，勋著当世，位尽王公者也。穆即邱目陵，于即万忸于，刘即独孤。诸人皆未改氏，而陆昕等已单称陆氏，而陆氏之改又在穆贺诸姓之先矣。大野氏郁久闾氏俟吕氏魏志俱失载。以予考之，郁久闾乃蠕蠕姓，后亦单称闾氏。《周书》太祖赐韩褒姓俟吕陵氏，(此《广韵》所引，今本俟讹作候)当即俟吕氏也。后魏末有南州刺史大野拔，大野亦代北著姓矣。又有俟文福一人，则未知其俟氏欤？(《官氏志》俟奴氏后改俟氏)抑别有俟文氏也？苦干氏贺拔氏不称河南而称代郡，盖代人之未南迁者。斛律氏称高车部人，虽入处中国，尚未有所隶州县也。冯诞以尚乐安公主拜驸马都尉，此但云驸马，而去都尉，从俗称也。史称傅永字修期，此直云傅修期，盖以字行也。公孙良据传为燕郡广阳人，此云辽东郡，则举郡望言之，于劲尝为司卫监，李预兼典命下大夫，皆本传所未载。陆昕传作昕之，当以石刻为正。其书姑臧为姑藏，河间为河涧，龙骧为虢骧，傅脩期作傅徻期，皆当时承用别体字，若万忸于之于或作乎，陆希道作怖道，则翻刻之讹。（此段以石文订史所记）

《后魏石门铭》 右《石门铭》，盖述龙骧将军梁秦二州刺史泰山羊祉开通石门之功。《魏书·宣武纪》："正始四年，九月甲子，开斜谷旧道。"即其事也。碑云"起四年十月十日，至永平二年正月毕功"，而史书于四年九月者，据奉诏之日言之耳。《北史·羊祉传》不书开斜谷道事，此史文之阙漏，当据石刻补之。碑云"皇魏正始元年汉中献地"，即梁天监三年也。是岁夏候道迁背梁归魏，《梁史》书"魏陷梁州"于二月，当得其实。魏收史书于闰十二月，温公《通鉴》据长历梁置闰在次年正月后，遂移于后一年，非也（订历）。

《唐景龙三年法琬法师碑》 右《法琬法师碑》。法琬，中宗之三从姑，太祖景皇帝之玄孙女也。父临川公德懋，尝官宗正卿，兵部尚书，谥曰孝，皆史所不载。史称永征二年，襄邑王神符薨。而碑云六年薨，与史不合。据碑，法琬以襄邑王薨之岁，奏请出家，时年十有三。垂拱四年卒，春秋卌有九。今以永征六年年十有三推之，祗四十六岁耳。窃意神符薨于永征二年，史文未必误。其年德懋请舍所爱女为亡父祈福，奉敕听许，而法琬之出家则在其明年，年始十三也。碑以二年为六年，特书者之误尔（此段以史所记订石文）。

最近三十年中，缪荃荪、罗振玉、王国维皆于石刻与史传之校正功夫上续有所贡献，然其造诣之最高点，亦不过如钱竹汀而已。

例四　流沙坠简

近来出土之直接史料，可据以校正史传者，尚有西陲所得汉简。此种材料，法人沙畹德人康拉地皆试为考证，而皆无大功，至王静安君手，乃蔚成精美之史事知识。现录其一段如下（《流沙坠简补遗考释》第一叶）：

三、晋守侍中大都尉奉晋大侯亲晋鄯善焉耆龟兹疏勒

四、于阗王写下诏书到

右二简文义相属，书迹亦同，实一书之文。前排比简文印本时，尚未知其为一书，故分置两页中，今改正如右，亦行下诏书之辞也。晋守侍中大都尉奉晋大侯亲晋鄯善焉耆龟兹疏勒于阗王者，若析言之，则当云，晋守侍中大都尉奉晋大侯亲晋鄯善王，晋守侍中大都尉奉晋大侯亲晋焉耆王，以下放此。盖晋时西域诸国王皆得守侍中大都尉奉晋大侯位号。以此十字冠于五国王之上，而不一一言之者，文例宜然，亦如亲晋二字之为五国王通号，此人人所易首肯也。案，中国假西域诸国王以官号，自后汉始。《后汉书·西域传》：光武建武五年，河西大将军窦融承制立莎车王康为汉莎车建功怀德王西域大都尉，五十五国皆属焉。十七年，更赐以汉大将军印绶。顺帝永建二年，疏勒王臣磐遣使奉献，帝拜臣磐为与汉大都尉，其子孙至灵帝时犹称之。（案，传但言拜臣磐为汉大都尉，汉字上无与。然下文云，疏勒王与汉大都尉于猎中为其季父和得所射杀。时疏勒王外，非别有汉大都尉，不

得言与。疑与汉二字当连续，与汉犹言亲汉也。上云拜臣磐为汉大都尉，汉字上脱与字）《魏略·西戎传》，魏赐车师后部王壹多杂守魏侍中，号大都尉，受魏王印。此西域诸王受中国位号之见于史籍者也。考汉魏时本无大都尉一官，求其名称，实缘都护而起。前汉时本以骑都尉都护西域，（见《汉书·百官公卿表》及《甘延寿段会宗传》）后遂略称西域都护。新莽之后，都护败没，故窦融承制拜莎车王康为西域大都尉，使暂统西域诸国，惟不欲假以都护之名，又以西域诸国本各有左右都尉，故名之曰西域大都尉，使其号与西域都护骑都尉相若云尔。嗣是莎车既衰，而疏勒王称与汉大都尉，魏车师后部王又单称大都尉，皆不冠以西域二字，其号稍杀。故此简西域诸国王皆有此位号，疑自魏时已然矣。或以此简之晋守侍中大都尉与魏赐车师后王位号同，又下所举五王中无车师后王，疑此亦晋初车师后王之称，故此简之中实得六国。然魏时车师后王既受王印，则其号当云魏守侍中大都尉亲魏车师后部王。今但云晋守侍中大都尉，但举其所受中国官号，而不著其本国王号，必无此理。故曰，晋守侍中大都尉者，乃鄯善焉耆龟兹疏勒于阗王之公号也。奉晋大侯亦然。以国王而受晋侯封，故谓之大侯，以别于西域诸国之左右侯，亦犹大都尉之称，所以别于诸国之左右都尉也。亲晋某王者，亦当时诸国王之美称。案，汉时西域诸国王但称汉某国王。《汉书·西域传》云：西域最凡国五十，自译长至侯王皆珮汉印绶，凡三百七十六人。其印文虽无传者，然《匈奴传》云：汉赐单于印，言玺不言章，又无汉字，诸王已下乃有汉，言章。西域诸王虽君一国，然其土地人民尚不如匈奴诸王，则汉所赐印必云汉某某王章，无疑也。后汉之初，莎车王号尚冠以汉字，中叶以后，始有亲汉之称。《后汉书·西域传》：顺帝永建元年，班勇上八滑为后部亲汉侯。然但为侯号而非王号，其王犹当称汉某某王也。惟建安中封鲜卑沙末汗为亲汉王，魏晋封拜皆袭此称，如魏志外国传有亲魏倭王，古印章有亲晋羌王亲赵侯等是也。其官号上冠以魏晋字者，所以荣之；其王号上冠以亲魏、亲晋字而不直云魏晋者，所以示其非纯臣也。此简所举五国，西域长史所辖殆尽于此。案，西域内属诸国，前汉末分至五十，后汉又并为十余，至魏时仅存六七。《魏略》言且末小宛精绝楼兰（此谓楼兰城）皆并属鄯善，戎卢扜弥渠勒皮穴（《汉书》作皮山）皆属于阗，尉犁危须山王国皆并属焉耆，姑墨温宿尉头皆并属龟兹，桢中莎车竭石渠沙西夜依耐蒲犁亿若榆令捐毒休修（《后汉书》作休循）琴国皆并属疏勒，且弥单桓毕陆（《汉书》作卑陆）蒲陆（《汉书》作蒲类）乌贪（《汉书》作乌贪訾离）诸国皆并属车师。此外汉时属都护诸国，惟乌孙尚存，仍岁朝贡，见于《魏志》。然乌孙国大地远，其事中国亦当与康居大月氏同科，自后汉以来盖已不属都护长史。则魏时西域内属诸国，仅上六国而已。右简所举又少车师一国，盖晋初车师后部当为鲜卑所役属。《魏志·鲜卑传》注引王沈《魏书》云：鲜卑西部西接乌孙。《晋书·武帝纪》：咸宁元年六月，西域戊已校尉马循讨叛鲜卑破之。二年，鲜卑阿罗多等寇边，西域戊已校尉马循讨之。时鲜卑当据车师后部之地，故能西接乌孙，南侵戊已校尉治所矣。右简令诸国王写下诏书，而独不云车师王者，当由于此。然则晋初属西域长史诸国，惟鄯善焉耆龟兹疏勒于阗五国而已。此西域诸国之大势，得由右简知之者也。此简所出之地，当汉精绝国境，《后汉书》言后汉明帝时精绝为鄯善所并，而斯氏后十年在此地所得木简见于本书简牍遗文中者，其中称谓有大王有王有夫人，隶书精妙，似后汉桓灵间书。余前序中已疑精绝一国汉末复有独立之事，今此简中无精绝王，而诏书乃到此者，必自鄯善或于阗传写而来，可见精绝至晋初又为他国所并矣。自地理上言之，则精绝去于阗近，而去鄯善较远，自当并属于阗，而《魏略》则云并属鄯善。然无论何属，此时已无精绝国可知。此尼雅一地之沿革，得由右简知之也。二简所存者不及三十字，而足以裨益史事如此。然非知二简为一书，亦不能有所弋获矣。

例五　吴大澂“文”字说

以上所举的几个例之外，尚有其他近来出土之直接史料，足以凭借着校正或补苴史传者。例如敦煌卷子中之杂件，颇有些是当时的笺帖杂记之类，或地方上的记载，这些真是最好的史料。即如张氏勋德记等，罗振玉氏据之以成补唐书张义潮传（丙寅稿第一叶至四叶）。可见史料的发见，足以促成史学之进步，而史学之进步，最赖史料之增加。不过这些文字，或太长，或太琐，不便举列，故今从阙。

近数十年来最发达的学问中，金文之研究是一个大端。因金文的时代与诸史不相涉，（除《史记》一小部外）而是《诗》《书》的时代，所以金文之研究看来似只有裨于经学。然经学除其语言文字之部分外，即是史学智识。不过金文与《诗》《书》所记不相干者多，可以互补，可以互校文字文体之异同，而不易据以对勘史事。虽金文中有很多材料，可以增加我们的古代史事知识，但，求到这些知识，每每须经过很细的工夫，然后寻出几件来。因此，关于金文学之精作虽多，而专于《诗》《书》时代史事作对勘之论文，还不曾有。此等发明，皆零零碎碎，散见各书中。现在且举吴大澂君文字说，以为一例。此虽一字之校定，然《大诰》究竟是谁的档案，可以凭此解决这个二千年的纷扰。《大诰》一类极重要的史料赖一字决定其地位，于此可现新发见的直接史料，对于遗传的间接史料，有莫大之补助也。

> “文”字说 《书·文侯之命》：“追孝于前文人。”《诗·江汉》：“告于文人。”毛传云：“文人，文德之人也。”潍县陈寿卿编修介祺所藏兮仲钟云：“其用追孝于皇考已伯，用侃喜前文人。”《积古斋钟鼎彝器款识·追敦》云：“用追孝于前文人。”知“前文人”三字，为周时习见语。乃《大诰》误文为宁，曰“予曷其不于前宁人图功攸终”；曰“予曷其不于前宁人攸受休毕”；曰“天亦惟休于前宁人”；曰“率宁人有指疆土”。“前宁人”实“前文人”之误。盖因古文文字有从心者，或作[illegible]，或作[illegible]，或又作[illegible]。壁中古文《大诰》篇，其文字必与宁字相似，汉儒遂误释为宁。其实《大诰》乃武王伐殷，大诰天下之文。宁王即文王，宁考即文考，“民献有十夫”，即武王之乱臣十人也。“宁王遗我大宝龟”，郑注：“受命曰宁王。”此不得其解而强为之说也。既以宁考为武王，遂以《大诰》为成王之诰。不见古器，不识真古，安知宁字为文之误哉？

以上所标五例，皆新发见的直接史料与自古相传的间接史料相互勘补的工作。必于旧史料有功夫，然后可以运用新史料；必于新史料能了解，然后可以纠正旧史料。新史料之发见与应用，实是史学进步的最要条件；然而但持新材料，而与遗传者接不上气，亦每每是枉然。从此可知抱残守缺，深固闭拒，不知扩充史料者，固是不可救药之妄人；而一味平地造起，不知积薪之势，相因然后可以居上者，亦难免于狂狷者之徒劳也。

第二节　官家的记载对民间的记载

官家记载和私家记载互有短长处，也是不能一概而论的。大约官书的记载关于年月、官职、地理等等，有簿可查有籍可录者，每校私记为确实；而私家记载对于一件事的来源去脉，以及“内幕”，有些能说官书所不能说，或不敢说的。但这话也不能成定例，有时官书对于年月也会错的，私书说的“内幕”更每每是胡说的。我们如想做一命题而无违例，或者可说，一些官家凑手的材料及其范围内之记载，例如表、志、册子、簿录等，是官家的记载好些，而官家所不凑手或其范围所不容的材料，便只好靠私家了。不过这话仿佛像不说，因为好似一个“人者，人也”之循环论断。我们还是去说说他们彼此的短处罢。

官家的记载时而失之讳。这因为官家总是官家，官家的记载就是打官话。好比一个新闻记者，想直接向一位政府的秘书之类得到一个国家要害大事之内容，如何做得到？势必由间接的方法，然后可以风闻一二。

私家的记载时而失之诬。人的性情，对于事情，越不知道越要猜，这些揣猜若为感情所驱使，便不知造出多少故事来。史学的正宗每每不喜欢小说。《晋书》以此致谤;《三国志·注》以此见讥。建文皇帝游云南事，明朝人谈得那样有名有姓，有声有色，而《明史》总只是虚提一笔。司马温公的《通鉴》虽采小说，究竟不过是借着参考，断制多不从小说；而他采《赵飞燕外传》的“祸水”故事，反为严整的史家所讥。大约知道一件事内容者，每每因自己处境的关系不敢说，不愿说，而不知道者偏好说，于是时时免不了胡说。

论到官家记载之讳，则一切官修之史皆是好例，所修的本朝史尤其是好例。禅代之际，一切欺人孤儿寡妇的逆迹；剪伐之朝，一切凶残淫虐的暴举，在二十四史上哪能看得出好多来呢？现在但举一例：满洲的人类原始神话，所谓天女朱果者，其本地风光的说法，必不合于汉族之礼化，于是汉士修满洲原始之史，不得不改来改去，于是全失本来的意义。（陈寅恪先生语我云：王静安在清宫时有老阉导之看坤宁宫中跳神处，幔后一图，女子皆裸体，而有一男老头子。此老阉云：宫中传说这老头子是卖豆腐的。此与所谓天女者当有若何关系？今如但看满洲祀天典礼，或但看今可见坤宁宫中之杀猪处，何以知跳神之礼，尚有此“内幕”耶？）犹之乎顺治太后下嫁摄政王，在清朝国史上是找不出一字来的。（其实此等事照满洲俗未可谓非，汉化亦未可谓是。史事之经过及其记载皆超于是非者也。[“Jenseits von Gut und Böse”]）清朝人修的《太祖实录》，把此一段民间神话改了又改，越改越不像。一部二十四史经过这样手续者，何其多呢？现在把历史语言研究所所藏的稿本影印一叶以见史书成就的一个大手续——润色的即欺人的手续。

论到私书记载之诬，则一切小说稗史不厌其例。姑举两个关系最大谬的。元庚申帝如非元明宗之子，则元之宗室焉能任其居大汗之统者数十年，直到窜至漠北，尚能致远在云南之梁王守臣节？而《庚申外史》载其为宋降帝瀛国公之子，则其不实显然。这由于元代七八十年中汉人终不忘宋，故有此种循环报应之论。此与韩山童之建宋号，是同一感情所驱使的。又如明成祖，如果中国人是个崇拜英雄的民族，则他的丰功伟烈，确有可以崇拜处，他是中国惟一能跑到漠北去打仗的皇帝。但中国人并不是个英雄崇拜的民族，（这个心理有好有坏。约略说，难于组织，是其短处；难于上当，是其长处。）而明成祖的行为又极不合儒家的伦理，而且把“大儒”方正学等屠杀得太惨酷了，于是明朝二百余年中，士人儒学没有诚心说成祖好的。于是乎为建文造了一些逊国说，为永乐造了一个“他是元朝后代的”的骂语（见《广阳杂记》等）。这话说来有两节，一是说永乐不是马后生，而是碽妃生，与周王同母，此是《国榷》等书的话。一是说碽妃为元顺帝之高丽妾，虏自燕京者，而成祖实为庚申帝之遗腹子。（此说吾前见于一笔记，一时不能举其名，待后查。）按碽妃不见明《后妃传》，然见《南京太常寺志》。且成祖与周王同母，隐见于《明史·黄子澄传》，此说当不诬妄。至其为元顺帝遗腹说，则断然与年代不合。成祖崩于永乐二十二年（一四二四），年六十五，其生年实为元顺帝至正二十年（一三六〇）四月，去明兵入燕尚有十年（洪武元年为一三六八），冒填年龄不能冒填到十年。且成祖于洪武三年封燕王，十三年之藩。如为元顺帝遗腹子，其母为掠自北平者，则封燕王时至多两岁，就藩北平时，至多十二岁；两岁封王固可，十二岁就藩则不可能。以明太祖之为人，断无封敌子于胜国故都、新朝第一大藩之理。此等奇谈，只是世人造来泄愤的，而他人有同样之愤，则喜而传之。（至于碽妃如为高丽人，或是成祖母，皆不足异。元末贵人多蓄高丽妾，明祖起兵多年，所虏宦家当不少也。惟断不能为庚申帝子耳。）所以《明史》不采这些胡说，不能因《明史》的稿本出自明遗臣，故为之讳也。《清史稿》出于自命为清遗臣者，亦直谓康熙之母为汉人辽东著姓佟氏也。

官府记载与野记之对勘工夫，最可以《通鉴考异》为例。此书本来是记各种史料对勘的工夫者，其唐五代诸卷，因民间的材料已多，故有不少是仿这样比较的。因此书直是一部史料整理的应用逻辑，习史学者必人手一编，故不须抄录。

第三节　本国的记载对外国的记载

本国的记载之对外国的记载，也是互有短长的，也是不能一概而论的。大致说起，外国或是外国人的记载总是靠不住的多。传闻既易失真，而外国人之了解性又每每差些，所以我们现在看西洋人作的论中国书，每每是隔靴搔痒，简直好笑。然而外国的记载也有它的好处，它更无所用其讳。承上文第二节说，我们可说，它比民间更民间。况且本国每每忽略最习见同时却是最要紧的事，而外国人则可以少此错误。譬如有一部外国书说，中国为蓝袍人的国（此是几十年前的话），这个日日见的事实，我们自己何尝觉到呢？又譬如欧美时装女子的高跟鞋，实与中国妇女之缠足在心理及作用上无二致，然而这个道理我们看得明显，他们何尝自觉呢？小事如此，大者可知。一个人的自记是断不能客观的，一个民族的自记又何尝不然？本国人虽然能见其精细，然而外国人每每能见其纲领。显微镜固要紧，望远镜也要紧。测量精细固应在地面上，而一举得其概要，还是在空中便当些。这道理太明显，不必多说了。例也到处都是，且举一个很古的罢。

>（《史记·大宛传》）自大宛以西至安息国，虽颇异言，然大同俗，相知言。其人皆深眼，多须頿。善市贾，争分铢。俗贵女子；女子所言而丈夫乃决正。

这不简直是我们现在所见的西洋人吗？（这些人本是希腊波斯与

土人之混合种，而凭亚里山大之东征以携希腊文化至中亚者。）然而这些事实（一）深眼，（二）多须髯，（三）善市贾，（四）贵女子，由他们自己看来，都是理之当然，何必注意到呢？外国人有这个远视眼，所以虽马哥孛罗那样糊涂荒谬、乱七八糟的记载，仍不失为世上第一等史料；而没有语言学人类学发达的罗马，不失其能派出一个使臣答西涂斯（Tacitus）到日耳曼回来，写一部不可泯灭的史料（De Cermania）。

第四节　近人的记载对远人的记载

这两种记载的相对是比较容易判别优劣的。除去有特别缘故者以外，远人的记载比不上近人的记载。因为事实只能愈传愈失真，不能愈传愈近真。譬如李心传的《建炎以来系年要录》，其中多有怪事。如记李易安之改嫁，辛稼轩之献谀，文人对此最不平。我也曾一时好事，将此事记载查看过一回，觉得实在不能不为我们这两位文人抱冤。这都由于这位作者远在西蜀，虽曾一度参史局，究未曾亲身经验临安的政情文物。于是有文书可凭者尚有办法，其但凭口传者乃一塌糊涂了。这个情由不待举例而后明。

第五节　不经意的记载对经意的记载

记载时特别经意，固可使这记载信实，亦可使这记载格外不实；经意便难免于有作用，有作用便失史料之信实。即如韩退之的《平淮西碑》，所谓“点窜尧典舜典字，涂改清庙生民诗”者，总算经意了罢？然而用那样诗书的排场，哪能记载出史实来？就史料论，简直比段成式所作的碑不如。不经意的记载，固有时因不经意而乱七八糟，轻重不衬，然也有时因此保存了些原史料，不曾受“修改”之劫。

例如《晋书》《宋史》，是大家以为诟病的。《晋书》中之小说，《宋史》中之紊乱，固是不可掩之事实；然而《晋书》却保存了些晋人的风气，《宋史》也保存了些宋人的传状。对于我们，每一书保存的原料越多越好，修理的越整齐越糟。反正二十四史都不合于近代史籍的要求的，我们要看的史料越生越好！然则此两书保存的生材料最多，可谓最好。《新五代史记》及《明史》是最能锻炼的，反而糟了。因为材料的原来面目被它的锻炼而消灭了。班固引时谚曰，“有病不治，常得中医”。抄账式的修史，还不失为中医，因为虽未治病，亦未添病。欧阳《五代史记》的办法，乃真不了，因为乱下药，添了病。

第六节　本事对旁涉

本事对旁涉之一题，看来像是本事最要，旁涉则相干处少，然而有时候事实恰恰与此相反。因为本事经意，旁涉不经意，于是旁涉有时露马脚，而使我们觉得实在另是一回事，本事所记者反不相干矣。有时这样的旁涉是无意自露的，也有时是有意如此隐着而自旁流露个线索的，这事并不一样。也有许多既非无意自露，又非有意自旁流露，乃是考证家好作假设，疑神疑鬼弄出的疑案。天地间的史事，可以直接证明者较少，而史学家的好事无穷，于是求证不能直接证明的，于是有聪明的考证，笨伯的考证。聪明的考证不必是，而是的考证必不是笨伯的。

史学家应该最忌孤证，因为某个孤证若是来源有问题，岂不是全套议论都入了东洋大海吗？所以就旁涉中取孤证每每弄出“亡是公子”“非有先生”来。然若旁涉中的证据不止一件，或者多了，也有很确切的事实发现。举一例：汉武帝是怎么样一个人，《史记》中是没有专篇的，因为“今上本纪”在西汉已亡了。然而就太史公东敲四击所叙，活活的一个司马迁的暴君显出来。这虽不必即是真的汉武帝，然司马子长心中的汉武帝却已借此出来了。

第七节　直说与隐喻

我们可说，这只是上节本事对旁涉的一种；不过隐喻虽近旁涉，然究不可以为尽等于旁涉，故另写此一节。凡事之不便直说，而作者偏又不能忘情不说者，则用隐喻以暗示后人。有时后人神经过敏，多想了许多，这是常见的事。或者古人有意设一迷阵，以欺后人，而恶作剧，也是可能的事。这真是史学中最危险的地域呵！想明此例，且抄俞平伯先生《长恨歌及长恨歌传的传疑》一篇。（抄全实太长，然不抄全无以明其趣。）

尝读元人《秋夜梧桐雨》杂剧写马嵬之变，玉环之尸被军马践踏，不复收葬，其言颇闪烁牵强。至洪昉思《长生殿》则以尸解了之，而改葬之时，便曰“惨凄凄一匡空墓，杳冥冥玉人何去”！　两剧写至此处，均作曲笔，而《长生殿·雨梦》一折更有新说，惟托之于梦。其词曰：“只为当日个乱军中祸殃惨遭，悄地向人丛里换妆隐逃，因此上流落久蓬飘。”而评者则曰：“才情竭处忽生幻想，真有水穷山尽，坐看云起之妙。”洪君此作自为文章狡狯，以波折弄姿，别无深意；但以予观之，此说殆得《长恨歌》及《长恨歌传》之本旨。兹述其所见于后。佐证缺少，难成定论，姑妄言之，姑妄听之，亦所不废乎？

若率意读之，《长恨歌》既已乏味，而传尤为蛇足。歌中平铺直叙，婉曲之思与凄艳之笔并少，视《琵琶行》《连昌宫词》且有逊色。至陈鸿作传，殆全与歌重复，似一言再言不嫌其多者然。其故殊难索解。夫以一代之名手抒写一代之剧迹，必有奇思壮采流布文坛，而今乃平庸拖沓如此，不称所期许，抑又何耶？

其间更有可注意者，马嵬之变，实为此故事之中心，玉环缢死，以后皆余文也。以今日吾人行文之法言之，则先排叙其宠盛，中出力写其惨苦，后更抒以感叹或讽刺，如《长生殿弹词》之作法，称合作矣。而观此歌及传却全不如此，写至马嵬坡仅当全篇之半，此后则大叙特叙临邛道士、海山楼阁诸迹，皆子虚乌有之事耳，而言之凿凿焉。且以钗盒之重还与密誓之见诉，证方士之曾见太真。夫太真已死于马嵬，方士何得而见之？神仙之事，十九寓言，香山一老岂真信其实有耶？其不然明矣。明知其必不然，而故意以文实之，抑又何耶？

即此可窥歌传之本意，盖另有所在也。一篇必有其警策，如《琵琶行》以“同是天涯沦落人，相逢何必曾相识”为主意；《秦妇吟》以“一身苦兮何足嗟，山中更有千万家”为主意；独此篇之主旨，屡读之竟不可得。必不得已，只以“天长地久有时尽，此恨绵绵无绝期”当之。既以“长恨”名篇，此两语自当为点睛之笔。惟仅观乎此仍苦不明白，曰“此恨绵绵”，曰“长恨”，究何所恨耶？若以仓卒惨变为恨，则写至马嵬已足，何必假设临邛道士、玉妃太真耶？更何必假设分钗寄语诸艳迹耶？似马嵬之事不足为恨，而天人修阻为可恨者，抑又何耶？在《长恨歌传》之末曰：“夫希代之事非遇出世之才润色之，则与时消没，不闻于世。乐天深于诗、多于情者也，试为歌之如何？乐天因为《长恨歌》，意者不但感其事，亦欲惩尤物，窒乱阶，垂于将来也。歌既成，使鸿传焉。世所不闻者，予非开元遗民不得知；世所知者，有《明皇本纪》在。今但传《长恨歌》云尔。”在此明点此歌之作意，主要是感事，次要是讽谏。夫事既非真，感之何为？则其间必明明有一事在焉，非寓言假托之匹。云将引为后人之大戒，则其事殆丑恶，非风流佳话也。乐天为有唐之诗史，所谓以出世之才记希代之事，岂以欣羡豪奢、描画燕昵为能事哉？遇其平铺直叙处，俱不宜正看。所谓繁华，其淫纵也；所谓风流，其丑恶也。按而不断，其意自明。陈鸿作传，惟恐后人不明，故点破之。

至作传之故，在此亦已明言。若非甚珍奇之事，则只作一歌可矣，只作一传亦可矣，初不必作歌之传，屋上架屋，床上叠床也。使事虽珍奇而歌意能尽且易知者，则传虽不作亦可也。惟其两不然，此传之所以作也。可分三层述之：歌之作意，非传将不明，一也；事既隐曲，以散文叙述较为明白，二也；传奇之文体，其时正流行，便于传布，三也。其尤可注意者为“世所不闻者”以下数语。其意若曰当时之秘密，我未亲见亲闻，自不得知；若人人皆知，明皇贵妃之事，则载在正史，又不待我言，我只传《长恨歌》中所述这一段异文而已。总之，白陈二氏仅记其所闻，究竟是否真确，二君自言非开元遗民不得知，遑论今日我辈也？予亦只释《长恨歌》云尔，究竟歌中本意是否如此，亦无从取证他书，予只自述其所见云尔。

《长恨歌》立意于第一句已点明，所谓“汉皇重色思倾国”，是明皇不负杨妃，负国家耳。开门见山，断语老辣。至于叙述，若华清宫、马嵬坡皆陪衬之笔，因既载《明皇本纪》，为世所知，所感者必另有所在而非仅此等事，陈鸿之言本至明白。结语所谓此恨绵绵，标题所谓长恨，乃国家之恨，非仅明皇太真燕私之恨也。否则太真已仙去，而“天上人间会相见”，是有情之美满，何恨之有？何长恨之有？论其描画，叙繁华则近荒，记姝丽则近亵，非无雅笔也，乃故意贬斥耳。传所谓乐天深于时，观此良确。综观此篇，其结构似疏而实密，似拙而实巧；其词笔似笨重而实空虚；其事迹似可喜而实可丑。家弦户诵已千年矣，而皆被古人瞒过了，至为可惜。

旁证缺乏，兹姑以本文明之。此篇起首四句即是史笔：“汉皇重色思倾国”，自取灭亡也。“杨家有女初长成，养在深闺人未识”，明明真人面前打谎语，史称开元二十三年冬十二月册寿王妃杨氏，至天宝四载秋七月册寿王妃韦氏，八月以杨太真为贵妃。太真为寿王妃十余年之久，始嫔于明皇，乃曰“初长成”“人未识”，非恶斥而何？若曰回护，则上讳尊者方宜含糊掩饰，何必申申作反语哉？今既云云，则惟恐后人忽视耳。且其言与传意枘凿。传云：“诏高力士潜搜外宫，得宏农杨元琰女于寿邸，既笄矣。”其中亦有曲笔，如不曰寿王妃而曰杨女，不曰既嫔而曰既笄；然外宫与深闺其不同亦甚矣。读者或以“宛转蛾眉”之句，疑玉环若未死于马嵬，则于文义为抵牾，请以此喻之，试观此二语，亦可如字解否？

可知《长恨歌》中本有些微词曲笔，非由一二人之私见傅会而云然，以下所言始不病其穿凿。上半节铺排处均内含讽刺，人所习知，惟关系尚少。最先宜观其叙述马嵬之变。歌曰：“六军不发无奈何，宛转蛾眉马前死。花钿委地无人收，翠翘金雀玉搔头。君王掩面救不得，回看血泪相和流。”传曰：“上知不免而不忍见其死，反袂掩面，使牵之而去，苍黄展转，竟就绝于尺组之下。”其所叙述有两点相同，可注意：（一）传称不忍见其死，反袂掩面，使牵之去，是玉环之死，明皇未见也；歌中有“君王掩面”之言，是白陈二氏说同。（二）歌称“宛转蛾眉马前死，”即传之“苍黄展转竟就绝于尺组之下”也。宛转即展转，而传意尤明白。苍黄展转，似极其匆忙捣乱。而竟就绝于尺组之下者，与夫死于马前之娥眉，究竟是否贵妃，其孰知之哉？而明皇固掩面反袂未见其死也。歌中“花钿”句，似有微意。此二句就文法言，当云花钿、翠翘、金雀、玉搔头委地无人收。诗中云云，叶律倒置耳，诸饰物狼藉满地，似人蝉脱而去者然。《太真外传》云：“妃之死日，马嵬媪得锦韧袜一只，相逢过客一玩百钱，前后获钱无数。”不特诸饰物纷堕，并锦袜亦失其一，岂不异哉？使如正史所记，命力士缢杀贵妃于佛堂，舆尸置驿庭，召玄礼等入观之，其境况殆不至如此也。

窃以为当时六军哗溃，玉环直被劫辱，挣扎委顿，故钿钗委地、锦袜脱落也。明皇则掩面反袂，有所不忍见，其为生为死，均不及知之。诗中明言“救不得”，则赐死之诏旨当时殆决无之。传言“使牵之而去”，大约牵之去则有之，使乎使乎？未可知也。后人每以马嵬事訾三郎之负玉环，冤矣。其人既杳，自不得不觅一替死鬼，于是“蛾眉”苦矣。既可上覆君王，又可下安六军，驿庭之尸俾众入观者，疑即此君也。或谓玄礼当识贵妃，何能指鹿为马？然玄礼既身预此变而又不能约束乱兵，则装聋做哑，含糊了局，亦在意中；故陈尸入视，即确有其事，亦不足破此说。至《太真外传》述其死状甚悉，乐史宋人，其说固后也，殆演正史而为之。

玉环以死闻，明皇自无力根究，至回銮改葬，始证实其未死。改葬之事，传中一字不提，歌中却说得明明白白："马嵬坡下泥土中，不见玉颜空死处。"夫仅言马嵬坡下不见玉颜，似通常凭吊口气；今言泥土中不见玉颜，是尸竟乌有矣，可怪孰甚焉？后人求其说而不得，从而为之辞，曰肌肤消释，(《太真外传》)曰乱军践踏，曰尸解（均见上）其实皆牵强不合。予谓《长恨歌》分两大段，自首至"东望都门信马归"为前段，自"归来池苑皆依旧"至尾为后段；而此两句实为前后段大关键。觅尸既不得，则临邛道士之上天下地为题中应有之义矣。其实明皇密遣使者访问太真，临邛道士鸿都客则托辞耳；歌言"汉家天子使"，传言"使者"，可证此意。

观其访问之迹，又极其奇诡。传曰："方士乃竭其术以索之，不至；又能游神驭气，出天界、没地府以求之，不见；又旁求四虚上下，东极大海，跨蓬壶，见最高仙山上多楼阙，西厢下有洞户东向，阖其门，署曰玉妃太真院。"歌曰："排空驭气奔如电，升天入地求之遍。上穷碧落下黄泉，两处茫茫皆不见。忽闻海上有仙山，山在虚无缥渺间。楼阁玲珑五云起，其中绰约多仙子。中有一人字太真，雪肤花貌参差是。"最不可解者为碧落黄泉皆无踪迹，而乃得之海山。人死为鬼宜居黄泉，即诗人之笔不忍以绝代丽质付之沉沦，升之碧落可矣，奚必海山哉？且歌、传之旨俱至明晰。传云旁求四虚，明未曾升仙作鬼，仍居人间也；歌云两处茫茫皆不见，意亦正同；“忽闻”以下，尤可注意。自“海上有仙山”至“花貌参差是”，皆方士所闻也。使玉妃真居仙山，则孰见之而孰言之？孰言之而孰闻之耶？ 岂如《长生殿》所言天孙告杨通幽耶？夫马嵬坡下泥土中既失其尸矣，碧落黄泉既不得其魂魄矣，则羁身海山之太真，仙乎、鬼乎、人乎？明眼人必能辨之。且歌中此节，多狡狯语。“山在虚无缥渺间”，是言此亦人间一境耳，非必真有如此之海上仙山也；“其中绰约多仙子”，似群雌粥粥，太真盖非清净独居，唐之女道士院迹近倡家，非佳语也；“中有一人字太真”，上甫云多仙子，而此偏曰中有一人，明明点出一“人”字；“雪肤花貌参差是”，是方士来去以前，且有人见太真矣。其境界如何，不难想见。

写方士之见太真，正值其睡起之时。传曰：“碧衣云：玉妃方寝，请少待之。于是云海沈沈，洞天日晚；琼户重阖，悄然无声。方士屏息敛足，拱手门下，久之而碧衣延入。”歌曰：“闻道汉家天子使，九华帐里梦魂惊。揽衣推枕起徘徊，珠箔银屏迤逦开。云髻半偏新睡觉，花冠不整下堂来。”依传言，方士待之良久；依歌言，玉妃起得极仓皇。既曰“梦魂惊”，而“云髻”“花冠”两句又似钗横鬓乱矣；其间有无弦外微音，不敢妄说。

传为传奇体，小说家言或非信史；而白氏之歌行实诗史之巨擘，若所闻非实，又有关碍本朝，乌得而妄记耶？至少，宜信白氏之确有所闻，而所闻又惬合乎情理；否则，于尚论古人有所难通。吾辈既谓方士觅魂之说为非全然无稽，则可进一步考察其曾见杨妃与否；因使觅杨妃是一事，而觅着与否又是一事。依歌、传所描写，委婉详尽明画如斯，似真见杨妃矣，然姑置不论。方士（姑以方士名之）持回之铁证有二：一为钿盒金钗，二为天宝十载密誓之语。夫钗盒或可偷盗拾取，（近人有以“翠钿委地”句为钗盒之来源，亦未必然。）而密誓殊难臆造。观传曰：“夜殆半，休侍卫于东西厢，独侍上。上凭肩而立，因仰天感牛女事，密相誓心，愿世世为夫妇；此独君王知之耳。”歌曰：“七月七日长生殿，夜半无人私语时。”曰“独侍”，曰“凭肩”，曰“无人私语”，是非方士所能窃听也。窃听既不得，臆造又不能，是方士确已见太真也。钿盒金钗人间之物，今分携而返，是且于人世见太真也。至于“天上人间会相见”，则以空言结再生之缘耳，正如玉溪生所云“海外徒闻更九洲，他生未卜此生休”，非有其他深意；“昭阳殿里恩爱绝，蓬莱宫中日月长”，明谓生离，不谓死别；况太真以贵妃之尊乃不免风尘之劫，贻闱壶之玷，可恨孰甚焉？故结之曰“天长地久有时尽，此恨绵绵无绝期”，言其耻辱终古不泯也。否则，马嵬之变，死一妇人耳，以长恨名篇，果何谓耶？

明皇知太真之在人间而不能收覆水，史乘之事势甚明，不成问题。况传曰：“使者还奏太上皇，皇心震悼，日日不豫，其年夏四月南宫晏驾”。是明皇所闻本非佳讯，即卒于是年（肃宗宝应元年），而太真之死或且后于明皇也。按，依章实斋氏所考，则其时太真亦一媪矣，而犹摇曳风情如此，亦异闻矣。吾以为其人大似清末之赛金花，而《彩云曲》实《长恨歌》之嫡系也。惟此等说法，大有焚琴煮鹤之诮耳。

爬梳本文，实颇明白而鲜疑滞，惟缺旁证为可憾耳。杜少陵之《哀江头》亦传太真事，曰："明眸皓齿今何在？血污游魂归不得。清渭东流剑阁深，去住彼此无消息。"曰去住，曰彼此，不知何指。若以此说解之，则上二句疑其已死，下二句又疑其或未死，两说并存欤？惟旧注以上指妃子游魂，下指明皇幸蜀，其说可通，故不宜曲为比附，取作佐证。且此事隐秘，事后渐流布于世，若乐天时闻之，在少陵时未必即有所闻也。他日如于其他记载续有所得，更当补订，以成信说。

今日仅有本文之直证，而无他书之旁证，只可传疑，未能取信。要之，当年之实事如何是一事，所传闻如何另是一事；故即使以此新说解释长恨歌传十分圆满，亦不过自圆其说而已，至多亦不过揣得作歌传之本旨而已（即此已颇夸大）。若求当年之秘事，则当以陈鸿语答之曰："世所不闻者，予非开元遗民不得知。"

（附记一）明皇与肃宗先后卒于同年，肃宗先病而明皇之卒甚骤，疑李辅国惧其复辟而弑之，观史称辅国猜忌明皇，逼迁之于西内，流放高力士，不无蛛丝马迹。唐人亦有疑之者。韦绚《戎幕闲谈》曰："时肃宗大渐，辅国专朝，意西内之复有变故也。"此事与清季德宗西后之卒极相似，亦珍闻也。

（附记二）又宋王铚《默记》："元献（晏元献）因为僚属言唐小说：唐玄宗为上皇迁西内，李辅国令刺客夜携铁槌击其脑，玄宗卧未起，中其脑，皆作磬声。上皇惊谓刺者曰：

‘我固知命尽于汝手，然叶法善劝我服玉，今我脑骨皆成玉，且法善劝我服金丹，今有丹在首，固自难死，汝可破脑取丹，我乃可死矣。’刺客如其言，取丹乃死。”孙光宪《续通录》云：“玄宗将死，云：‘上帝命我作孔升真人。’爆然有声，视之崩矣。亦微意也。”此亦可与上节参看。

十六年十一月十五日（留）

这是一篇很聪明的文章——对不对却另是一回事——同时也是一篇很自知分际的文章。此文末节所说甚诚实，我们生在百千年以后，要体会百千年以前的曲喻，只可以玩弄聪明，却不可以补苴信史也。

第八节　口说的史料对著文的史料

此一对当，自表面看来，我们自然觉得口说无凭，文书有证，其优劣之判别像是很简单的。然而事实亦不尽然。笔记小说虽是著于文字的材料，然性质实在是口说，所以口说与著文之对当在此范围内，即等于上文第二节所论列，现在不需再说，但说专凭口说传下来的史料。

专凭口说传下来的史料，在一切民族的初级多有之。《国语》(《左传》一部分材料在内）之来源即是口说的史料，若干战国子家所记的故事多属于此类。但中国的文化，自汉魏以来，有若干方面以文字为中心。故文字之记载被人看重，口说的流传不能广远；而历代新兴的民间传说，亦概因未得文人为之记录而失遗。宫帷遗闻，朝野杂事，每不能凭口说传于数十年之后。反观古昔无文字之民族，每有巫祝一特殊阶级，以口说传史料，竟能经数百年，未甚失其原样子者。(《旧约》书之大部分由于口传，后世乃以之著史）故祝史所用之语，每非当时之普通语言，而是早若干时期之语言。此等口传的史料，每每将年代、世系、地域弄得乱七八糟，然亦有很精要的史事为之保留，转为文书史料所不逮。汉籍中之《蒙古源流》，即其显例也。

古代及中世之欧洲民族所有之口传史料，因文化之振兴及基督教之扩张而亡遗，独其成为神话作为诗歌者，以其文学之价值而得幸存，然已非纯粹之口传史事矣。近代工业文明尤是扫荡此等口传文学与史事者，幸百年之前，德俄诸国已有学者从事搜集，故东欧西亚之此等文学与史料，尚藉此著于文字者不少，而伊兰高加索斯拉夫封建之故事，民族之遗迹，颇有取资于此，以成今日史事知识者焉。

中国历史分期之研究

凡研治“依据时间以为变迁”之学科，无不分期别世，以御纷繁，地质史有“世纪”“期”“代”之判，人类进化史有“石世”“铜世”“铁世”“电世”之殊，若此类者，皆执一事以为标准，为之判别年代，一则察其递变之迹，然后得其概括；一则振其纲领之具，然后便于学者。通常所谓历史者，不限一端，而以政治变迁，社会递嬗为主体。试为之解，则人类精神之动作，现于时间，出于记载，为历史。寻其因果，考其年世，即其时日之推移，审其升沉之概要，为历史之学。历史学之所有事，原非一端，要以分期，为之基本。置分期于不言，则史事杂陈，樊然淆乱，无术以得其简约，疏其世代，不得谓为历史学也。世有以历史分期为无当者，谓时日转移，无迹可求，必于其间，斫为数段，纯是造作。不知变迁之迹，期年记之则不足，奕世计之则有余。取其大齐，以判其世，即其间转移历史之大事，以为变迁之界，於情甚合，于学甚便也。

西洋历史之分期，所谓“上世”“中世”“近世”者，与夫三世之中，所谓 Subdivisions 在今日已为定论。虽史家著书，小有出入，大体固无殊也。返观中国，论时会之转移，但以朝代为言。不知朝代与世期，虽不可谓全无关涉，终不可以一物视之。今文《春秋》有“见闻”“传闻”之辩，其历史分期之始乎？春秋时代过短，判别年限，又从删述者本身遭际而言，非史书究竟义，后之为史学者，仅知朝代之辩，不解时期之殊，一姓之变迁诚不足据为分期之准也。日本桑原隲藏氏著《东洋史要》(后改名《支那史要》)，始取西洋上古中古近古之说以分中国历史为四期。近年出版历史教科书，概以桑原氏为准，未见有变更其纲者。寻桑原氏所谓四期，一曰上古，断至秦始皇一统，称之为汉族缔造时代。二曰中古，自秦始皇一统至唐亡，称之为汉族极盛时代。三曰近古，自五季至明亡，称之为汉族渐衰，蒙古族代兴时代。四曰近世，括满清一代为言，称之为欧人东渐时代。似此分期，较之往日之不知分期，但论朝代者，得失之差，诚不可量。然一经中国著史学教科书者尽量取用，遂不可通。桑原氏书，虽以中华为主体，而远东诸民族自日本外，无不系之。既不限于一国，则分期之谊，宜统合殊族以为断，不容专就一国历史之升降，分别年世，强执他族以就之。所谓汉族最盛时代，蒙古族最盛时代，欧人东渐时代者，皆远东历史之分期法，非中国历史之分期法。中国学者强执远东历史之分期，以为中国历史之分期，此其失固由桑原，又不尽在桑原也。且如桑原所分，尤有不可通者二端：一则分期标准之不一，二则误认历来所谓汉族者为古今一贯。请于二事分别言之。凡为一国历史之分期者，宜执一事以为标准。此一事者，一经据为标准之后，便不许复据他事别作标准。易词言之，据以分割一国历史时期之标准，必为单一，不得取标准于一事以上。如以种族之变迁分上世与中古，即应据种族之变迁分中世与近世，不得更据他事若政治改革、风俗易化者以分之。若既据种族以为大别，不得不别据政治以为细界，取政治以为分本者，但可于“支分”中行之(Subdivision)。不容与以种族为分别者平行齐列。今桑原氏之分期法，始以汉族升降为别，后又以东西交通为判，所据以为分本者，不能上下一贯，其弊一也。

中国历史上所谓“诸夏”“汉族”者，虽自黄唐以来，立名无异。而其间外族混入之迹，无代不有。隋亡陈兴之间，尤为升降之枢纽。自汉迄唐，非由一系。汉代之中国与唐代之中国，万不可谓同出一族。更不可谓同一之中国，取西洋历史以为喻，汉世犹之罗马帝国，隋唐犹之察里曼后之罗马帝国，名号相衍，统绪相传，而实质大异。今桑原氏泯其代谢之迹，强合一致，名曰“汉族极盛时代”，是为巨谬（说详次节）。其弊二也。凡此二弊，不容不矫。本篇所定之分期法，即自矫正现世普行桑原氏之分期法治。

以愚推测所及者言之，欲重分中国历史之期世，不可不注意下列四事。

一　宜知中国所谓汉族于陈隋之间大起变化

唐虞三代以至秦汉，君天下者皆号黄帝子孙。虽周起岐，汧秦起邠渭，与胡虏为邻，其地其人，固不离于中国。故唐虞以降，下迄魏晋，二千余年间，政治频革，风俗迴异，而有一线相承，历世不变者，则种族未改是世。其间北狄南蛮，入居边境，同化于汉族者，无代无有。然但有向化，而无混合。但有变夷，而无变夏。于汉族之所以为汉族者，无增损也。至于晋之一统，汉族势力已成外强中干之势，永嘉建宁之乱，中原旧壤，沦于朔胡，旧族黎民，仅有孑遗，故西晋之亡，非关一姓之盛衰，实中原之亡也。重言之，周秦汉魏所传之中国，至于建兴而亡也。所幸者，江东有孙氏，而后缔造经营，别立国家，虽风俗民情，稍与中原异贯，要皆“中国之旧衣冠礼乐之所就，永嘉之后，江东贵焉”。为其纂承统绪，使中国民族与文化不随中原以俱沦也。江东之于中原，虽非大宗，要为入祧之别子。迄于陈亡，而中国尽失矣。王通作《元经》，书陈亡，而具晋宋齐梁陈五国，著其义曰："衣冠文物之旧……君子与其国焉，曰，犹我中国之遗民也。"（《元经》卷九）故长城公丧其国家，不仅陈氏之亡，亦是江东衣冠道尽（改用陈叔宝语），江东衣冠道尽，是中国之亡，周秦汉魏所传之中国，至于建兴而丧其世守之城，至于祯明而亡其枝出之邦。祯明之在中国，当升降转移之枢纽，尤重于建兴，谈史者所不可忽也。

继陈者隋，隋外国也。继隋者唐，唐亦外国也。何以言之？君主者，往昔国家之代表也。隋唐皇室之母系，皆出自魏虏，其不纯为汉族甚明。唐之先公，曾姓大野，其原姓李氏，而赐姓大野欤？抑原姓大野，而冒认李姓欤？后人读史，不能无疑也。此犹可曰，一姓之事，无关中国也。则请举其大者言之。隋唐之人，先北朝而后南朝，正魏周而伪齐陈，直认索虏为父，不复知南朝之为中国，此犹可曰，史家之词，无关事实也。则请举其更大者言之。隋唐将相，鲜卑姓至多，自负出于中国甲族之上；而皇室与当世之人，待之亦崇高于华人，此犹可曰，贵族有然，非可一概论也。则请举其民俗言之。琵琶卑语，胡食胡服（见《颜氏家训》《中华古今注》等书），流行士庶间，见于载记，可考者甚繁。于此可知，隋唐所谓中华，上承拓跋宇文之遗，与周汉魏晋不为一贯。不仅其是室异也。风俗政教，固大殊矣。为史学者，不于陈亡之日，分期判世，而强合汉唐以一之，岂知汉唐两代民族颇殊，精神顿异，汉与周秦甚近，而与唐世甚远。唐与宋世甚近，而与南朝甚远。此非以年代言也。以历朝所以立国，所以成俗之精神，察之然后知其不可强合。今吾断言曰，自陈以上为"第一中国"，纯粹汉族之中国也。自隋至宋亡为"第二中国"，汉族为胡人所挟，变其精神，别成统系，不蒙前代者也。

二　宜知唐宋两代有汉胡消长之迹　南宋之亡又为中国历史一大关键

自隋迄宋，为“第二中国”，既如上所述矣。此八百年中，虽为一线相承，而风俗未尝无变。自隋至于唐季，（五代之名，甚不可通，中原与十国，地丑德齐，未便尊此抑彼。其时犹是唐之叔世，与其称为五季，不如称为唐季，可包南北一切列国，说详拙著札记）胡运方盛，当时风俗政教，汉胡相杂，虽年世愈后，胡气愈少，要之胡气未能尽灭。读唐世文家所载，说部所传，当知愚言之不妄也。至于周宋，胡气渐消，以至于无有。宋三百年间，尽是汉风。此其所以异于前代者也。就统绪相承以为言，则唐宋为一贯，就风气异同以立论，则唐宋有殊别，然唐宋之间，既有相接不能相隔之势，斯惟有取而合之，说明之曰“第二中国”，上与周汉魏晋江右之中国，对待分别可也。此“第二中国”者，至于靖康而丧其中原，犹晋之永嘉，至于祥兴而丧其江表，犹陈之祯明。祥兴之亡，第二中国随之俱亡，自此以后全为胡虏之运，虽其间明代光复故物，而为运终不长矣。祥兴于中国历史之位置，尤重于祯明。诚汉族升降为一大关键也。

三　宜据中国种族之变迁升降为分期之标准

如上所云，“第一中国”“第二中国”者，皆依汉族之变化升降以立论者也。陈亡隋代，为汉族变化之枢纽。宋亡元代，为汉族升降之枢纽。今为历史分期，宜取一事以为标准，而为此标准者，似以汉族之变化升降为最便。研究一国历史，不得不先辨其种族，诚以历史一物，不过种族与土地相乘之积，种族有其种族性，或曰种族色者（Racial colour），具有主宰一切之能力，种族一经变化，历史必顿然改观。今取汉族之变化升降以为分期之标准，既合名学“分本必一之说”，又似得中国历史上变化之扼要，较之桑原氏忽以汉族盛衰为言，忽以欧人东渐为说者，颇觉简当也。

四　宜别作“枝分”（Subdivision）勿使与初分相混

如上所言既以汉族之变化与升降为上世中世近世分期之标准，而每世之中，为年甚长，政俗大有改易，不可不别作“枝分”，使之纲目毕张。兹以政治变迁为上世枝分之分本，风俗改易为中世枝分之分本，种族代替为近世枝分之分本，合初分与枝分，图为下表，而说明之。（见下表）

中国历史

- 甲　上世
  - （一）上世第一期，周平王元年以前。
  - （二）上世第二期，起周平王元年至秦始皇二十六年。
  - （三）上世第三期，起秦始皇二十六年至晋建兴五年。
  - （四）上世第四期，起晋建兴五年至陈祯明三年。
- 乙　中世
  - （五）中世第一期，起陈祯明三年，即隋开皇九年，至后周显德六年。
  - （六）中世第二期，起宋建兴元年，即显德六年之次年，至祥兴二年。

中国历史
- 丙 近世
  - （七）近世第一期，起宋祥兴二年，即元至元十六年，至正二十四年。
  - （八）近世第二期，起元至正二十四年，即韩氏龙凤十年，至明永历十五年。
  - （九）近世第三期，起明永历十五年，即清顺治十八年，至宣统三年。
- 丁 现世 ——民国建元以来。

说明上世中世近世之所由分，与中世第一第二两期之所由分，俱详前。

周平王东迁以前，世所谓唐虞三代，此时期中，虽政治不无变化，而其详不可得闻，既无编年之史（《竹书纪年》不足信），又多传疑之说（夏殷无论，即如两周之文王受命，周公居东，厉王失国诸事，异说纷歧，所难折中。）惟有比而同之，以为"传疑时代"。盖平王以降，始有信史可言也。

东周数百年间，政治风俗，上与西周有别，下与秦汉异趣。其时学术思想昌明，尤为先后所未有。故自为一期。

上古第三期，括秦汉魏西晋四朝，为其政治成一系也。

上古第四期，括东晋宋齐梁陈五朝，为其政治成一系，风俗成一贯也。

近世第一期，括蒙古一代。第二期括明朝始终。第三期括满清一代。近世独以朝代为分者，以朝代之转移，即民族势力之转移故也。

分世别期，最难于断年。前期与后期交接之间，必有若干年岁，为过渡转移时代。合于前世，既觉未安，合于后期，更觉不可，今为画一之故，凡过渡时代均归前期。如上世中世之交，有数朝为过渡转移期，全以归于上世。必于陈亡之后，始著中世。又如上古第一期与第二期之交，周赧入秦，与秦始皇一统间，数十年为过渡期。今以附于第一期，必俟六国次第以亡，然后著第二期。一切分期，除近世第一期外，俱仿此。近世第一期所以独为例外者，以元人入中国，与往例不同。未入中国时，固在朔漠，号称大汗。既摈出之后，又复其可汗之名，此于中国纯为侵入，故第二第三期间，以吴始建国为断，不以顺帝北去为断。

分中国历史为如是三世，固觉有奇异之感焉。则三世者，各自为一系，与上不蒙，而上世中世又有相似之平行趋向是也。北魏北周第二期之缔造时，与上不相蒙者也。辽金第三期之缔造时，与上不相蒙者也。中世之隋唐，犹上世之秦汉，同为武功极盛在世。隋之一统与秦之一统，差有相似之点。中世之北宋，犹上世之魏晋，同为内政安人，外功不张之世。中世之南宋，犹上世之江左，同为不竞之世。南宋之亡，尤类陈亡。此上世中世平行之趋向，不待详言者也。中世与近世，趋向绝殊，固由承宇文者为隋，代完颜者为元，辽与魏，金与周，已不可强同。元隋更大异其性。此后之历史，遂毫无相似者矣。简言之，上世一系之中，所有朝代，但有相传，而无相灭；中世一系之中，亦但有相传，而无相灭；近世一系之中，但有相灭，而无相传。是非以帝族言也。以其立国之道，察之如是云尔。

余为此分期法，读者宜有所疑，以谓“梁陈不竞，半虏之隋唐，代承统绪，本汉族甚不名誉之事，如今日通行之分期法，合汉唐而一之，此丑可掩。今分而为二，非所以扬历史之光荣也”。余将答此说曰，学问之道，全在求是。是之所在，不容讳言其丑。今但求是而已，非所论于感情。余深察汉唐两代，实不能比而同之，纵使违心徇情，比而同之，读史者自可发觉，欺人无益也。陈隋间之往事，曷尝不堪发愤。要不可与研究史学之真相，混合言之。

（原刊民国七年四月十七日至廿三日北京大学日刊）

与顾颉刚论古史书

颉刚足下：

我这几年到欧洲，除最初一时间外，竟不曾给你信，虽然承你累次的寄信与著作。所以虽在交情之义激如我们，恐怕你也轻则失望，重则为最正当之怒了。然而我却没有一天不曾想写信给你过，只是因为我写信的情形受牛顿律的支配，“与距离之自成方之反转成比例”，所以在柏林朋友尚每每通信以代懒者之行步，德国以外已少，而家信及国内朋友信竟是稀得极利害，至于使老母发白。而且我一向懒惰，偶然以刺激而躁动一下子，不久又回复原状态。我的身体之坏如此，这么一个习惯实有保护的作用救了我一条命。但因此已使我三年做的事不及一年。我当年读嵇叔夜的信说他自己那样懒法，颇不能了解，现在不特觉得他那样是自然，并且觉得他懒得全不尽致。我日日想写信给你而觉得拿起笔来须用举金箍棒之力，故总想“明天罢”。而此明天是永久不来的明天，明天，明天……至于今天；或者今天不完，以后又是明天，明天，明天……这真是下半世的光景！对于爱我的朋友如你，何以为情！

私事待信末谈，先谈两件《努力周报》上事物。在当时本发愤想写一大篇寄去参加你们的论战，然而以懒的结果不曾下笔而“努力”

下世。我尚且仍然想着，必然写出寄适之先生交别的报登，窃自比季子挂剑之义，然而总是心慕者季子，力困若叔夜，至今已把当时如泉涌的意思忘到什七八。文章是做不成的了，且把尚能记得者寄我颉刚。潦草，不像给我颉刚的信，但终差好于无字真经。只是请你认此断红上相思之字，幸勿举此遐想以告人耳。

第一件是我对于丁文江先生的《历史人物与地理的关系》一篇文章的意见。（以下见《评丁文江历史人物与地理的关系》文，不复载。）

其二，论颉刚的古史论。三百年中，史学，文籍考订学，得了你这篇文字，而有“大小总汇”。三百年中所谓汉学之一路，实在含括两种学问：一是语文学，二是史学、文籍考订学。这两以外，也更没有什么更大的东西；偶然冒充有之，也每是些荒谬物事，如今文家经世之论等。拿这两样比着看，量是语文学的成绩较多。这恐怕是从事这类的第一流才力多些，或者也因为从事这科，不如从事史学、文籍考订者所受正统观念限制之多。谈语言学者尽可谓“亦既觏止”之觏为交媾，“握椒”之为房中药。汉宋大儒，康成、元晦如此为之，并不因此而失掉他的为“大儒”。若把“圣帝明王”之“真迹”布出，马上便是一叛道的人。但这一派比较发达上差少的史学、考订学，一遇到颉刚的手里，便登时现出超过语文学已有的成绩之形势。那么，你这个古史论价值的大还等我说吗？这话何以见得呢？我们可以说道，颉刚以前，史学、考订学中真正全是科学家精神的，只是阎若璩、崔述几个人。今文学时或有善言，然大抵是些浮华之士；又专以门户为见，他所谓假的古文，固大体是假，他所谓真的今文，亦一般的不得真。所有靠得住的成绩，只是一部古文尚书和一部分的左氏周官之惑疑（这也只是提议，未能成就）；而语文那面竟有无数的获得。但是，这语文学的中央题目是古音，汉学家多半“考古之功多，审音之功浅”，所以最大的成绩是统计的分类通转，指出符号来，而指不出实音来。现在尚有很多的事可作；果然有其人，未尝不可凌孔羿轩而压倒王氏父子。史学的中央题目，就是你这“累层地造成的中国古史”，可是从你这发挥之后，大体之结构已备就，没有什么再多的根据物可找。前见《晨报》上有李玄伯兄一文，谓古史之定夺要待后来之掘地。诚然掘地是最要事，但不是和你的古史论一个问题。掘地自然可以掘出些史前的物事，商周的物事，但这只是中国初期文化史。若关于文籍的发觉，恐怕不能很多。（殷墟是商社，故有如许文书的发现。这等事例岂是可以常希望的。）而你这一个题目，乃是一切经传子家的总锁钥，一部中国古代方术思想史的真线索，一个周汉思想的摄镜，一个古史学的新大成。这是不能为后来的掘地所掩的，正因为不在一个题目之下。岂特这样，你这古史论无待于后来的掘地，而后来的掘地却有待于你这古史论。现存的文书如不清白，后来的工作如何把他取用。偶然的发现不可期，系统的发掘须待文籍整理后方可使人知其地望。所以你还是在宝座上安稳的坐下去罢，不要怕掘地的人把你陷了下去。自然有无量题目要仔细处置的，但这都是你这一个中央思想下的布列。犹之乎我们可以造些动力学的 Theorem，但这根本是 Newton 的。我们可以研究某种动物或植物至精细，得些贯通的条理，但生物学的根本基石是达尔文。学科的范围有大小，中国古史学自然比力学或生物学小得多。但他自是一种独立的、而也有价值的学问。你在这个学问中的地位，便恰如牛顿之在力学，达尔文之在生物学。去年春天和志希从吾诸位谈，他们都是研究史学的。“颉刚是在史学上称王了，恰被他把这个宝贝弄到手；你们无论再弄到什么宝贝，然而以他所据的地位在中央的原故，终不能不臣于他。我以不弄史学而幸免此危，究不失为‘光武之故人也’。几年不见颉刚，不料成就到这么大！这事原是在别人而不在我的颉刚的话，我或者不免生点嫉妒的意思，吹毛求疵，硬去找争执的地方；但早晚也是非拜倒不可的。”

颉刚，我称赞你够了么！请你不要以我这话是朋友的感情；此间熟人读你文的，几乎都是这意见。此时你应做的事，就是赶快把你这番事业弄成。我看见的你的文并不全，只是《努力》读书杂志9，10，11，12，14（13号未见过，14后也未见过）所登的。我见别处登有你题目，十四号末又注明未完；且事隔已如此之久，其间你必更有些好见解，希望你把你印出的文一律寄我一看。看来禹的一个次叙，你已找就了，此外的几个观念，如尧、舜、神农、黄帝、许由、仓颉等等，都仔细照处理禹的办法处置他一下子。又如商汤、周文、周公虽然是真的人，但其传说也是历时变的。龟甲文上成汤并不称成汤。《商颂》里的武王是个光大商业、而使上帝之“命式于九围”的，克夏不算重事。周诰里周公说到成汤，便特别注重他的“革夏”，遂至结论到周之克殷，“于汤有光”的滑稽调上去（此恰如满酋玄晔谀孝陵的话）。到了孟子的时代想去使齐梁君主听他话，尤其是想使小小滕侯不要短气，便造了“汤以七十里兴，文王以百里兴”的话头，直接与《诗·颂》矛盾。到了嵇康之薄汤武，自然心中另是一回事。至于文王、周公的转变更多。周公在孔子正名的时代，是建国立制的一个大人物。在孟子息邪说距诐行的时代，是位息邪说距诐行的冢相。在今文时代，可以称王。在王莽时代，变要居摄。到了六朝时，真个的列爵为五、列卿为六了，他便是孔子的大哥哥，谢夫人所不满意事之负责任者。（可惜满清初年不文，不知“文以诗书”，只知太后下嫁。不然，周公又成满酋多尔衮；这恐怕反而近似。）这样变法，岂有一条不是以时代为背景。尤其要紧的，便是一个孔子问题。孔子从《论语》到孔教会翻新了的梁漱溟，变了真正七十二，而且每每是些剧烈的变化，简直摸不着头脑的。其中更有些非常滑稽的，例如苏洵是个讼棍，他的《六经论》中的圣人（自然是孔子和其他），心术便如讼棍。长素先生要做孔老大，要改制，便做一部孔子改制托古考；其实新学伪经，便是汉朝的康有为做的。梁漱溟总还勉强是一个聪明人，只是所习惯的环境太陋了，便挑了一个顶陋的东西来，呼之为“礼乐”，说是孔家真传：主义是前进不能，后退不许，半空吊着，简直使孔丘活受罪。这只是略提一二例而已，其实妙文多着哩。如果把孔子问题弄清一下，除去历史学的兴味外，也可以减掉后来许多梁漱溟，至少也可以使后来的梁漱溟但为梁漱溟的梁漱溟，不复能为孔家店的梁漱溟。要是把历来的“孔丘七十二变又变……”写成一本书，从我这不庄重的心思看去，可以如欧洲教会教条史之可以解兴发噱。从你这庄重的心思看去，便一个中国思想演流的反射分析镜，也许得到些中国历来学究的心座（Freudian Complexes）来，正未可料。

你自然先以文书中选择的材料证成这个“累层地”。但这个累层地的观念大体成后，可以转去分析各个经传子家的成籍。如此，则所得的效果，是一部总括以前文籍分析，而启后来实地工作的一部古史，又是一部最体要的民间思想流变史，又立一个为后来证订一切古籍的标准。这话是虚吗？然则我谓他是个“大小总汇”，只有不及，岂是过称吗？

大凡科学上一个理论的价值，决于他所施作的度量深不深，所施作的范围广不广，此外恐更没有甚么有形的标准。你这个古史论，是使我们对于周汉的物事一切改观的，是使汉学的问题件件在他支配之下的，我们可以到处找到他的施作的地域来。前年我读你文时，心中的意思如涌泉。当时不写下，后来忘了一大半。现在且把尚未忘完的几条写下。其中好些只是你这论的演绎。

一　试想几篇戴记的时代

大小戴记中，材料之价值不等，时代尤其有参差，但包括一部古儒家史，实应该从早分析研究一回。我从到欧洲来，未读中国书，旧带的几本早已丢去。想戴记中最要四篇，《乐记》《礼运》《大学》《中庸》，当可背诵，思一理之。及一思之，恨《乐记》已不能背。见你文之初，思如涌泉，曾于一晚想到《大学》《中庸》之分析。后来找到戴记一读，思想未曾改变。又把《礼运》一分量，觉得又有一番意思。今写如下：

《大学》《孟子》说："人有恒言，皆曰天下国家。天下之本在国，国之本在家，家之本在身。"可见孟子时尚没有《大学》一种完备发育的"身家国天下系统哲学"。孟子只是始提这个思想。换言之，这个思想在孟子时是胎儿，而在《大学》时已是成人了。可见孟子在先，《大学》在后。《大学》老说平天下，而与孔子、孟子不同。孔子时候有孔子时候的平天下，"九合诸侯，一匡天下"，如桓文之霸业是也。孟子时候有孟子时候的平天下，所谓"以齐王"是也。列国分立时之平天下，总是讲究天下定于一。姑无论是"合诸侯，匡天下"，是以公山弗扰为"东周"，是"以齐王"，总都是些国与国间的关系。然而《大学》之谈"平天下"，但谈理财。理财本是一个治国的要务；到了理财成了平天下的要务，必在天下已一之后。可见大学不见于秦皇。《大学》引《秦誓》。《书》是出于伏生的，我总疑心《书》之含《秦誓》是伏生为秦博士的痕迹。这话要真，《大学》要后于秦代了。且《大学》末后大骂一阵聚敛之臣。汉初兵革扰扰，不成政治，无所谓聚敛之臣。文帝最不会用聚敛之臣，而景帝也未用过。直到武帝时才大用而特用，而

《大学》也就大骂而特骂了。《大学》总不能先于秦，而汉初也直到武帝才大用聚敛之臣。如果《大学》是对时而立论，意者其作于孔桑登用之后，轮台下诏之前乎？且《大学》中没有一点从武帝后大发达之炎炎奇怪的今文思想，可见以断于武帝时为近是。不知颉刚以我这盐铁论观的《大学》为何如？

《中庸》《中庸》显然是三个不同的分子造成的，今姑名为甲部、乙部、丙部。甲部《中庸》从“子曰君子中庸”起，到“子曰父母其顺矣乎”止。开头曰中庸，很像篇首的话。其所谓中庸，正是两端之中，庸常之道，写一个 Petit bourgeois 之人生观。“妻子好合，如鼓瑟琴；兄弟既翕，和乐且耽”。不述索隐行怪而有甚多的修养，不谈大题而论社会家庭间事，显然是一个世家的观念（其为子思否，不关大旨），显然是一个文化甚细密中的东西，——鲁国的东西，显然不是一个发大议论的笔墨，——汉儒的笔墨。从“子曰鬼神之为德”起，到“治国其如示诸掌乎”止，已经有些大言了，然而尚不是大架子的哲学。此一节显然像是甲部、丙部之过渡。至于第三部，从“哀公问政”起到篇末，还有头上“天命之谓性”到“万物育焉”一个大帽子，共为丙部，纯粹是汉儒的东西。这部中所谓中庸，已经全不是甲部中的“庸德之行，庸言之谨”，而是“中和”了。中庸本是一家之小言，而这一部中乃是一个会合一切，而谓其不冲突——太和——之哲学。盖原始所谓中者，乃取其中之一点而不从其两端；此处所谓中者，以其中括合其两端，所以仲尼便祖述尧舜（法先王），宪章文武（法后王），上律天时（羲和），下袭水土（禹）。这比孟子称孔子之集大成更进一步了。孟子所谓“金声玉振”尚是一个论德性的话，此处乃是想孔子去包罗一切人物：孟荀之所以不同，儒墨之所以有异，都把他一炉而熔之。“九经”之九事，在本来是矛盾的，如亲亲尊贤是也；今乃并行而不相悖。这岂是晚周子家所敢去想的。这个“累层地”，你以为对不对？

然而《中庸》丙部也不能太后，因为虽提祯祥，尚未入纬。

西汉人的思想截然和晚周人的思想不同。西汉人的文章也截然与晚周人的文章不同。我想下列几个标准可以助我们决定谁是谁。

（一）就事说话的是晚周的，做起文章来的是西汉的。

（二）研究问题的是晚周的，谈主义的是西汉的。

（三）思想也成一贯，然不为系统的铺排的是晚周，为系统的铺排的是西汉。

（四）凡是一篇文章或一部书，读了不能够想出他时代的背景来的，就是说，发的议论对于时代独立的，是西汉。而反过来的一面，就是说，能想出他的时代的背景来的却不一定是晚周。因为汉朝也有就事论事的著作家，而晚周却没有凭空成思之为方术者。

《吕览》是中国第一部一家著述，以前只是些语录。话说得无论如何头脑不清，终不能成八股。以事为学，不能抽象。汉儒的八股，必是以学为学，不窥园亭，遑论社会。

《礼运》《礼运》一篇，看来显系三段。“是谓疵国，故政者之所以藏身也”（应于此断，不当从郑）以前（但其中由“言偃复问曰”到“礼之大成”一节须除去）是一段，是淡淡鲁生的文章。“夫政必本于天……”以下是一段，是炎炎汉儒的议论，是一个汉儒的系统玄学。这两段截然不同。至于由“言偃复问曰”到“礼之大成”一段，又和上两者各不同，文词略同下部而思想则不如彼之侈。“是为小康”，应直接“舍鲁何适矣”。现在我们把礼运前半自为独立之一篇，并合其中加入之一大节去看，鲁国之乡曲意味，尚且很大。是论兵革之起，臣宰之僭，上规汤武，下薄三家的仍类于孔子正名，其说先王仍是空空洞洞，不到易传实指其名的地步。又谈禹汤文武成王周公而不谈尧舜，偏偏所谓“大道之行也”云云即是后人所指尧舜的故事。尧舜禹都是儒者之理想之 Incarnation，自然先有这理想，然后再 Incarnated 到谁和谁身上去。此地很说了些这个理想，不曾说是谁来，像是这篇之时之尧舜尚是有其义而无其词，或者当时尧舜俱品之传说未定，尚是流质呢。所谈禹的故事，反是争国之首，尤其奇怪。既不同雅颂，又不如后说，或者在那个禹观念进化表上，这个礼运中的禹是个方域的差异。我们不能不承认传说之方域的差异，犹之乎在言语学上不能不承认方言。又他的政治观念如“老有所终”以下一大段，已是孟子的意思，只不如《孟子》详。又这篇中所谓礼，实在有时等于《论语》上所谓名。又“升屋而号”恰是墨子引以攻儒家的。又“玄酒在室”至“礼之大成也”一段，不亦乐乎的一个鲁国的 Petit bourgeois 之 Kultur。至于“呜呼哀哉”以下，便是正名论。春秋战国间大夫纷纷篡诸侯，家臣纷纷篡大夫，这篇文章如此注意及此，或者去这时候尚未甚远。这篇文章虽然不像很旧，但看来总在《易·系》之前。

《易·系》总是一个很迟的东西，恐怕只是稍先于太史公。背不出，不及细想。

二　孔子与六经

玄同先生这个精而了然的短文，自己去了许多云雾。我自己的感觉如下：

《易》《论语》:“夏礼吾能言之，杞不足征也。殷礼吾能言之，宋不足征也。文献不足故也；足，则吾能征之矣。”《中庸》:“吾说夏礼，杞不足征也。吾学殷礼，有宋存焉。吾学周礼，今用之，吾从周。”《礼运》:“吾欲观夏道，是故之杞，而不足征也，吾得夏时焉。吾欲观殷道，是故之宋，而不足征也，吾得坤乾焉。坤乾之义，夏时之等，吾以是观之。”附《易》于宋，由这看来，显系后起之说。而且现在的《易》是所谓《周易》，乾上坤下，是与所谓《归藏》不同。假如《周易》是孔子所订，则传说之出自孔门，决不会如此之迟，亦不会如此之矛盾纷乱。且商瞿不见于《论语》，《论语》上孔子之思想绝对和《易·系》不同。

《诗》 以《墨子》证诗三百篇，则知诗三百至少是当年鲁国的公有教育品，或者更普及（墨子，鲁人）。看《左传》《论语》所引《诗》大同小异，想见其始终未曾有定本。孔子于删诗何有焉。

《书》 也是如此。但现在的《今文尚书》，可真和孔子和墨子的书不同了。现在的今文面目，与其谓是孔子所删，毋宁谓是伏生所删。终于《秦誓》，显出秦博士的马脚来。其中真是有太多假的，除虞夏书一望而知其假外，周书中恐亦不少。

《礼》《乐》 我觉玄同先生所论甚是。

《春秋》 至于《春秋》和孔子的关系，我却不敢和玄同先生苟同。也许因为我从甚小时读孔广森的书，印下一个不易磨灭的印像，成了一个不自觉的偏见。现在先别说一句。从孔门弟子到孔教会梁漱溟造的那些孔教传奇，大别可分为三类：一怪异的，二学究的，三为人情和社会历史观念所绝对不能容许的。一层一层的剥去，孔丘真成空丘（或云孔，空）了。或者人竟就此去说孔子不是个历史上的人。但这话究竟是笑话。在哀公时代，鲁国必有一个孔丘字仲尼者。那末，困难又来了。孔子之享大名，不特是可以在晚周儒家中看出的，并且是在反对他的人们的话中证到的。孔子以什么缘由享大名虽无明文，但他在当时享大名是没有问题的。也许孔子是个平庸人，但平庸人享大名必须机会好；他所无端碰到的一个机会是个大题目，如刘盆子式的黎元洪碰到武昌起义是也。所以孔丘之成名，即令不由于他是大人物，也必由于他借到大题目，总不会没有原因的。不特孔丘未曾删定六经，即令删定，这也并不见得就是他成大名的充足理由。在衰败的六朝，虽然穷博士，后来也以别的缘故做起了皇帝。然当天汉盛世，博士的运动尚且是偏于乘障落头一方面；有人一朝失足于六艺，便至于终其身不得致公卿。只是汉朝历史是司马氏、班氏写的，颇为儒生吹吹，使后人觉得“像煞有介事”罢了。但有时也露了马脚，所谓“主上所戏弄，流俗所轻，优倡之所蓄”也。何况更在好几百年以前。所以孔丘即令删述六经，也但等于东方朔的诵四十四万言，容或可以做哀公的幸臣，尚决不足做季氏的家宰，更焉有驰名列国的道理？现在我们舍去后来无限的孔子追加篇，但凭《论语》及别的不多的记载，也可以看出一个线索来。我们说，孔丘并不以下帷攻《诗》《书》而得势，他于《诗》《书》的研究与了解实在远不及二千四百年后的顾颉刚，却是以有话向诸侯说而得名。他是游谈家的前驱。游谈家靠有题目，游谈家在德谟克拉西的国家，则为演说家，好比雅典的 Demosthenes，罗马的 Cicero，都不是有甚深学问，或甚何 Originality 的人。然而只是才气过人，把当时时代背景之总汇抓来，做一个大题目去吹擂，于是乎“泰山北斗”，公卿折节了。孔丘就是这样。然则孔丘时代背景的总汇是什么？我想这一层《论语》上给我们一个很明白的线索。周朝在昭穆的时代尚是盛的时候，后来虽有一乱，而宣王弄得不坏。到了幽王，不知为何原因，来了一个忽然的瓦解，如渔阳之变样的。平王东迁后的两个局面，是内面上陵下僭，“团长赶师长，师长赶督军”；外边是四夷交侵，什么“红祸白祸”，一齐都有。这个局面的原始，自然也很久了，但成了一个一般的风气，而有造成一个普遍的大劫之势，恐怕是从这时起。大夫专政，如鲁之三桓，宋之华氏，都是从春秋初年起。晋以杀公族，幸把这运命延迟上几世。（其实曲沃并晋已在其时，而六卿增势也很快。）至于非文化民族之来侵，楚与鲁接了界，而有灭周宋的形势；北狄灭了邢卫，殖民到伊川，尤其有使文化“底上翻”之形势。应这局面而出来的人物，便是齐桓、管仲、晋文、舅犯。到孔子时，这局面的迫逼更加十倍的利害，自然出来孔子这样人物。一面有一个很好的当时一般文化的培养，一面抱着这个扼要的形势，力气充分，自然成名。你看《论语》上孔子谈政治的大节，都是指这个方向。说正名为成事之本，说三桓之子孙微，说陪臣执国命，论孟公绰，请讨田氏，非季氏之兼并等等，尤其清楚的是那样热烈的称赞管仲。“管仲相桓公，九合诸侯，……微管仲，吾其披发左衽矣”。但虽然这般称许管仲，而于管仲犯名分的地方还是一点不肯放过。这个纲目，就是内里整纲纪，外边攘夷狄，使一个乱糟糟的世界依然回到成周盛世的文化上，所谓“如有用我者，吾其为东周乎”？借用一位不庄者之书名，正所谓“救救文明”（Salvaging the Civilization）。只有这样题目可以挪来为大本；也只有这个题目可以挪来说诸侯；也只有以这个题目的原故，列国的君觉着动听，而列国的执政大臣都个个要赶他走路了。颉刚：你看我这话是玩笑吗？我实在是说正经。我明知这话里有许多设定，但不这样则既不能解孔子缘何得大名之谜，又不能把一切最早较有道理的孔子传说联合贯穿起来。假如这个思想不全错，则《春秋》一部书不容一笔抹杀，而《春秋》与孔子的各类关系不能一言断其为无。现在我们对于《春秋》这部书，第一要问他是鲁史否？这事很好决定，把书上日食核对一番，便可马上断定他是不是当时的记载。便可去问，是不是孔子所笔削。现在我实在想不到有什么确据去肯定或否定了，现在存留的材料实在是太少了。然把孔子“论其世”一下，连串其《论语》等等来，我们可以说孔子订《春秋》，不见得不是一个自然的事实。即令《春秋》不经孔子手定，恐怕也是一部孔子后不久而出的著作，这著作固名为《春秋》或即是现在所存的“断烂朝报”。即不然，在道理上当与现在的“断烂朝报”同类。所以才有孟子的话。这书的思想之源泉，总是在孔子的。既认定纲领，则如有人说“孔子作《春秋》”，或者说“孔子后学以孔子之旨作《春秋》”，是没有原理上的分别。公羊家言亦是屡变。传，繁露，何氏，各不同。今去公羊家之迂论与“泰甚”，去枝去叶，参看《论语》，旁边不忘孟子的话，我们不免觉得，这公羊学的宗旨是一个封建制度正名的，确尚有春秋末的背景，确不类战国中的背景，尤其不类汉。三世三统皆后说，与公羊本义无涉。大凡一种系统的伪造，必须与造者广义的自身合拍，如古文之与新朝政治是也。公羊家言自然许多是汉朝物事，然他不泰不甚的物事实不与汉朝相干。

大凡大家看不起《春秋》的原因，都是后人以历史待他的原故，于是乎有“断烂朝报”之说。这话非常的妙。但知《春秋》不是以记事为本分，则他之为断烂朝报不是他的致命伤。这句绝妙好词，被梁任公改为“流水账簿”，便极其俗气而又错了。一、春秋像朝报而不像账簿；二、流水账簿只是未加整理之账，并非断烂之账。断烂之账簿乃是上海新闻大家张东荪先生所办时事新报的时评，或有或无，全凭高兴，没有人敢以这样的方法写流水账的。“史”之成一观念，是很后来的。章实斋说六经皆史，实在是把后来的名词，后来的观念，加到古人的物事上而齐之，等于说“六经皆理学”一样的不通。且中国人于史的观念从来未十分客观过。司马氏、班氏都是自比于孔子而作经。即司马君实也是重在“资治”上。郑夹漈也是要去贯天人的。严格说来，恐怕客观的历史家要从顾颉刚算起罢。其所以有鲁之记载，容或用为当时贵族社会中一种伦理的设用，本来已有点笔削，而孔子或孔子后世借原文自寄其笔削褒贬，也是自然。我们终不能说《春秋》是绝对客观。或者因为当时书写的材料尚很缺乏，或者因为忌讳，所以成了《春秋》这么一种怪文体，而不得不成一目录，但提醒其下之微言大义而已。这类事正很近人情。鲁史纪年必不始于隐公，亦必不终于哀公，而《春秋》却始于东迁的平王，被弑的隐公，终于获麟或孔丘卒，其式自成一个终始。故如以朝报言，则诚哉其断烂了；如以一个伦理原则之施作言，乃有头有尾的。

孟子的叙《诗》和《春秋》虽然是"不科学的"，但这话虽错而甚有注意的价值。从来有许多错话是值得注意的。把《诗》和伦理混为一谈，孔子时已成习惯了。孔子到孟子百多年，照这方面"进化"，不免到了"《诗》亡《春秋》作"之说。孟子说："其事则齐桓晋文，其文则史，其义则丘窃取之矣。"头一句颇可注意。以狭义论，《春秋》中齐桓晋文事甚少。以广义论，齐桓晋文之事为霸者之征伐会盟，未尝不可说《春秋》之"事则齐桓晋文"。孔子或孔子后人作了一部书，以齐桓晋文之事为题目，其道理可想。又"其文则史，其义则丘窃取之矣"。翻作现在的话，就是说，虽然以历史为材料，而我用来但为伦理法则之施用场。

《春秋》大不类孟子的工具。如孟子那些"于传有之"的秘书，汤之囿，文王之囿，舜之老弟，禹之小儿，都随时为他使唤。只有这《春秋》，大有些不得不谈，谈却于他无益的样子。如谓《春秋》绝杀君，孟子却油油然发他那"诛一夫""如寇仇""则易位"的议论。如谓"《春秋》道名分"，则孟子日日谈王齐。《春秋》之事则齐桓晋文，而孟子则谓"仲尼之徒无道桓文之事者"。这些不合拍都显出这些话里自己的作用甚少，所以更有资助参考的价值。

当年少数人的贵族社会，自然有他们的标准和舆论，大约这就是史记事又笔削的所由起。史决不会起于客观的记载事迹。可以由宗教的意思，后来变成伦理道德的意思起；可以由文学的意思起。《国语》自然属下一类，但《春秋》显然不是这局面，孔子和儒宗显然不是戏剧家。

总括以上的设想，我觉得《春秋》之是否孔子所写是小题，《春秋》传说的思想是否为孔子的思想是大题。由前一题，无可取证。由后一题，大近情理。我觉得孔子以抓到当年时代的总题目而成列国的声名，并不是靠什么六艺。

孔子、六艺、儒家三者的关系，我觉得是由地理造成的。邹鲁在东周是文化最深密的地方。六艺本是当地的风化。所以孔子与墨子同诵《诗》《书》，同观列国《春秋》。与其谓孔子定六艺，毋宁谓六艺定孔子。所以六艺实在是鲁学。或者当时孔子有个国际间的大名，又有好多门徒，鲁国的中产上流阶级每牵引孔子以为荣，于是各门各艺都"自孔氏"。孔子一生未曾提过《易》，而商瞿未一见于《论语》，也成了孔门弟子了。孔门弟子列传一篇，其中真有无量不可能的事。大约是司马子长跑到鲁国的时候，把一群虚荣心造成的各"书香人家"的假家谱抄来，成一篇"孔子弟子列传"。我的意思可以最简单如此说：六艺是鲁国的风气，儒家是鲁国的人们；孔子所以与六艺儒家生关系，因为孔子是鲁人。与其谓六艺是儒家，是孔学，毋宁谓六艺是鲁学。

世上每每有些名实不符的事。例如后来所谓汉学，实在是王伯厚、晁公武之宋学；后来所谓宋学，实在是明朝官学。我想去搜材料，证明儒是鲁学，经是汉定（今文亦然）。康有为但见新学有伪经，不见汉学有伪经。即子家亦是汉朝给他一个定订。大约现行子书，都是刘向一班人为他定了次叙的。墨子一部书的次叙，竟然是一个儒家而颇芜杂的人定的；故最不是墨子的居最先。前七篇皆儒家言，或是有道家言与墨绝端相反者（如太盛难寄），知大半子书是汉朝官订本（此意多年前告适之先生，他未注意），则知想把古书古史整理，非清理汉朝几百年一笔大账在先不可也。

三　在周汉方术家的世界中几个趋向

我不赞成适之先生把记载老子、孔子、墨子等等之书呼作哲学史。中国本没有所谓哲学。多谢上帝，给我们民族这么一个健康的习惯。我们中国所有的哲学，尽多到苏格拉底那样子而止，就是柏拉图的也尚不全有，更不必论到近代学院中的专技哲学，自贷嘉、莱布尼兹以来的。我们若呼子家为哲学家，大有误会之可能。大凡用新名词称旧物事，物质的东西是可以的，因为相同；人文上的物事是每每不可以的，因为多是似同而异。现在我们姑称这些人们（子家）为方术家。思想一个名词也以少用为是。盖汉朝人的东西多半可说思想了，而晚周的东西总应该说是方术。

禹、舜、尧、伏羲、黄帝等等名词的真正来源，我想还是出于民间。除黄帝是秦俗之神外，如尧，我拟是唐国（晋）民间的一个传说。舜，我拟是中国之虞或陈或荆蛮之吴民间的一个传说。尧舜或即此等地方之君（在一时）。颛顼为秦之传说，喾为楚之传说，或即其图腾。帝是仿例以加之词（始只有上帝，但言帝），尧舜都是绰号。其始以民族不同方域隔膜而各称其神与传说；其后以互相流通而传说出于本境，迁土则变，变则各种之装饰出焉。各类变更所由之目的各不同，今姑想起下列几件：

（一）理智化——神秘之神成一道德之王。

（二）人间化——抽象之德成一有生有死之传。

又有下列一种趋势可寻：

满意于周之文化尤其是鲁所代表者（孔子）；

不满意于周之文化而谓孔子损益三代者；

举三代尽不措意，薄征诛而想禅让，遂有尧舜的化身。

此说又激成三派：

（一）并尧舜亦觉得太有人间烟火气，于是有许由、务光。——与这极端反背的便是“诛华士”，《战国策》上请诛於陵仲子之论。

（二）宽容一下，并尧舜汤武为一系的明王。（孟子）

（三）爽性在尧舜前再安上一个大帽子，于是有神农、黄帝、伏羲等等。

这种和他种趋势不是以无目的而为的。

上条中看出一个古道宗思想与古儒宗思想的相互影响，相互为因果。自然儒宗道宗这名词不能安在孔子时代或更前，因为儒家一名不过是鲁国的名词，而道家一名必然更后，总是汉朝的名词，或更在汉名词“黄老”以后。《史记》虽有申不害学“黄老刑名以干昭侯”的话，但汉初所谓黄老实即刑名之广义，申不害学刑名而汉人以当时名词名之，遂学了黄老刑名。然而我们总可为这两个词造个新界说，但为这一段的应用。我们第一要设定的，是孔子时代已经有一种有遗训的而又甚细密的文化，对这文化的处置可以千殊万别，然而大体上或者可分为两项：

一、根本是承受这遗传文化的，但愿多多少少损益于其中。我们姑名此为古儒宗的趋势。

二、根本上大不承认，革命于其外。我们姑名此为古道宗的趋势。

名词不过界说的缩短，切勿执名词而看此节。我们自不妨虚位的定这二事为AB，但这种代数法，使人不快耳。造这些名词如尧、舜、许由、务光、黄（这字先带如许后来道士气）帝、华士、神农和《庄子》书中的这氏那氏，想多是出于古道宗，因为这些人物最初都含些道宗的意味。《论语》上的舜，南面无为。许行的神农，是并耕而食。这说自然流行也很有力，儒宗不得不取适应之法。除为少数不很要紧者造个谣言，说“这正是我们的祖师所诛”（如周公诛华士）外，大多数已于民间有势力者是非引进不可了。便把这名词引进，加上些儒家的意味。于是乎绝世的许由成了士师的皋陶（这两种人也有共同，即是俱为忍人）；南面无为的舜，以大功二十而为天子；并耕的神农本不多事，又不做买卖，而《易·系》的神农“耒耨之利，以教天下”，加上做买卖，虽许子亦应觉其何以不惮烦也。照儒宗的人生观，文献征者征之，本用不着造这些名词以自苦；无如这些名词先已在民间成了有势力的传说，后又在道宗手中成了寄理想的人物，故非取来改用不可。若道宗则非先造这些非历史的人物不能资号召。既造，或既取用，则儒宗先生也没有别法对付，只有翻着面过来说，“你所谓者正是我们的‘于传有之’，不过我们的真传所载与你这邪说所称名一而实全不同，词一而谓全不同”。反正彼此都没有龟甲钟鼎做证据，谁也莫奈得谁何。这种方法，恰似天主教对付外道。外道出来，第一步是不睬。不睬不能，第二步便是加以诛绝，把这书们加入“禁书录”上。再不能，第三步便是扬起脸来说，“这些物事恰是我们教中的”。当年如此对付希腊哲学，近世如此对付科学。天主教刑了盖理律，而近中天文学算学在教士中甚发达。

我这一篇半笑话基于一个假设，就是把当年这般物事分为二流，可否？我想大略可以的，因为在一个有细密文化久年遗训的社会之下，只有两个大端：一是于这遗训加以承认而损益之，一是于遗训加以否认。一般的可把欧洲千年来的物事（直至十九世纪末为止）分为教会的趋向与反教会的趋向。

何以必须造这一篇半笑话？我想，由这一篇半笑话可以去解古书上若干的难点。例如《论语》一部书，自然是一个“多元的宇宙”，或者竟是好几百年“累层地”造成的。如“凤鸟不至”一节，显然是与纬书并起的话，但所说尧、舜、禹诸端，尚多是抽象以寄其理想之词，不如孟子为舜象作一篇越人让兄陈平盗嫂合剧。大约总应该在孟子以前，也应该是后来一切不同的有事迹的人王尧舜禹论之初步。且看《论语》里的尧、舜、禹，都带些初步道宗的思想。尧是“无能名”，舜是“无为”。禹较两样些，“禹无间然”一段也颇类墨家思想之初步。然卑居处，薄食服，也未尝违于道宗思想。至于有天下而不与，却是与舜同样的了。凡这些点儿，都有些暗示我们：尧舜一类的观念起源应该在邻于道宗一类的思想，而不该在邻于儒宗一类的思想。

尧舜等传说之起，在道理上必不能和禹传说之起同源，此点颉刚言之详且尽。我想禹与墨家的关系，或者可以如下：禹本是一个南方民族的神道，一如颉刚说。大约宗教的传布，从文化较高的传入文化较低的民族中，虽然也多，然有时从文化较低的传到文化较高的，反而较易。例如耶稣教之入希腊罗马；佛教之由北印民族入希腊文化殖民地，由西域入中国；回教之由亚剌伯入波斯（此点恐不尽由武力征服之力）。大约一个文化的社会总有些不自然的根基，发达之后，每每成一种矫揉的状态，若干人性上初基的要求，不能满足或表现。故文化越繁丰，其中越有一种潜流，颇容易感受外来的风气，或自产的一种与上层文化不合的趋向。佛教之能在中国流行，也半由于中国的礼教、道士、黄巾等，不能满足人性的各面，故不如礼教、道士、黄巾等局促之佛教，带着迷信与神秘性，一至中国，虽其文化最上层之皇帝，亦有觉得中国之无质，应求之于印度之真文。又明末天主教入中国，不多时间，竟沿行于上级士大夫间，甚至皇帝受了洗（永历皇帝），满洲时代，耶稣会士竟快成玄晔的国师。要不是与政治问题混了，后来的发展必大。道光后，基督教之流行，也很受了外国经济侵略武力侵略之害。假如天主耶稣无保护之强国，其销路必广于现在。我们诚然不能拿后来的局面想到春秋初年，但也难保其当年不有类似的情形。这一种禹的传说，在头一步传到中国来，自然还是个神道。但演进之后，必然向别的方面走。大约墨家这一派信仰，在一般的社会文化之培养上，恐不及儒家。《墨子》虽然也道《诗》《书》，但这究竟不是专务雅言。这些墨家，抓到一个禹来作人格的标榜，难道有点类似佛教入中国，本国内自生宗派的意思吗？儒家不以孔名，直到梁漱溟才有孔家教；而墨家却以墨名。这其中或者是暗示墨子造作，孔丘没有造作，又墨经中传有些物理学、几何学、工程学、文法学、名学的物事。这或者由于当年儒家所吸收的人多半是些中上社会，只能谈人文的故事，雅言诗书执礼。为墨家所吸收的，或者偏于中下社会，其中有些工匠技家，故不由得包含着这些不是闲吃饭的物事下来，并非墨家思想和这些物事有何等相干。大约晚周的子家最名显的，都是些游谈之士，大则登卿相，小则为清客，不论其为是儒家或道家，孟轲或庄周。儒家是吸收不到最下层人的，顶下也是到士为止。道家也是 Leisured 阶级之清谈。但如许行等等却很可以到了下层社会。墨家却非行到下层社会不为功。又墨家独盛于宋，而战国子家说到傻子总是宋人，这也可注意。或者宋人当时富于宗教性，非如周郑人之有 Sophistry 邹鲁人之有 Conventional？

至于汉朝思想趋势中，我有两个意思要说：一、由今文到纬书是自然之结果。今文把孔子抬到那样，舍成神道以外更无别法。由《易经》到《纬书》不容一发。今文家把他们的物事更民间化些，更可以共喻而普及，自然流为纬学。信今文必信孔子之超人入神；信孔子如此加以合俗，必有祯祥之思想。二、由今文及动出古文，是思想的进步。造伪经在现在看来是大恶，然当时人借此寄其思，诚恐不觉其恶，因为古时著作人观念之明白决不如后人重也。但能其思想较近，不能以其造伪故而泯其为进步。古文材料虽伪，而意思每比今文合理性。

不及详叙，姑写为下列两表：

民间信仰——┐
　　　　　　（混合）——纬书（“从此普及”）

今文经学——┐
理性思想　　（反动）——古文（“赶紧提高”）
　　　　　　（取吴老头两个笑话）

（专反者之例）			
一切弃世，所谓道家。	墨子（《非命》）		
（《论语》多记此等人物。）	荀子（《非相》）	古文学	桓谭、王充等
人文 ——	命运 ——	祯祥 ——	谶纬
（专为者之例）	邹衍（终始五德）	董仲舒（今文）	哀平后人物
孔子			

四　殷周间的故事

十年前，我以子贡为纣申冤一句话，想起桀纣传说之不可信，因疑心桀纣是照着幽王的模型造的，有褒姒故有妲己等等。这固是少时一种怪想。后来到英国，见英国爵虽五等而非一源，因而疑心中国之五等爵也有参差，有下列涉想（德国爵亦非一源）：

公　公不是爵名，恐即与“君”字同义。三公周召宋公及王畿世卿都称公，而列国诸侯除称其爵外亦称公。公想是泛称人主之名，特稍尊耳。犹英语之 Lord 一称，自称上帝以至于世族无爵者之妻或仆称其夫或主。如德国语之 Herr 亦自上帝称到一切庶人。宋是殷后，王号灭犹自与周封之诸侯不同，故但有泛称而无诸侯之号。其所以列位于会盟间次于伯而先于其他一切诸侯者，正因其为殷后，不因其称公。如若传说，一切诸侯自称公为僭，则《鲁颂》“乃命周公，俾侯于东”，岂非大大不通。

子　遍检《春秋》之子爵，全无姬姓（除吴）。姬姓不封子，而封子爵者，凡有可考，立国皆在周前，或介戎狄，不与中国同列。莒子，郯子，邾子，杞子，古国也。潞子，骊子，不与中国之列者也。楚子，一向独立之大国也。吴子虽姬姓，而建国亦在周前。见殷有箕子微子，我遂疑子是殷爵，所谓子自是王子，同姓之号，及后来渐成诸侯之号，乃至一切异姓亦如此称。我疑凡号子者大多是殷封之国，亦有蛮夷私效之。要均与周室无关系。（吴子、楚子解见后）

且看子一字之降级：

诸　　侯——微　子，箕　子。

诸侯之大夫——季文子，赵简子。

士　　人——孔　子，孟　子。

乃　至　于——小　子，婊　子。

这恰如老爷等名词之降级。明朝称阁学部院曰老爷，到清朝末年虽县知事亦不安于此而称大老爷。

侯　至于侯，我们应该先去弄侯字古来究如何写法，如何讲法。殷亦有鬼侯、鄂侯、崇侯。鬼、鄂、崇，皆远方之邑，或者所谓侯者如古德意志帝国（神圣罗马帝国）之边侯（Markgraf）。在殷不特不见得侯大于子，而且微子箕子容或大于鬼侯鄂侯。周定后，不用子封人而一律用侯。以“新鬼大，故鬼小”之义及“周之宗盟，异姓为后”之理，侯遂跑到子上。

同姓侯甚多，凡姬姓的非侯即伯。其异姓之侯，如齐本是大国，另论；如陈是姻戚，如薛也是周（先封），都是些与周有关系的。

伯　这一件最奇。伯本与霸同字，应该很大。且受伯封者，如燕伯，召公之国也。如曹伯，“文之昭也”。如郑伯，平王依以东迁者也。如秦伯，周室留守，助平王东迁者也。然而爵均小于侯，岂不可怪。我疑心伯之后于侯，不是由于伯之名后于侯，而是由于封伯爵者多在后；或者伯竟是一个大名，愈后封而号愈滥，遂得大名，特以后封不能在前耳。

男　苦想只想到一个许男，或者由来是诸侯之诸侯?

以上的话只是凭空想，自然不能都对；但五等爵决非一源，且甚参差耳。

太伯入荆蛮，我疑心是伦常之变。伦常之变，本是周室“拿手好戏”，太王一下，周公一下，平王又一下。因太伯不得已而走，或者先跑到太王之大仇殷室，殷室封他为子爵，由他到边疆启土，所以武王伐纣时特别提出这件事，“唯四方之多罪逋逃，是崇是用”。言如此之痛，正因有他之伯祖父在也。(《牧誓》亦正不可信，此地姑为此戏想耳。) 吴既不在周列，周亦莫奈他何，遂于中国封虞。吴仍其子爵，至于寿梦。吴民必非中国种，只是君室为太伯虞仲后耳。虞仲应即是吴仲。

齐太公的故事，《史记》先举三说而不能断。我疑心齐本是东方大国，本与殷为敌，而于周有半本家之雅（厥初生民，时惟姜嫄），又有亲戚（爰及姜女，聿来胥宇），故连周而共敌殷。《商颂》“相土烈烈，海外有截”，当是有汤前已有了北韩辽东，久与齐逼。不然，箕子以败丧之余，更焉能越三千里而王朝鲜；明朝鲜本殷地，用兵力所不及，遂不臣也。齐于周诸侯中受履略大，名号最隆——尚父文王师一切传说，必别有故。且《孟子》《史记》均认齐太公本齐人，后来即其地而君之。且《史记》记太公世家，太公后好几世，直到西周中晚，还是用殷法为名，不同周俗，可见齐自另一回事，与周之关系疏稀。《檀弓》所谓太公五世返葬于周，为无稽之谈也。(如果真有这回事，更是以死骨为质的把戏。) 齐周夹攻殷，殷乃不支，及殷被堪定，周莫奈齐何，但能忙于加大名，而周公自命其子卜邻焉。

世传纣恶，每每是纣之善。纣能以能爱亡其国，以多力亡其国，以多好亡其国，诚哉一位戏剧上之英雄，虽 Siegfired 何足道哉！我想殷周之际事可做一出戏：纣是一大英雄，而民疲不能尽为所用，纣想一削“列圣耻”，讨自亶父以下的叛虏，然自己多好而纵情，其民老矣，其臣迂者如比干，鲜廉寡耻如微子，箕子则为清谈，诸侯望包藏阴谋，将欲借周自取天下，遂与周合而夹攻，纣乃以大英雄之本领与运命争，终于不支，自焚而成一壮烈之死。周之方面，毫无良德，父子不相容，然狠而有计算，一群的北虏自有北虏的品德。齐本想不到周能联一切西戎南蛮，《牧誓》一举而定王号。及齐失望，尚想武王老后必有机会，遂更交周。不料后来周公定难神速，齐未及变。周公知破他心，遂以伯禽营少昊之墟。至于箕子，于亡国之后，尚以清谈归新朝，一如王夷甫。而微子既如谯周之劝降，又觉纣死他有益耳。

这篇笑话，自然不是辩古史，自然事实不会如此。然遗传的殷周故事，隆周贬纣到那样官样文章地步，也不见得比这笑话较近事实。

越想越觉世人贬纣之话正是颂纣之言。人们的观念真不同；伪《孔五子之歌》上说：“内作色荒，外作禽荒，甘酒嗜音，峻宇雕墙。”此正是欧洲所谓 Prince 之界说，而东晋人以为“有一必亡”。内作色荒是圣文，外作禽荒是神武，甘酒嗜音是享受文化，峻宇雕墙是提倡艺术，有何不可，但患力不足耳。

周之号称出于后稷，一如匈奴之号称出于夏氏。与其信周之先世曾窜于戎狄之间，毋宁谓周之先世本出于戎狄之间。姬姜容或是一支之两系，特一在西，一在东耳。

鲁是一个古文化的中心点，其四围有若干的小而古的国。曲阜自身是少昊之墟。昊容或为民族名。有少昊必有太昊，犹大宛小宛，大月氏小月氏也。我疑及中国文化本来自东而西：九河济淮之中，山东辽东两个半岛之间，西及河南东部，是古文化之渊源。以商兴而西了一步，以周兴而更西了一步。不然，此地域中何古国之多也。齐容或也是一个外来的强民族，遂先于其间成大国。

齐有齐俗，有齐宗教，虽与鲁近，而甚不同。大约当年邹鲁的文化人士，很看不起齐之人士，所以孟子听到不经之谈，便说是“齐东野人之语也”；而笑他的学生时便说：“子诚齐人也，知管仲、晏子而已矣。”正是形容他们的坐井观天的样子。看来当年齐人必有点类似现在的四川人，自觉心是很大的，开口苏东坡，闭口诸葛亮，诚不愧为夜郎后世矣。鲁之儒家，迂而执礼。齐之儒家，放而不经。如淳于邹衍一切荒唐之词人，世人亦谓为儒家。

荆楚一带，本另是些民族，荆或者自商以来即是大国，亦或者始受殷号，后遂自立。楚国话与齐国话必不止方言之不同，不然，何至三年庄岳然后可知？孟子骂他们鴃舌，必然声音很和北方汉语不类。按楚国话语存在者，只有“谓乳㲉、谓虎於菟”一语。乳是动词，必时有变动；而虎是静词，尚可资用。按吐蕃语虎为Stag，吐蕃语字前之S每在同族语中为韵。是此字易有线索，但一字决不能为证耳。又汉西南夷君长称精夫，疑即吐蕃语所谓Rgyal-po，唐书译为赞普者。

《汉书·西南夷传》有几首四字诗对记，假如人能精于吐蕃语、太语、缅甸语，必有所发现。这个材料最可宝贵。楚之西有百濮，今西藏自称曰濮。又蛮闽等字音在藏文为人，或即汉语民字之对当？总之，文献不足，无从征之。

秦之先世必是外国，后来染上些晋文化，但俗与宗教想必同于西戎。特不解西周的风气何以一下子精光？

狄必是一个大民族。《左传》《国语》记他们的名字不类单音语。且说到狄，每加物质的标记，如赤狄、白狄、长狄等等。赤白又长，竟似印度日耳曼族的样子，不知当时吐火罗等人东来，究竟达到什么地方。

应该是中国了，而偏和狄认亲（有娀，简狄）。这团乱糟糟的样子，究竟谁是诸夏，谁是戎狄？

中国之有民族的、文化的、疆域的一统，至汉武帝始全功，现在人曰汉人，学曰汉学，土曰汉土，俱是最合理的名词，不是偶然的。秦以前本不一元，自然有若干差别。人疑生庄周之土不应生孔丘。然如第一认清中国非一族一化，第二认清即一族一化之中亦非一俗，则其不同亦甚自然。秦本以西戎之化，略收点三晋文俗而统一中国。汉但接秦，后来鲁国齐国又渐于文化上发生影响。可如下列看：

统一中国之国家者——秦。

统一中国之文教者——鲁。

统一中国之宗教者——齐。

统一中国之官术者——三晋。

此外未得发展而压下的东西多得很啦。所以我们觉得汉朝的物事少方面，晚周的物事多方面。文化之统一与否，与政治之统一与否相为因果；一统则兴者一宗，废者万家。

五　补说（《春秋》与《诗》）

承颉刚寄我《古史辨》第一册，那时我已要从柏林起身，不及细看。多多一看，自然不消说如何高兴赞叹的话，前文已说尽我所能说，我的没有文思使我更想不出别的话语来说。现在只能说一个大略的印象。

最可爱是那篇长叙，将来必须更仔细读他几回。后面所附着第二册拟目，看了尤其高兴，盼望的巴不得马上看见。我尤其希望的是颉刚把所辨出的题目一条一条去仔细分理，不必更为一般之辨，如作《原经》一类的文章。从第二册拟目上看来，颉刚这时注意的题目在《诗》，稍及《书》。希望颉刚不久把这一堆题目弄清楚，俾百诗的考伪孔后更有一部更大的大观。

我觉得《春秋》三传问题现在已成熟，可以下手了。我们可以下列的路线去想：

（一）《春秋》是不是鲁史的记载？这个问题很好作答，把二百多年中所记日食一核便妥了。

（二）左氏经文多者是否刘歆伪造？幸而哀十四年有一日食，且去一核，看是对否。如不对，则此一段自是后人意加。如对，则今文传统说即玄同先生所不疑之“刘歆伪造”堕地而尽。此点关系非常之大。

（三）孔子是否作《春秋》？此一点我觉得竟不能决，因没有材料。但这传说必已很久，而所谓公羊春秋之根本思想实与《论语》相合。

（四）孟子所谓《春秋》是否即今存之断烂朝报？此一段并非不成问题。

（五）春秋一名在战国时为公名，为私名？

（六）公羊传思想之时代背景。

（七）公羊大义由传，繁露，到何氏之变迁，中间可于断狱取之。

（八）穀梁是仿公羊而制的，或者是一别传？

（九）《史记》与《国语》的关系。

（十）《史记》果真为古文家改到那个田地吗？崔君的党见是太深的，决不能以他的话为定论。

（十一）《左氏传》在刘歆制成定本前之历史。此一端非常重要。《左传》决不是一时而生，谅亦不是由刘歆一手而造。我此时有下一个设想：假定汉初有一部《国语》，又名《左氏春秋》，其传那个断烂朝报者实不能得其解，其间遂有一种联想，以为《春秋》与《国语》有关系，此为第一步。不必两书有真正之银丁扣，然后可使当时人以为有关系；有此传说，亦可动当时人。太史公恐怕就是受这个观念支配而去于《史记》中用其材料的。这个假设小，康、崔诸君那个假设太大。公羊学后来越来越盛，武帝时几乎成了国学。反动之下，这传说亦越进化，于是渐渐地多人为《国语》造新解，而到刘向、刘歆手中，遂成此“左氏传”之巨观。古文学必不是刘歆一手之力，其前必有一个很长的渊源。且此古文学之思想亦甚自然。今文在当时成了断狱法，成了教条，成了谶纬阴阳，则古文之较客观者起来作反动，自是近情，也是思想之进化。

（十二）《左传》并不于材料上是单元。《国语》存本可看出，《国语》实在是记些语。《左传》中许多并不是语，而且有些矛盾的地方。如吕相绝秦语文章既不同，而事实又和《左传》所记矛盾。必是当年作者把《国语》大部分采来作材料，又加上好些别的材料，或自造的材料。我们要把他分析下去的。

（十三）《左传》《国语》文字之比较。《左传》《国语》的文字很有些分别，且去仔细一核，其中必有提醒人处。

（十四）东汉左氏传说之演进。左氏能胜了公羊，恐怕也有点适者生存的意思。今文之陋而夸，实不能满足甚多人。

（十五）古竹书之面目。

现在我只写下这些点。其实如是自己作起功来，所有之假设必然时时改变。今文、古文之争，给我们很多的道路和提醒。但自庄孔刘宋到崔适，都不是些极客观的人物，我们必须把他所提醒的道路加上我们自己提醒的道路。

现在看《诗》，恐怕要但看白文。训诂可参考而本事切不可问，大约本事靠得住的如硕人之说庄姜是百分难得的；而极不通者一望皆是。如君子偕老为刺卫宣姜，真正岂有此理！此明明是称赞人而惜其运命不济，故曰“子之不淑”，犹云“子之不幸”。但论白文，反很容易明白。

《诗》的作年，恐怕要分开一篇一篇的考定，因为现在的“定本”，样子不知道经过多少次的改变，而字句之中经流传而成改变，及以今字改古字，更不知有多少了。《颂》的作年，古文家的家论固已不必再讨论。玄同先生的议论，恐怕也还有点奉今文家法罢？果如魏默深的说法，则宋以泓之败绩为武成，说“深入其阻，裒荆之旅”，即令自己不觍厚脸皮，又如何传得到后人。且殷武之武，如为抽象词，则哀公亦可当之，正不能定。如为具体词，自号武王是汤号。且以文章而论，《商颂》的地位显然介于邹鲁之间，《周颂》自是这文体的初步，《鲁颂》已大丰盈了。假如作《商颂》之人反在作《鲁颂》者之后，必然这个人先有摹古的心习，如宇文时代制诰仿《大诰》，石鼓仿《小雅》，然后便也。但即令宋人好古，也未必有这样心习。那么，《商颂》果真是哀公的东西，则《鲁颂》非僖公时物了。玄同先生信中所引王静安先生的话，“时代较近易于摹拟”，这话颇有意思，并不必如玄同先生以为臆测。或者摹拟两个字用得不妙。然由《周颂》到《商颂》，由《商颂》到《鲁颂》，文体上词言上是很顺叙，反转则甚费解。

《七月》一篇必是一遗传的农歌；以传来传去之故，而成文句上极大之 Corruption，故今已不顺理成章。这类诗最不易定年代，且究是《豳风》否也未可知。因为此类农歌，总是由此地传彼地。《鸱鸮》想也是一个农歌；为鸟说话，在中国诗歌中有独无偶。《东山》想系徂东征戍者之词，其为随周公东征否则未可知。但《豳风》的东西大约都是周的物事，因为就是《七月》里也有好些句与《二南》《小雅》同。《大雅》《小雅》，十年前疑为是大京调小京调。风雅本是相对名词，今人意云雅而曰风雅，实不词（杜诗“别裁伪体亲风雅”），今不及详论矣。

《破斧》恐是东征罢敝国人自解之言。如是后人追叙，恐无如此之实地风光。《破斧》如出后人，甚无所谓。下列诸疑拟释之如下：

如云是周公时物，何以周诰如彼难解，此则如此易解？答：诰是官话，这官话是限于小范围的，在后来的语言上影响可以很小。诗是民间通俗的话，很可以为后来通用语言之所自出。如蒙古白话上谕那末不能懂，而元曲却不然，亦复一例。且官书写成之后，便是定本，不由口传。诗是由口中相传的，其陈古的文句随时可以改换，故显得流畅。但虽使字句有改换，其来源却不以这字句的改换而改换。

周公东征时称王，何以……（未完）

抄到此地，人极倦，而船不久停，故只有付邮。尾十多张，待于上海发。

抄的既潦草，且我以多年不读中国书后，所发议论必不妥者多，妥者少。希望不必太以善意相看。

弟　斯年

颉刚案，傅孟真先生此书，从1924年1月写起，写到1926年10月30日船到香港为止，还没有完。他归国后，我屡次催他把未完之稿写给我；无奈他不忙便懒，不懒便忙，到今一年余还不曾给我一个字。现在周刊需稿，即以此书付印。未完之稿，只得过后再催了。书中看不清的草书字甚多，恐有误抄，亦俟他日校正。

一九二八、一、二

史记研究

一　史记研究参考品类

《史记》一部书之值得研究处，大致有四个方面意义。第一，《史记》是读古书治古学的门径，我们读汉武帝以前之遗文，没有一书不用把他来作参考。他自己既是一部金声玉振的集大成书，又是一部很有别择力的书，更是一部能够多见阙疑，并存异说的书，且是汉武帝时代的一部书，还没有被着后来治古文学者一套的“向壁虚造”之空气，虽然为刘子骏等改了又改，确已引行了很多“向壁虚造”去，究竟因矛盾可见其增改，又已早为刘申受等所识破。在恰好的时代，以壮大的才力，写了这一部集合他当年所及见一切书的书，在现在竟作了我们治古学之入门了。第二，史记研究可以为治古书之训练，将《史记》和经传子籍参校，可以做出许多有意义的工夫。且《史记》一书后人补了又补，改了又改，因此出了许多考证学的问题，拿来试作若干，引人深思远想。第三，太史公既有大综合力，以整齐异说，又有独到的创见，文词星历，综于一人，八书、货殖诸传之作，竟合近代史体，非希腊罗马史学家所能比拟，所以在史学上建树一个不朽的华表，在文辞上留给后人一个伟壮的制作，为史记研究史记，也真值得。第四,《史记》作于汉武时，记事讫于天汉（考详后）。武帝时代正是中国文化史政治史上一个极重要的时代，有他这一部书，为当年若干事作含讥带讽的证据，我们借得不少知识。

然而《史记》不是容易研究的书，所有困难，大概可以别为三类：第一，太史公书百三十篇，当他生时本未必已写定本，“既死后，其书稍出，宣布时，迁外孙平通侯杨恽祖述其书，遂宣布焉”，而恽又遭戮，同产弃市。其后褚少孙等若干人补之，刘歆等若干人改之，杨终等删之，至于唐时，已经无数转改，现在竟成古籍中最紊乱者。第二，太史公所据之书，现在无不成问题者,《世本》已佚,《战国策》是否原本，吴挚甫对之成一有价值之设论,《尚书》则今文各篇，现在惟凭附伪孔传而行，而《左氏春秋》尤成莫大之纠纷，今只有互校互订，以长时间，略寻出若干端绪。第三,《史记》一书之整理，需用若干专门知识，如语言学天文学等，必取资以考春秋左氏者，亦即是史记一书之问题，不仅辨章史事，考订章句而已。虽然工作之趣，在与困难奋斗时，不在怡然理顺之后，史记研究既有此价值，则冒此困难，毕竟值得。

如果想以一人之力，成《史记》之考订，是办不到的。幸而近代二百年中，学者对于史记中大节细事，解决不少，提议的问题尤多，如能集合之加以整理，益以新观点，所得已经不少。又八书中若干事，及匈奴大宛诸传之考实，巴黎沙万君于翻译时增甚多考释，极为有价值，而今古学之争，自刘逢禄至崔适，虽不免会着甚多“非常异义，可怪之论”，究竟已经寻出好多东西来，这都是我们的凭借，且他地尚有若干学者，我们可以通函询问。我们第一步自然是把史记从头到尾细读一遍，这是我们设这一课的第一个目的。第二步是找出若干问题，大家分别研究去。第三步，如果大家长期努力，或将《史记》一书中若干头绪，整理出不少来，共同写成一书，也是一番事业。

司马子长生世第一

《史记·太史公自序》因每人须备史记一部，故不抄录。

《汉书·司马迁传》仅录班氏抄完自序以后之文。

《魏志·王肃传》录一段

王国维《太史公行年考》 按自乾嘉时，孔氏庄氏以来之今文说，王氏俱不采。此等今文说诚有极可笑者，然亦有不可易者。王君既挟此成见，则论《史记》直有所蔽，如“从孔安国问故”“十岁读古文”等，为之空证纷纭矣。

二 老子申韩列传第三

老子者，

《礼记·曾子问》郑注：“老聃者古寿考者之号也，与孔子同时。”老非氏非地，寿考者皆可称之，如今北方称“老头子”。儋，聃，老莱子，三名混而为一，恐正由此称之不为专名。

楚苦县厉乡曲仁里人也。

苦县之名始于何时，不可知。苦邑未必始于秦汉，然苦县之名容是秦灭楚为郡后改从秦制者也。楚称九县，仍是大名，郡县未分小大。（郡即君之邑，七国时关东亦封君，楚初称公如叶公，后亦称君，如春申君。至于县是否六国亦用之，待考。汉人书固有叙六国地称县者，然汉人每以当时之称称古，未可即据也。后来秦置守尉，郡存而君亡矣。郡县“县附之义”乃封建之词，而后来竟成与封建相对之制。）苦在汉属淮阳，淮阳时为国，时为郡。东汉改为陈郡，盖故陈地也。（见《汉书·地理志》陈分野节。）《史记·十二诸侯年表》，敬王四十一年，即鲁哀公十六年，楚惠王十年，陈滑公二十三年，楚灭陈，其年孔子卒。故如老子是楚人，则老子乃战国人，不当与孔子同时，老子如与孔子同时，乃苦之老子，非楚人也。又汉人称楚每括故楚诸郡，不专指彭城等七县，太史公盖以汉之楚称加诸春秋末战国初人耳。

姓李氏，

按姓氏之别，在春秋末未泯，战国末始大乱，说详顾亭林《原姓篇》，论世本一节中当详引之。太史公心中是叙说一春秋末人，而曰姓某氏，盖姓氏之别，战国汉儒多未察，太史公有所谓轩辕氏高阳氏者，自近儒考证学之精辨衡之，疏陋多矣。（《论语》称夏曰夏后氏，称殷曰殷人，盖殷虽失王，有宋存焉，夏则无一线绍述立国，杞一别支而已，必当时列国大夫族氏中有自称出自夏后者，遂有夏后氏之称，固与夏氏甚不同义。如顾氏所考，王室国君均有姓无氏也。）

名耳，字伯阳，谥曰聃。

《史记志疑》二十七：“案：老子是号，生即皓然，故号老子（见三国葛孝先《道德经序》），耳其名（《神仙传》名重耳），聃其字（《吕览》不二、重言两篇作老耽），非字伯阳。字而曰谥者，读若王褒赋谥为洞箫之谥，非谥法也（说在《孟尝君传》）。盖伯阳父乃周幽王大夫，见《国语》，不得以老子当之。又《墨子·所染》《吕氏春秋·常染》并称舜染于许由伯阳，则别一人，并非幽王时之伯阳父。乃高诱注吕，于《当染篇》以伯阳为老子，舜师之（吕本意篇，尧舜得伯阳续耳也）；而于重言篇以老耽为论三川竭之伯阳，孔子师之（《周纪集解》引唐固亦云，伯阳甫老子也）：岂不谬哉？但《索隐》本作名耳字聃，无'伯阳谥曰'四字；与后书桓纪延熹八年注引史合。并引许慎云，聃，耳漫也，故名耳，字聃，有本字伯阳，非正。老子号伯阳父，此传不称，则是后人惑于神仙家之傅会，妄窜史文。《隶释·老子铭》《神仙传》《抱朴子·杂应》《唐书·宗室表》《通志·氏族略》四《路史后纪》七，并仍其误耳。至《路史》载老子初名元禄（注谓出《集真录》），《酉阳玉格》言老子具三十六号，七十二名，又有九名，俱属荒怪，儒者所不道。"按：梁说是也，惟谓老子生即皓然，恐仍是魏晋以来神仙家之说，陆德明亦采此，盖唐代尊老子，此说在当时为定论矣。

孔子适周，将问礼于老子。

《孔子世家》云："鲁南宫敬叔言鲁君曰，请与孔子适周，鲁君与之一乘车两马一竖子，俱适周，问礼，盖见老子云。辞去，而老子送之，曰'吾闻富贵者送人以财，仁人者送人以言。吾不能富贵，窃仁人之号，送子以言，曰，聪明深察而近于死者，好议人者也，博辩广大危其身者，发人之恶者也，为人臣者毋以有已，为人子者毋以有已'。"与此处所叙绝异。此盖道家绌儒学之言，彼乃儒家自认之说，故分存之也。孔子见老子否，说详后。

至关，关令尹喜曰："子将隐矣，强为我著书。"

关尹、老聃:《庄子·天下篇》并称之，盖一派也。其书在汉志所著录者久佚，今传本乃唐宋所为，宋濂以来，辩之已详。

莫知其所终。

此为后来化胡诸说所依据，太史公如此言，彼时道家已杂神仙矣(《淮南子》一书可见)。

或曰老莱子亦楚人也。

《庄子·外物篇》举孔子问礼事，即明称老莱子。

以其修道而养寿也。

黄老之学，原在阴谋术数及无为之论，杂神仙后始有此说。

自孔子死之后百二十九年，而史记周太史儋见秦献公。

此事见周本纪烈王二年，及秦本纪献公十一年，上溯孔子卒于敬王四十一年，为百有六年，与百二十九年之数不合。“故与秦国合”，谓西周时秦马蕃息汧渭间也。“离”，谓东周迁也。“离五百岁而复合”，谓秦灭周也。“合七十岁而霸王者出”，霸王当指秦皇，然赧王之世，秦皇乃生，西周灭后，至秦皇立，恰十年，非七十年。此说在《史记》四见、周纪、秦纪、封禅书、老子传，或作十七，或作七十，或作七十七。无论如何算，皆不合。恐实是十岁，两七字皆衍，或则谶语本不可确切求之也。

此所谓史记当是秦史记，彼时秦早有王天下之心，故箕子抱祭器适周之说，有拟之者矣。

> 或曰儋即老子，或曰非也，世莫知其然否。老子，隐君子也。

子长时，老子传说必极复杂矛盾，子长能存疑，不能自决。（孔子弟子列传亦书两老子为孔子所严事者，此外尚有蘧伯玉、晏平仲、孟公绰、长弘、师襄，又是后人增之者。子长此处但凭书所记者列举之，正无考核及伦次也。）

> 世之学老子者则绌儒学，儒学亦绌老子。

老子儒学之争，文景武世最烈。辕固生几以致死（见《儒林传》），武帝初年，窦婴、田蚡、王绾皆以儒术为窦太后所罢。及武帝实秉政，用公孙宏、董仲舒言，黄老微矣。谈先黄老而后六经，迁则儒家，然述父学，故于老氏儒家之上下但以道不同不相为谋了之耳。

> 与梁惠王齐宣王同时。

如此则亦孟子同时人。

> 然其要本归于老子之言。

老庄不同，《天下篇》自言之。阴谋术数之学，庄书中俱无之，庄书中有敷衍道德五千言之旨者，亦有直引五千言中文句者（如“故曰鱼不可脱于渊，国之利器不可以示人”）。然庄书不纯，不能遽以此实其为老子之学也。子长之时，庄非显学，传其书者，恐须托黄老以自重，故子长所见多为比附老氏者。

作渔父、盗跖、胠箧，以诋孔子之徒，以明老子之术。畏累虚亢桑子之属，皆空语，无事实。

今本《庄子》，西晋人向秀所注，郭象窃之，附以秋水诸篇之注，而题为郭象注者（见《晋书》）。此本以外者，今并不存，但有甚少类书等所引可辑耳。子长所举诸篇，在今本庄子中居外篇杂篇之列，而子长当时竟特举之，盖今本庄子乃魏晋间人观念所定，太史公时，老氏绌儒学，儒学绌老氏，故此数篇独重。司马贞云：“按，庄子，畏累虚，篇名也，即老聃弟子畏累。”今本无此篇，仅庚桑楚云，老聃之役有庚桑楚者，遍得老聃之道以北居畏累之山。此与司马子正所见不合矣。是子正犹及见与向郭注本不同之《庄子》也。

京人也。

《左传》隐元年：“请京，使居之，谓之京城大叔”，或申子郑之京人也。

本于黄老，而主刑名。

黄老一说，恐汉初始有之，《孟子》论杨墨，《庄子·天下篇》，《韩非·显学篇》，以及《吕览》，均不及此词。盖申实刑名之学，汉世述之者自附于黄老，故子长见其原了道德之意。

而其本归于黄老。

如可据今本韩子论，韩子乃归于阴谋权数之黄老耳。

人或传其书，至秦，秦王见孤愤、五蠹之书，曰："嗟乎，寡人得见此人，与之游，死不恨矣。"

此所记恰与子长报任少卿书所云"韩非囚秦，说难孤愤"相悖，彼是此必非。今本五蠹、孤愤、说难等篇，皆无囚秦之迹可指，大约报任少卿书所云正亦子长发愤之词耳（《吕览》成书，悬金国门，决非迁蜀后事）。

申子卑卑。

言其专致综核名实之小数也。

皆原于道德之意。

刻薄寡恩，而皆原于道德之意，此甚可思之辞也。道德一词，儒用之为积极名词，道用之为中性名词。故儒不谈凶德，而道谈盗者之道。韩文公云，道与德为虚位，仁与义为定名，此非儒者说，五千文中之说耳。刑名比附于道德五千言，韩子书中亦存解老喻老，虽"其极惨礉”，仍是开端于五千文中。故曰，皆原于道德之意。

按《老子申韩列传》，在唐以宗老子故，将老子一节升在伯夷上，为列传第一，今存宋刻本犹有如此者。此至可笑之举，唐之先世是否出于陇西，实未明了，在北周时，固用胡姓大野矣，而自托所宗于老子。当时人笑之者已多，所谓圣祖玄元皇帝，诚滑稽之甚。

黄老刑名相关处甚多，故老庄申韩同传。三驺子比傅儒家言，而齐之方士又称诵习孔子之业（《始皇本纪》扶苏语），故三驺与孟荀同传，亦以稷下同地故也。

三　十篇有录无书说叙

《汉书·司马迁传》云："十篇缺，有录无书。"张晏曰："迁没之后，亡景纪、武纪、礼书、乐书、兵书、汉兴以来将相年表、日者列传、三王世家、龟策列传、傅靳列传。元成之间，褚先生补缺，作武帝纪，三王世家，龟策日者列传，言辞鄙陋，非迁本意也。"又十篇有录无书说，亦见于汉《艺文志》。东汉人引《史记》，无与此相反者。卫宏汉《旧仪注》云"太史公作景帝纪，极言其短，及武帝过，武帝怒而削去"。《魏志·王肃传》云："帝（明帝）又问，司马迁以受刑之故，内怀隐切，著史记，非贬孝武，令人切齿。对曰，司马迁记事不虚美，不隐恶，刘向扬雄称其善叙事，有良史之材，谓之实录。汉武帝闻其述史记，取孝景及己本纪览之，于是大怒，削而投之，于今此两纪有录无书。后遭李陵事，遂下蚕室。此为隐切在孝武而不在于史迁也。"按，卫宏所记，每多虚妄（如谓太史公位在丞相上），明帝之语，有类小说，固不可遽信，然必东汉魏人不见景纪，然后可作此说，否则纵好游谈，亦安得无所附丽乎？子长没后三百年中，十篇缺亡，一旦徐广、裴骃竟得之，在赵宋以后，刻板盛行，此例犹少，在汉魏之世，书由绢帛，藏多在官，亡逸更易，重见实难，三百年中一代宗师所不见，帝王中秘所不睹，而徐裴独获之于三百年后，无是理也。故十篇无书之说，实不可破，而张晏所举，景纪外固无疑问，景纪之亡，则卫说王传皆证人也。今本十篇之续貂俱在，清儒多因而不信张晏说，即《史记志疑》之作者梁君，几将《史记》全书三分之二认为改补矣，反独以景纪、傅传为不亡，是其疏也。今试分述十篇续貂之原，以疏张晏之论。

景纪　景纪之亡，有卫书王传为证，无可疑者。然梁君曰："此纪之文，亦有详于《汉书》者，如三年徙济北王以下五王，五年徙广川王为赵王，六年封中尉赵绾为建陵侯，至梁楚二王皆薨，班书皆无之，则非取彼以补也。盖此纪实未亡尔。"不知此类多过《汉书》之处，皆别见《史记·汉兴以来诸侯表》，惠景间侯者表中，记载偶有出入，然彼长此短，若更据汉书各表各传以校之，恐今本《史记》无一句之来历不明也。补书有工拙，此书之补固工于礼乐诸书，然十篇之补不出一人，讵可以彼之拙，遂谓工者非补书耶？且张晏举补者之名，仅及一纪一世家二传，未云其他有补文，则此十篇今本非出于一手甚明矣。

武纪　此书全抄封禅书，题目亦与自叙不合。太史公未必及见世宗之卒，而称其谥，此为其伪不待辩也。钱大昕《考异》云："余谓少孙补史，皆取史公所阙，意虽浅近，词无雷同，未有移甲以当乙者也，或魏晋以后，少孙补篇亦亡，乡里妄人取此以足其数耳。"

汉兴以来将相年表梁云："案表云，孝景元年置司徒官，不知哀帝始改丞相为大司徒，光武去大乃称司徒，孝景时安得有此官（此说自清官本始），又述事至孝成鸿嘉元年，殆目表其非材妄续耶？"按，梁说是也。此篇当是据《汉书·百官公卿表》所记，参以太史公自叙，"国有贤相良将，民之师表也。维见汉兴以来将相名臣年表，贤者记其治，不贤者彰其事，作汉兴以来将相名臣年表第十。”诸语敷衍而成者。其中竟有大事记，作表有此，本纪何为者？（又国除削爵亡卒，在他表均不倒文，在此篇独倒，明其为后人所为也。）

礼书乐书　礼书抄自《荀子·礼论》，乐书抄自《乐记》，篇前均有太史公曰一长段，容可疑此书仅存一叙，然礼乐两书之叙，体裁既与封禅等书不合，且其中实无深义，皆摹仿太史公文以成之敷衍语。即如乐书之叙，开头即是摹十二诸侯表叙语，然彼则可缘以得鲁诗之遗，此则泛泛若无所谓。是此两叙皆就《汉书·礼乐志》中之故实，摹子长之文意，而为之，今如将此两篇与诸表之叙校，即见彼多深刻之言，存汉初年儒者之说，此则敷衍其词，若无底然，亦无遗说存乎其中，更将此两篇与《汉礼乐志》校，又宜见其取材所自也。

兵书　今本目中题律书，然就自叙所述之意论之，固为兵书也，今本乃竟专谈律，又称道“闻疑”，强引孙吴，以合自叙，愈见其不知类。此篇初论兵家，次论阴阳，末述律吕，杂乱无比。汉魏人乐书多不存，惜不能就其所据之材料而校核之也。张晏称之曰兵书，盖及见旧本，颜书据今本律书驳之，不看自序文义，疏误之甚。

三王世家　三王世家之来源，褚先生自说之，其文云：

> 臣幸得以文学为侍郎……而解说之。

乃今本三王世家竟有太史公曰一段，且谓燕齐之事无足采者，为此伪者真不通之至。子长著书之时，三王年少，无世可纪，无事可录，故但取其策文，今乃曰其事无足采者，是真不知子长为何时人，三王当何年封矣（三王当元狩六年封）。

此篇“王夫人者……”以下，不知又是何人所补，然此实是汉世掌故及传说之混合，与礼乐诸书有意作伪者不同也。

日者列传　此书之补，褚先生曰以下者，应在先，司马季主一长段，又就褚少孙所标之目，采合占家之游谈，以足之者也。此篇中并引老子、庄子于一处，而所谓庄子者不见今《庄子》书，意者此段之加，在晋初，彼时老庄已成一切清谈所托，而向、郭定本《庄子》犹未及行耶？

龟策列传　此亦刺取杂占卜者之辞为之，“褚先生曰”以下，当是旧补（但直接褚先生曰数句颇疑割裂），其前一大段，及记宋之王事，又是敷衍成文，刺取传说以成此篇未缺之形式者，应为后来所补。日者、龟策两篇文词鄙陋，张晏、司马贞俱言之。

傅靳周列传　此全抄《汉书》者，未敷衍毫无意义之赞以实之。稍多于《汉书》处，为封爵，然此均见《史记》《汉书》诸表者。周传高祖十二年以緤为蒯成侯，在击陈豨前，然击豨在十年，《汉书》不倒，抄者误也。

综上以观，褚先生之补并非作伪，特欲足成子长之书，故所述者实是材料及事实之补充，且明题褚曰，以为识别。若此诸篇之“太史公曰……”者，乃实作伪之文，或非张晏所及见。补之与作伪不可不别也。褚补史记不止此数篇，然他处补者尚有子长原文，褚更足之，此数篇中有录无书，故补文自成一篇，张晏遂但举此也。故此十篇中有褚补者，有非褚补者，非褚补者乃若作伪然，或竟是晋人所为，盖上不见于张晏，下得入于裴书耳。伪书颇有一种重要用处，即可据以校古书。有时近本以流传而有讹谬，伪书所取尚保存旧面目者，据以互校，当有所得矣。

四　论太史公书之卓越

太史公书之文辞，是绝大创作，当无异论。虽方望溪、姚姬传辈，以所谓桐城义法解之，但识碔砆，竟忘和璧，不免大煞风景，然而子长文辞究不能为此种陋说所掩。今不谈文学，但谈史学，子长之为奇才，有三端焉：一、整齐殊国纪年。此虽有春秋为之前驱，然彼仍是一国之史，若列国所记，则各于其党，“欲一观诸要难”（十二诸侯表中语）。年代学 Chronology 乃近代史学之大贡献，古代列国并立，纪年全不统一，子长独感其难，以为十二诸侯六国各表，此史学之绝大创作也。我国人习于纪年精详之史，不感觉此功之大，若一察希腊年代学未经近代人整理以前之状态，或目下印度史之年代问题，然后知是表之作，实史学思想之大成熟也。二、作为八书。八书今亡三篇，张晏已明言之，此外恐尚有亡佚者，即可信诸篇亦若未经杀青之功。然著史及于人事之外，至于文化之中礼、乐、兵、历、天官、封禅、河渠、平准各为一书，斯真睹史学之全，人文之大体矣。且所记皆涉汉政（天官除外），并非承袭前人，亦非诵称书传，若班氏所为者。其在欧洲，至十九世纪始有如此规模之史学家也。凡上两事，皆使吾人感觉子长创作力之大，及其对于史学观念之真（重年代学括文化史），希腊罗马史家断然不到如此境界。皆缘子长并非守文之儒，章句之家，游踪遍九域，且是入世之人，又其职业在天官，故明习历谱，洞彻人文。子长不下帷而成玮著，孟坚但诵书而流迂拘，材之高下固有别矣。三、“疑疑亦信”。能言夏礼，杞不足征，能言殷礼，宋不足征，文献不足，阙文尚焉，若能多见阙疑，慎言其余，斯为达也。子长于古代事每并举异说，不雅驯者不取，有不同者并存之，其在《老子传》云：“或曰，儋即老子，或曰非也，世莫知其然否，老子，隐君子也”，或疑其胸无伦类，其实不知宜为不知，后人据不充之材料，作逾分之断定，岂所论于史学乎？子长盖犹及史之阙文也，今亡逸夫！

五　论司马子长非古史学乃今史学家

孟坚叙子长所取材，曰，“司马迁据左氏国语，采世本战国策，述楚汉春秋，接其后事，讫于天汉。其言秦汉详矣。至于采经摭传，分散数家之事，甚多疏略，或有抵牾。”此信论也。子长实非古史家，采取诗书，并无心得。其纪五帝三代事，但求折中六艺耳，故不雅驯者不及，然因仍师说，不闻断制，恐谯周且笑之矣。《史记》记事，入春秋而差丰，及战国而较详，至汉而成其灿然者矣。其取《国语》，固甚有别择，非一往抄写。《战国策》原本今不见，今本恐是宋人补辑者（吴汝纶始为此说），故不能据以校其取舍。楚汉春秋止记秦楚汉之际，子长采之之外，补益必多，项刘两纪所载，陆贾敢如是揶揄刘季乎？今核其所记汉事，诚与记秦前事判若两书，前则“疏略抵牾”，后则“文直事核”矣。彼自谓讫于获麟止（元狩元年），而三王之封，固在元狩六年，已列之世家，是孟坚以《史记》讫于天汉之说差合事实。其记汉事，“不虚美，不隐恶”，固已愈后愈详，亦复愈后愈见其别择与文采。若八书之作，子长最伟大处所在，所记亦汉事也。又子长问故当朝，游迹遍九域，故者未及详考，新者乃以行旅多得传闻。以调查为史，亦今史之方，非古史之术。盖耳闻之古史，只是神话，耳闻之近事，乃可据以考核耳。

战国子家叙论

一　论哲学乃语言之副产品　西洋哲学即印度日耳曼语言之副产品　汉语实非哲学的语言　战国诸子亦非哲学家

世界上古往今来最以哲学著名者有三个民族：一、印度之亚利安人；二、希腊；三、德意志。这三个民族有一个共同点，就是在他的文化忽然极高的时候，他的语言还不失印度日耳曼系语言之早年的烦琐形质。思想既以文化提高了，而语言之原形犹在，语言又是和思想分不开的，于是乎繁丰的抽象思想，不知不觉地受他的语言之支配，而一经自己感觉到这一层，遂为若干特殊语言的形质作玄学的解释了。以前有人以为亚利安人是开辟印度文明的，希腊人是开辟地中海北岸文明的，这完全是大错而特错。亚利安人走到印度时，他的文化，比土著半黑色的人低，他吸收了土著的文明而更增高若干级。希腊人在欧洲东南也是这样，即地中海北岸赛米提各族人留居地也比希腊文明古得多多，野蛮人一旦进于文化，思想扩张了，而语言犹昔，于是乎凭借他们语言的特别质而出之思想当做妙道玄理了。今试读汉语翻译之佛典，自求会悟，有些语句简直莫名其妙，然而一旦做些梵文的工夫，可以化艰深为平易，化牵强为自然，岂不是那样的思想很受那样的语言支配吗？希腊语言之支配哲学，前人已多论列，现在姑举一例：亚里士多德所谓十个范畴者，后人对之有无穷的疏论，然这都是希腊语法上的问题，希腊语正供给我们这么些观念，离希腊语而谈范畴，则范畴断不能是这样子了。其余如柏拉图的辩论，亚里士多德的分析，所谓哲学，都是一往弥深的希腊话。且少谈古代的例，但论近代。德意志民族中出来最有声闻的哲人是康德，此君最有声闻的书是《纯理评论》。这部书所谈的不是一往弥深的德国话吗？这部书有法子翻译吗？英文中译本有二：一、出马克斯谬勒手，他是大语言学家；二、出麦克尔江，那是很信实的翻译。然而他们的翻译都有时而穷，遇到好些名词须以不译了之。而专治康德学者，还要谆谆劝人翻译不可用，只有原文才信实；异国杂学的注释不可取，只有本国语言之标准义疏始可信。哲学应是逻辑的思想，逻辑的思想应是不局促于某一种语言的，应是和算学一样的容易翻译，或者说不待翻译，然而适得其反，完全不能翻译。则这些哲学受他们所由产生之语言之支配，又有什么疑惑呢？即如 Ding an Sich 一词，汉语固不能译他，即英文译了亦不像；然在德文中，则 an Sich 本是常语，故此名词初不奇怪。又如最通常的动词，如 Sein，及 Werden 及与这一类的希腊字曾经在哲学上做了多少祟，习玄论者所共见。又如戴卡氏之妙语“Cogito ergo Sum”，翻译成英语已不像话，翻译成汉语更做不到。算学思想，则虽以中华与欧洲语言之大异，而能涣然转译；哲学思想，则虽以英德语言之不过方言差别，而不能翻译。则哲学之为语言的副产物，似乎不待繁证即可明白了。印度日耳曼族语之特别形质，例如主受之分，因致之别，过去及未来，已完及不满，质之与量，体之与抽，以及各种把动词变作名词的方式，不特略习梵文或希腊文方知道，便是略习德语也就感觉到这麻烦。这些麻烦便是看来“仿佛很严重”的哲学分析之母。

汉语在逻辑的意义上，是世界上最进化的语言（参看叶斯波森著各书），失掉了一切语法上的烦难，而以句叙（Syntax）求接近逻辑的要求。并且是一个实事求是的语言，不富于抽象的名词；而抽象的观念，凡有实在可指者，也能设法表达出来。文法上既没有那么多的无意识，名词上又没有那么多的玄虚，则哲学断难在这个凭借发生，是很自然的了。

“斐洛苏非”，译言爱智之义，试以西洋所谓爱智之学中包有各问题与战国秦汉诸子比，乃至下及魏晋名家、宋明理学比，像苏格拉底那样的爱智论，诸子以及宋明理学是有的；像柏拉图所举的问题，中土至多不过有一部分，或不及半；像亚里士多德那样竟全没有；像近代的学院哲学自戴卡以至康德各宗门，一个动词分析到微茫，一个名词之语尾变化牵成溥论（如 Causality 观念之受 Instrumental 或 Ablative 字位观念而生者），在中土更毫无影响了。拿诸子名家理学各题目与希腊和西洋近代哲学各题目比，不相干者如彼之多，相干者如此之少，则知汉土思想中原无严意的斐洛苏非一科，“中国哲学”一个名词本是日本人的贱制品，明季译拉丁文之高贤不曾有此，后来直到严几道、马相伯先生兄弟亦不曾有此。我们为求认识世事之真，能不排斥这个日本贱货吗？

那么，周、秦、汉诸子是些什么？答曰：他们是些方术家。自《庄子·天下篇》至《淮南》“鸿烈”、枚乘《七发》皆如此称。这是他们自己称自己的名词，犹之乎西洋之爱智者自己称自己为斐洛苏非。这是括称，若分言，则战国子家约有三类人：

一、宗教家及独行之士；

二、政治论者；

三、“清客”式之辩士。

例如墨家大体上属于第一类的，儒者是介于一二之间的，管、晏、申、韩、商、老是属于第二类的，其他如惠施、庄周、邹衍、慎到、公孙龙等是侯王、朝廷、公子、卿大夫家所蓄养之清客，作为辩谈以悦其“府主”的。这正合于十七八世纪西欧洲的样子，一切著文之人，靠朝廷风尚，贵族栽培的，也又有些大放其理想之论于民间的。这些物事，在西洋皆不能算做严格意义下之哲学，为什么我们反去借来一个不相干的名词，加在些不相干的古代中国人们身上呀？

二　论战国诸子除墨子外皆出于职业

《七略》《汉·志》有九流十家皆出于王官之说。其说曰：儒家者流盖出于司徒之官，道家者流盖出于史官，阴阳家者流盖出于羲和之官，法家者流盖出于理官，名家者流盖出于礼官，墨家者流盖出于清庙之守，纵横家者流盖出于行人之官，杂家者流盖出于议官，农家者流盖出于农稷之官，小说家者流盖出于稗官。胡适之先生驳之，说见所著《中国古代哲学史·附录》。其论甚公直，而或者不尽揣得其情。谓之公直者，出于王官之说实不可通；谓之不尽揣得其情者，盖诸子之出实有一个物质的凭借，以为此物质的凭借即是王官者误，若忽略此凭借，亦不能贯澈也。百家之说皆由于才智之士在一个特殊的地域当一个特殊的时代凭借一种特殊的职业而生。现在先列为一表，然后择要疏之。

家名	地域	时代	职业	附记
孔丘	鲁　其说或有源于宋者	春秋末	教人	
卜商	由鲁至魏	春秋战国间	教人	

家名	地域	时代	职业	附记
曾参	鲁	春秋战国间	教人	
言偃	吴	春秋战国间	教人	
孔伋	由鲁至宋	春秋战国间	教人亦曾在官	
颛孙师	陈	春秋战国间	教人	
漆雕开	今本家语云蔡人	春秋战国间		近于侠
孟轲	邹鲁游于齐梁	战国中期	教人亦为诸侯客	近于游谈
荀卿	赵	战国末期	教人	
				以上儒宗
墨翟	宋　或由鲁反动而出	春秋战国间	以墨子书中情形断之，则亦业教人之业者	
禽滑鳌	曾学于魏仕于宋	战国初期		
孟胜	仕于荆	战国初期	墨者巨子，为阳城君守而死	
田襄	宋	战国初期	墨者巨子	
腹䵍	居秦	战国中期	墨者巨子	
田俅	齐	战国中期		
相里勤	南方			
相夫氏	南方			
邓陵子	南方			
苦获	南方			
已齿	南方			

家 名	地 域	时 代	职 业	附 记
				以上墨宗
宋钘	或是宋人，然作为华山之冠必游于秦矣	战国中期	游说止兵	
尹文				
				以上近墨者
史鰌	卫	春秋末	太史	
陈仲	齐	战国中期	独行之士	
许行	楚	战国中期	独行之士	
				以上独行之士
管仲	齐	管仲春秋中季人，然托之著书者至早在战国初	齐相	
晏婴	齐	晏婴春秋末人，然托之者至早在战国初	齐相	
老聃即太史儋	周	战国初	太史	
关喜或太史儋同时人	周	战国初	关尹	
商鞅	卫韩秦	战国初然托之著书至早	秦相	

在战国中

家名	地域	时代	职业	附记
申不害	韩	战国初	韩相	
韩非	韩	战国末	韩国疏族	
				以上政论
苏秦	周人而仕六国	战国中	六国相	苏秦张仪书皆为纵横学者所托
张仪	魏人而仕秦	战国中	秦相	
				以上纵横之士
魏牟	魏	战国中	魏卿	
庄周	宋	战国中	诸侯客或亦独行之士	
惠施	仕魏	战国中	魏卿	
公孙龙	赵	战国中	诸侯客	
邓析	郑	春秋末		
彭蒙	齐			
邹忌	齐	战国初	齐卿	
邹衍	齐	战国中	诸侯客	
淳于髡	齐	战国中	齐稷下客	
慎到	赵	战国中	齐稷下客	
田骈	齐	战国中	齐稷下客	
接子	齐	战国中	齐稷下客	
环渊	楚	战国中	齐稷下客	
				以上以言说修谈

于诸侯朝廷，若后世所谓“清客”者

附记

一、列子虽存书，然伪作，其人不可考，故不录入。

二、一切为东汉后人所伪托之子家不录入。

三、《吕氏春秋》之众多作者皆不可考，且是类书之体，非一家之言，故不列入。

就上表看，虽不全不尽，然地方、时代、职业三事之与流派有相关系处，已颇明显。现在更分论之。

一、所谓儒者乃起于鲁流行于各地之“教书匠”。儒者以孔子为准，而孔子之为“教书匠”，在《论语》中甚明显。

子曰：学而时习之，不亦说乎？

子曰：弟子，入则孝，出则悌，谨而信，泛爱众，而亲仁。行有余力，则以学文。

子谓子夏曰：女为君子儒，无为小人儒。

子曰：默而识之，学而不厌，诲人不倦，何有于我哉？

子曰：德之不修，学之不讲，闻义不能徙，不善不能改，是吾忧也。

子曰：志于道，据于德，依于仁，游于艺。

子曰：自行束脩以上，吾未尝无诲焉。

子曰：不愤不启，不悱不发，举一隅不以三隅反，则不复也。

子曰：兴于诗，立于礼，成于乐。

子疾病，子路使门人为臣。病间，曰：久矣哉，由之行诈也！无臣而为有臣，吾谁欺？欺天乎？

子曰：小子何莫学夫诗？诗，可以兴，可以观，可以群，可以怨，迩之事父，远之事君，多识于鸟兽草木之名。

子路使子羔为费宰，子曰：贼夫人之子！子路曰：有民人焉，有社稷焉，何必读书，然后为学？子曰：是故恶夫佞者。

上文不过举几个例，其实一部《论语》三分之二是教学生如何治学，如何修身，如何从政的。孔子诚然不是一个启蒙先生，但他既不是大夫，又不是众民，开门授徒，东西南北，总要有一个生业。不为匏瓜，则只有学生的束脩；季孟齐景卫灵之“秋风”，是他可资以免于“系而不食”者。不特孔子如此，即他的门弟子，除去那些做了官的以外，也有很多这样。《史记·儒林传·叙》：“自孔子卒后，七十子之徒，散游诸侯，大者为师傅卿相，小者友教士大夫，或隐而不见。故子路居卫，子张居陈，澹台子羽居楚，子夏居西河，子贡终于齐。如田子方、段干木、吴起、禽滑釐之属，皆受业于子夏之伦，为王者师。”这样进则仕，退则教的生活，既是儒者职业之所托，又是孔子成大名之所由。盖一群门弟子到处教人，即无异于到处宣传。儒者之仕宦实不达，在魏文侯以外没有听说大得意过，然而教书的成绩却极大。诗、书、礼、乐、春秋本非儒者之专有物，而以他们到处教人的缘故，弄成孔子删述六经啦。

二、墨为儒者之反动，其一部分之职业与儒者同，其另一部分则各有其职业。按：墨为儒者之反动一说，待后详论之。墨与儒者同类而异宗，也在那里上说世主，下授门徒。但墨家是比儒者更有组织的，而又能吸收士大夫以下之平民。既是一种宗教的组织，则应有以墨为业者，而一般信徒各从其业。故儒、纵横、刑、名、兵、法皆以职业名，墨家独以人名。

三、纵横刑法皆是一种职业，正所谓不辩自明者。

四、史官之职，可成就些多识前言往行、深明世故精微之人。一因当时高文典册多在官府，业史官者可以看到；二因他们为朝廷作记录，很可了澈些世事。所以把世故人情看得最深刻的老聃出于史官，本是一件自然的事。

五、若一切不同的政论者，大多数是学治者之言，因其国别而异趋向。在上列的表内管、晏、关、老、申、商、韩非之列中，管、晏、商君都不会自己作书的，即申不害也未必能自己著书，这都是其国后学从事于学政治者所托的。至于刑名之学，出于三晋周郑官术，更是一种职业的学问，尤不待说了。

六、所有一切名家辩士，虽然有些曾做到了卿相的，但大都是些诸侯所养的宾客，看重了便是大宾，看轻了便同于“优倡所蓄”。这是一群大闲人，专以口辩博生活的。有这样的职业，才成就这些辩士的创作；魏齐之廷，此风尤盛。

综括前论，无论有组织的儒墨显学，或一切自成一家的方术论者，其思想之趋向多由其职业之支配。其成家之号，除墨者之称外，如纵横名法等，皆与其职业有不少关联。今略变《汉·志》出于王官之语，或即觉其可通。若九流之分，本西汉中年现象，不可以论战国子家，是可以不待说而明白的。

流　别	**《七略》所释**	**今　释**
儒家者流	出于司徒之官	出于“教书匠”
道家者流	出于史官	有出于史官者，有全不相干者。“汉世”道家本不是单元。按道家一词，入汉始闻

阴阳家者流	出于羲和之官	出于业文史星历卜祝者
法家者流	出于理官	法家非单元，出于齐晋秦等地之学政习法典刑者
名家者流	出于礼官	出于诸侯朝廷中供人欣赏之辩士
墨家者流	出于清庙之守	出于向儒者之反动，是宗教的组织
纵横家者流	出于行人之官	出于游说形势者
杂家者流	出于议官	“杂”固不成家，然汉世淮南东方却成此一格，其源出于诸侯朝廷广置方术殊别之士，采者不专主一家，成杂家矣
小说家者流	出于稗官	出于以说故事为职业之诸侯客以上所谓“名”“杂”“小说”三事，简言之，皆出于所谓“清客”

故《七略》《汉志》此说，其辞虽非，其意则似无谓而有谓。

三　论只有儒墨为有组织之宗派，其余虽多同声相应、同气相求者，然大体是自成一家之言

诸子百家中，墨之组织为最严整，有巨子以传道统，如加特力法皇达喇喇嘛然。又制为一切墨者之法而自奉之，且有死刑。（《吕氏春秋·去私篇》腹䵍为墨者巨子，居秦，其子杀人。秦惠王曰：“先生之年长矣，非有他子也。寡人已令吏弗诛矣，先生之以听寡人也。”腹䵍对曰：“墨者之法，杀人者死，伤人者刑，此所以禁杀伤人也。”云云）此断非以个人为单位之思想家，实是一种宗教的组织自成一种民间的建置，如所谓“早年基督教”者是。所以墨家的宗旨，一条一条固定

的，是一个系统的宗教思想。（尚贤、尚同、兼爱、非攻、节用、节葬、天志、明鬼、非乐。）又建设一个模范的神道，（三过家门而不入之禹）作为一切墨家的制度。虽然后来的墨者分为三（或不止三），而南方之墨者相谓别墨，到底不至于如儒墨以外之方术家，人人自成一家。孟子谓杨墨之言盈天下，墨为有组织之宗教，杨乃一个人的思想家，此言应云，如杨朱一流人者盈天下，而墨翟之徒亦盈天下。盖天下之自私自利者极多，而为人者少，故杨朱不必作宣传，而天下滔滔皆杨朱；墨宗则非宣传不可。所以墨子之为显学，历称于孟、庄、荀、卫、吕、刘、司马父子，《七略》《汉·志》，而杨朱则只孟子攻之，《天下篇》所不记，《非十二子》所不及，《五蠹》显学所不括，《吕览》《淮南》所不称，六家、九流所不列。这正因为“纵情性、安恣睢、禽兽行”之它嚣魏牟固杨朱也。庄子之人生观，亦杨朱也。所以儒墨俱为传统之学，而杨朱虽号为言盈天下，其人犹在若有若无之间。至于其他儒墨以外各家，大别可分为四类。

一、独行之士　此固人自为说，不成有组织的社会者，如陈仲、史鳍等。

二、个体的思想家　此如太史儋之著五千言，并非有组织的学派。（但黄老之学至汉初年变为有组织之学派。）

三、各地治“治术”一种科学者　此如出于齐之管仲晏子书，出于三晋之李悝书，出于秦之商子书，出于韩之申子书及自己著书之韩公子非。这都是当年谈论政治的“科学”。

四、诸侯朝廷之“清客”论　所谓一切辩士，有些辩了并不要实行的，有些所辩并与行事毫不相干的（如“白马非马”），有些全是文士。这都是供诸侯王之精神上之娱乐者。梁孝王朝武帝朝犹保存这个战国风气。

四 论春秋战国之际为什么诸家并兴

在回答这个问题之前，我们先要问诸子并兴是不是起于春秋战国之际？近代经学家对于中国古代文化的观念大别有两类：一类以为孔子有绝大的创作力，以前朴陋得很。江永、孔广森和好些今文学家都颇这样讲；而极端例是康有为，几乎以为孔子以前的东西都是孔子想象的话，诸子之说，皆创于晚周。一类以为至少西周的文化已经极高，孔子不过述而不作，周公原是大圣，诸子之说皆有很长的渊源。戴震等乾嘉间大师每如此想，而在后来代表这一说之极端者为章炳麟。假如我们不是在那里争今古文的门户，理当感觉到事情不能如此简单。九流出于王官，晚周文明只等于周公制作之散失之一说，虽绝对不可通，然若西周春秋时代文化不高，孔老战国诸子更无从凭借以生其思想。我们现在关于西周的事知道的太不多了，直接的材料只有若干金文，间接的材料只有《诗》《书》两部和些不相干的零碎，所以若想断定西周时的文化有几多高，在物质的方面还可盼望后来的考古学有大成功，在社会人文方面恐怕竟要绝望于天地之间了。但西周晚年以及春秋全世，若不是有很高的人文，很细的社会组织，很奢侈的朝廷，很繁丰的训典，则直接春秋时代而生之诸子学说，如《论语》中之“人情”，《老子》中之“世故”，墨子之向衰败的文化奋抗，庄子之把人间世看作无可奈何，皆都若无所附丽。在春秋战国间书中，无论是述说朝士典言的《国语》(《左传》在内)，或是记载个人思想的《论语》，或是把深刻的观察合着沉郁的感情的《老子》五千言，都只能生在一个长久发达的文化之后，周密繁丰的人文之中。且以希腊为喻，希腊固是一个新民族，在他的盛时一切思想家并起，仿佛像是前无古人者。然近代东方学发达之后，希腊人文承受于东方及埃及之事件愈现愈多，其非无因而光大，在现在已全无可疑。东周时中国之四邻无可向之借文化者，则其先必有长期的背景，以酝酿这个东周的人文，更不能否认。只是我们现在所见的材料，不够供给我们知道这个背景的详细的就是了。然而以不知为不有，是谈史学者极大的罪恶。

《论语》有“述而不作”的话，《庄子》称述各家皆冠以“古之道术有在于是者”。这些话虽不可固信，然西周春秋总有些能为善言嘉训，如史佚、周任，历为后人所称道者。

既把前一题疏答了，我们试猜春秋战国间何以诸子并起之原因。既已书缺简脱，则一切想象，无非求其为合理之设定而已。

一、春秋战国间书写的工具大有进步。在春秋时，只政府有力作文书者，到战国初年，民间学者也可著书了。西周至东周初年文籍现在可见者，皆是官书。《周书》《雅》《颂》不必说，即如《国风》及《小雅》若干篇，性质全是民间者，其著于简篇当在春秋之世。《国语》乃由各国材料拼合而成于魏文侯朝，仍是官家培植之著作，私人无此力量。《论语》虽全是私家记录，但所记不过一事之细，一论之目，稍经辗转，即不可明了。礼之宁俭，丧宁戚，或至以为非君子之言，必当时著书还甚受物质的限制，否则著书不应简括到专生误会的地步。然而一到战国中期，一切丰长的文辞都出来了，孟子的长篇大论，邹衍的终始五德，庄子的卮言日出，惠施的方术五车，若不是当时学者的富力变大，即是当时的书具变廉，或者兼之。这一层是战国子家记言著书之必要的物质凭借。

二、封建时代的统一固然不能统一得像郡县时代的统一，然若王朝能成文化的中心，礼俗不失其支配的势力，总能有一个正统的支配力，总不至于异说纷纭。周之本土既丧于戎，周之南国又亡于楚，一入春秋，周室只是亡国。所谓“尊天子”者，只是诸侯并争不得其解决之遁词，外族交逼不得不团结之口号。宋以亡国之余，在齐桓晋文间竟恢复其民族主义（见《商颂》）；若《鲁颂》之鲁，也是俨然以正统自居的。二等的国家已这样，若在齐楚之富，秦晋之强，其“内其国而外诸夏”，更不消说。政治无主，传统不能支配，加上世变之纷繁，其必至于摩擦出好些思想来，本是自然的。思想本是由于精神的不安定而生。“天下恶乎定？曰，定于一”；思想恶乎生？曰，生于不一。

三、春秋之世，保持传统文化的中原国家大乱特乱，四边几个得势的国家却能大启土宇。齐尽东海，晋灭诸狄，燕有辽东，以鲁之不强也还在那里开淮泗；至于秦楚吴越之本是外国，不过受了中国文化，更不必说了。这个大开拓、大兼并的结果，第一，增加了全民的富力，繁殖了全民的生产。第二，社会中的情形无论在经济上或文化上都出来了好些新方面，更使得各国自新其新，各人自是其是。第三，春秋时代部落之独立，经过这样大的扩充及大兼并不能保持了，渐由一切互谓蛮夷互谓戎狄的，混合成一个难得分别“此疆尔界”的文化，绝富于前代者。这自然是出产各种思想的肥土田。

四、因上一项所叙之扩充而国家社会的组织有变迁。部落式的封建国家进而为军戎大国，则刑名之论当然产生。国家益大，诸侯益侈，好文好辩之侯王，如枚乘《七发》中对越之太子，自可“开第康庄，修大夫之列”，以养那些食饱饭没事干、专御人以口给的。于是惠施、公孙龙一派人可得养身而托命。且社会既大变，因社会之大变而生之深刻观察可得丰衍，如《老子》。随社会之大变而造之系统伦理，乃得流行，如墨家。大变大紊乱时，出产大思想大创作；因为平时看得不远，乱时刺得真深。

综括上四项：第一，著书之物质的凭借增高了，古来文书仕官，学不下庶人，到战国不然了；第二，传统的宗主丧失了；第三，因扩充及混合，使得社会文化的方面多了；第四，因社会组织的改变，新思想的要求乃不可止了。历传的文献只足为资，不能复为师，社会的文华既可以为用，复可以为戒。纷纭扰乱，而生摩擦之力；方面复繁，而促深澈之观。方土之初交通，民族之初混合，人民经济之初向另一面拓张，国家社会根本组织之初变动，皆形成一种新的压力，这压力便是逼出战国诸子来的。

五　论儒为诸子之前驱，亦为诸子之后殿

按，儒为诸子中之最前者，孔子时代尚未至于百家并鸣，可于《论语》《左传》《国语》各书得之。虽《论语》所记的偏于方域，《国语》所记的不及思想，但在孔丘的时代果然诸子已大盛者，孔丘当不至于无所论列。孔丘以前之儒，我们固完全不曾听说是些什么东西，而墨起于孔后，更不成一个问题。其余诸子之名中，管、晏两人之名在前，但著书皆是战国时人所托，前人论之已多。著书五千言之"老子"乃太史儋，汪容甫、毕秋帆两人论之已长；此外皆战国人。则儒家之兴，实为诸子之前驱，是一件显然的事实。孔子为何如人，现在因为关于孔子的真材料太少了，全不能论定。但《论语》所记他仍是春秋时人的风气，思想全是些对世间务的思想，全不是战国诸子的放言高论。即以孟、荀和他比，孟子之道统观、论性说，荀子之治本论、正儒说，都已是系统的思想；而孔丘乃是"毋意""毋必""毋固""毋我"的"学愿"。所以孔丘虽以其"教"教出好些学生来，散布到四方，各自去教，而开诸子的风气，自己仍是一个春秋时代的殿军而已。

儒者最先出，历对大敌三：（一）墨家，（二）黄老，（三）阴阳。儒墨之战在战国极剧烈，这层可于孟、墨、韩、吕诸子中看出。儒家黄老之战在汉初年极剧烈，这层《史记》有记载。汉代儒家的齐学本

是杂阴阳的，汉武帝时代的儒学已是大部分糅合阴阳，如董仲舒；以后纬书出来，符命图谶出来，更向阴阳同化。所以从武帝到光武虽然号称儒学正统，不过是一个名目，骨子里头是阴阳家已篡了儒家的正统。直到东汉，儒学才渐渐向阴阳求解放。

儒墨之战，儒道之战，儒均战胜。儒与阴阳之战，（此是相化，非争斗之战）儒虽几乎为阴阳所吞，最后仍能超脱出来。战国一切子家一律衰息之后，儒者独为正统，这全不是偶然，实是自然选择之结果。儒家的思想及制度中，保存部落时代的宗法社会性最多，中国的社会虽在战国大大的动荡了一下子，但始终没有完全进化到军国，宗法制度仍旧是支配社会伦理的。所以黄老之道，申韩之术，可为治之用，不可为社会伦理所从出。这是最重要的一层理由。战国时代因世家之废而尚贤之说长，诸子之言兴，然代起者仍是士人一个阶级，并不是真正的平民。儒者之术恰是适应这个阶级之身份、虚荣心及一切品性的。所以墨家到底不能挟民众之力以胜儒，而儒者却可挟王侯之力以胜墨，这也是一层理由。天下有许多东西，因不才而可绵延性命。战国之穷年大战，诸侯亡秦，楚汉战争，都是专去淘汰民族中最精良最勇敢最才智的分子的。所以中国人经三百年的大战而后，已经“挫其锐，解其纷，和其光，同其尘”了。淘汰剩下的平凡庸众最多，于是儒家比上不足、比下有余的稳当道路成王道了。儒家之独成“适者的生存”，和战国之究竟不能全量的变古，实在是一件事。假如楚于城濮之战灭中原而开四代（夏、商、周、楚），匈奴于景武之际吞区夏而建新族，黄河流域的人文历史应该更有趣些，儒家也就不会成正统了。又假如战国之世，中国文化到了楚吴百越而更广大，新民族负荷了旧文化而更进一步，儒者也就不会更延绵了。新族不兴，旧宪不灭，宗法不亡，儒家长在。中国的历史，长则长矣；人民，众则众矣。致此之由，中庸之道不无小补，然而果能光荣快乐乎哉？

六　论战国诸子之地方性

凡一个文明国家统一久了以后，要渐渐地变成只剩了一个最高的文化中心点，不管这个国家多么大。若是一个大国家中最高的文化中心点不止一个时，便要有一个特别的原因，也许是由于政治的中心点和经济的中心点不在一处，例如明清两代之吴会；也许是由于原旧国家的关系，例如罗马帝国之有亚历山大城，胡元帝国之有杭州。但就通例说，统一的大国只应有一个最高的文化中心点的。所以虽以西汉关东之富，吴梁灭后，竟不复闻类于吴苑梁朝者。虽以唐代长江流域之文华，隋炀一度之后，不闻风流文物更炽于汉皋吴会。统一大国虽有极多便宜，然也有这个大不便宜。五季十国之乱，真是中国历史上最不幸的一个时期了，不过也只有在五季十国那个局面中，南唐西蜀乃至闽地之微，都要和僭乱的中朝争文明的正统。这还就单元的国家说，若在民族的成分颇不相同的一个广漠文明区域之内，长期的统一之后，每至消磨了各地方的特性，而减少了全部文明之富度，限制了各地各从其性之特殊发展。若当将混而未融之时，已通而犹有大别之间，应该特别发挥出些异样的文化来。近代欧洲正是这么一个例，或者春秋战国中也是这样子具体而微罢？

战国诸子之有地方性，《论语》《孟子》《庄子》均给我们一点半点的记载，若《淮南·要略》所论乃独详。近人有以南北混分诸子者，其说极不可通。盖春秋时所谓“南”者，在文化史的意义上与楚全不相同，（详拙论《南国》）而中原诸国与其以南北分，毋宁以东西分；虽不中，犹差近。在永嘉丧乱之前，中国固只有东西之争，无南北之争（晋楚之争而不决为一例外）。所以现在论到诸子之地方性，但以国别为限不以南北西东等泛词为别。

齐燕附　战国时人一个成见，或者这个成见正是很对，即是谈到荒诞不经之人，每说他是齐人。《孟子》，“此齐东野人之语也”；《庄子》，“齐谐者，志怪者也”；《史记》所记邹衍等，皆其例。春秋战国时，齐在诸侯中以地之大小比起来，算最富的（至两汉尚如此），临淄一邑的情景，假如苏秦的话不虚，竟是一个近代大都会的样子。地方又近海，或以海道交通而接触些异人异地；并且从早年便成了一个大国，不像邹鲁那样的寒酸。姜田两代颇出些礼贤下士的侯王。且所谓东夷者，很多是些有长久传说的古国，或者济河岱宗以东，竟是一个很大的文明区域。又是民族迁徙自西向东最后一个层次。（以上各节均详别论）那么，齐国自能发达他的特殊文化，而成到了太史公时尚为人所明白见到的“泱泱乎大国风”，正是一个很合理的事情。齐国所贡献于晚周初汉的文化大约有五类（物质的文化除外）。

甲、宗教　试看《史记》《秦始皇本纪》《封禅书》，则知秦皇、汉武所好之方士，实原自齐，燕亦附庸在内。方士的作祸是一时的，齐国宗教系统之普及于中国是永久的。中国历来相传的宗教是道教，但后来的道教造形于葛洪、寇谦之一流人，其现在所及见最早一层的根据，只是齐国的神祠和方士。八祠之祀，在南朝几乎成国教；而神仙之论，竟成最普及最绵长的民间信仰。

乙、五行论　五行阴阳论之来源已不可考，《甘誓》《洪范》显系战国末人书。（我疑《洪范》出自齐，伏生所采以入廿八篇者。）现在可见之语及五行者，以《荀子·非十二子篇》为最多。荀子訾孟子、子思以造五行论，然今本《孟子》《中庸》中全无五行说。《史记·孟子荀卿列传》中却有一段，记驺衍之五德终始论最详：

齐有三驺子。其前邹忌，以鼓琴干威王，因及国政，封为成侯，而受相印，先孟子。其次邹衍，后孟子。邹衍睹有国者益淫侈，不能尚德，若《大雅》整之于身施及黎庶矣，乃深观阴阳消息，而作怪迂之变，《终始》《大圣》之篇十余万言。其语闳大不经，必先验小物，推而大之，至于无垠。先序今以上至黄帝，学者所共术，大并世盛衰，因载其禨祥度制，推而远之，至天地未生，窈冥不可考而原也。先列中国名山、大川、通谷、禽兽，水土所殖，物类所珍，因而推之及海外，人之所不能睹。称引天地剖判以来，五德转移，治各有宜，而符应若兹。以为儒者所谓中国者，于天下乃八十一分居其一分耳。中国名曰赤县神州，赤县神州内自有九州，禹之序九州是也，不得为州数。 中国外如赤县神州者九，乃所谓九州也，于是有裨海环之。人民禽兽莫能相通者，如一区中者，乃为一州。如此者九，乃有大瀛海环其外，天地之际焉。其术皆此类也。然要其归必止乎仁义节俭，君臣上下六亲之施，始也滥耳。王公大人初见其术，惧然顾化，其后不能行之。是以驺子重于齐。适梁，梁惠王郊迎，执宾主之礼。适赵，平原君侧行撇席。如燕，昭王拥篲先驱，请列弟子之座而受业，筑碣石宫，身亲往师之，作《主运》。

邹子出于齐，而最得人主景仰于燕，燕齐风气，驺子一身或者是一个表象。邹子本不是儒家，必战国晚年他的后学者托附于当时的显学儒家以自重，于是谓五行之学创自子思、孟轲。荀子习而不察，遽以之归罪子思、孟轲，遂有《非十二子》中之言。照这看来，这个五行论在战国末很盛行的，诸子《史记》不少证据。且这五行论在战国晚年不特托于儒者大师，又竟和儒者分不开了。《史记·秦始皇本纪》：

卢生说始皇曰："臣等求芝奇药仙者常弗遇，类物有害之者。方中，人主时为微行，以辟恶鬼，恶鬼辟，真人至。至人主所居，而人臣知之，则害于神。真人者，入水不濡，入火不爇，陵云气，与天地久长。今上治天下，未能恬倓。愿上所居宫毋令人知，然后不死之药殆可得也。"于是始皇曰："吾慕真人，自谓真人，不称朕。"乃令咸阳之旁二百里内宫观二百七十复道甬道相连，帷帐钟鼓美人充之，各案署，不移徙。行所幸，有言其处者，罪死。始皇帝幸梁山宫，从山上见丞相车骑众，弗善也。中人或告丞相，丞相后损车骑。始皇怒曰："此中人泄吾语。"案问，莫服。当是时，诏捕诸时在旁者，皆杀之。自是后莫知行之所在。听事，群臣受决事，悉于咸阳宫。侯生、卢生相与谋曰："始皇为人，天性刚戾自用，起诸侯，并天下，意得欲从，以为自古莫及己。专任狱吏，狱吏得亲幸。博士虽七十人，特备员弗用。丞相诸大臣皆受成事，倚辨于上。上乐以刑杀为威，天下畏罪，持禄莫敢尽忠。上不闻过而日骄，下慑伏谩欺以取容。秦法，不得兼方，不验，辄死。然候星气者至三百人，皆良士，畏忌讳谀，不敢端言其过。天下之事无小大皆决于上，上至以衡石量书，日夜有呈，不中呈，不得休息。贪于权势至如此，未可为求仙药。"于是乃亡去。始皇闻亡，乃大怒曰："吾前收天下书不中用者尽去之。悉召文学方术士甚众，欲以兴太平，方士欲练以求奇药。今闻韩众去不报，徐市等费以巨万计，终不得药，徒奸利相告日闻。卢生等吾尊赐之甚厚，今乃诽谤我，以重吾不德也。诸生在咸阳者，吾使人廉问，或为妖言以乱黔首。”于是使御史悉案问诸生，诸生传相告引，乃自除犯禁者四百六十余人，皆坑之咸阳，使天下知之，以惩后。益发谪徙边。始皇长子扶苏谏曰：“天下初定，远方黔首未集，诸生皆诵法孔子，今上皆重法绳之，臣恐天下不安。惟上察之。”始皇怒，使扶苏北监蒙恬于上郡。

这真是最有趣的一段史料，分析之如下：

一、卢生等只是方士，决非邹鲁之所谓儒；

二、秦始皇坑的是这些方士；

三、这些方士竟“皆诵法孔子”，而坑方士变作了坑儒。则侈谈神仙之方士，为五行论之诸生，在战国末年竟儒服儒号，已无可疑了。这一套的五德终始阴阳消息论，到了汉朝，更养成了最有势力的学派，流行之普遍，竟在儒老之上。有时附儒，如儒之齐学，《礼记》中《月令》及他篇中羼入之阴阳论皆是其出产品；有时混道，如《淮南鸿烈》书中不少此例，《管子》书中也一样。他虽然不能公然的争孔老之席，而暗中在汉武时，已把儒家换羽移宫，如董仲舒、刘向、刘歆、王莽等，都是以阴阳学为骨干者。五行阴阳本是一种神道学（Theology），或曰玄学（Metaphgiscs），见诸行事则成迷信。五行论在中国造毒极大，一切信仰及方技都受他影响。但我们现在也不用笑他了，十九世纪总不是一个顶迷信的时代罢？德儒海格尔以其心学之言盈天下，三四十年前，几乎统一了欧美大学之哲学讲席。但这位大玄学家撰写的一篇著作是用各种的理性证据——就是五德终始一流的——去断定太阳系行星只能有七，不能有六，不能有八。然他这本大著出版未一年，海王星之发现宣布了！至于辨式 Dialektik，还不是近代的阴阳论吗？至若我们只瞧不起我们两千年前的同国人，未免太宽于数十年前的德国哲学家了。

丙、托于管晏的政论 管晏政论在我们现在及见的战国书中并无记之者（《吕览》只有引管子言行处，没有可以证明其为引今见《管子》书处），但《淮南》《史记》均详记之。我对于《管子》书试作的设定是:《管子》书是由战国晚年汉初年的齐人杂著拼合起来的。《晏子》书也不是晏子时代的东西，也是战国末汉初的齐人著作。此义在下文殊方之治术一篇及下一章《战国子家书成分分析》中论之。

丁、齐儒学 这本是一个汉代学术史的题目，不在战国时期之内。但若此地不提明此事，将不能认清齐国对战国所酝酿汉代所造成之文化的贡献，故略说几句。儒者的正统在战国初汉均在鲁国，但齐国自有他的儒学，骨子里只是阴阳五行，又合着一些放言侈论。这个齐学在汉初的势力很大，武帝时竟夺鲁国之席而为儒学之最盛者。政治上最得意的公孙弘，思想上最开风气的董仲舒，都属于齐学一派。公羊氏《春秋》，齐《诗》，田氏《易》，伏氏《书》，都是太常博士中最显之学。鲁学小言詹詹，齐学大言炎炎了。现在我们在西汉之残文遗籍中，还可以看出这个分别。

戊、齐文辞 战国文辞，齐楚最盛，各有其他的地方色彩。此事待后一篇中论之（《论战国杂诗体》一章中）。

鲁 鲁是西周初年周在东方文明故域中开辟的一个殖民地。西周之故域既亡于戎，南国又亡于楚，而“周礼尽在鲁矣”。鲁国人揖让之礼甚讲究，而行事甚乖戾（太史公语），于是拿诗书礼乐做法宝的儒家出自鲁国，是再自然没有的事情。盖人文既高，仪节尤备，文书所存独多，又是个二等的国家，虽想好功矜伐而不能。故齐楚之富，秦晋之强，有时很足为师，儒之学发展之阻力，若鲁则恰成发展这一行的最好环境。“儒是鲁学”这句话，大约没有疑问罢？且儒学一由鲁国散到别处便马上变样子。孔门弟子中最特别的是“堂堂乎张”和不仕而侠之漆雕开，这两个人后来皆成显学。然上两个人是陈人，下两个人是蔡人。孔门中又有个子游，他的后学颇有接近老学的嫌疑，又不是鲁人（吴人）。宰我不知何许人，子贡是卫人，本然都不是鲁国愿儒的样子，也就物以类聚跑到齐国，一个得意，一个被杀了。这都是我们清清楚楚地认识出地方环境之限制人。墨子鲁人（孙诒让等均如此考定），习孔子之书，业儒者之业（《淮南·要略》），然他的个性及主张，绝对不是适应于鲁国环境的，他自己虽然应当是鲁国及儒者之环境逼出来的一个造反者，但他总要到外方去行道，所以他自己的行迹，便也在以愚著闻的宋人国中多了。

宋　宋也是一个文化极高的国家，且历史的绵远没有一个可以同他比；前边有几百年的殷代，后来又和八百年之周差不多同长久。当桓襄之盛，大有殷商中兴之势，直到亡国还要称霸一回。齐人之夸，鲁人之拘，宋人之愚，在战国都极著名。诸子谈到愚人每每是宋人，如《庄子》“宋人资章甫而适诸越，越人断发文身，无所用之”;《孟子》“宋人有闵其苗之不长而揠之者”;《韩非子》宋人守株待兔。此等例不胜其举，而《韩非子》尤其谈到愚人便说是宋人。大约宋人富于宗教性，心术质直，文化既古且高，民俗却还淳朴，所以学者辈出，思想疏通致远，而不流于浮华。墨家以宋为重镇，自是很自然的事情。

三晋及周郑　晋国在原来本不是一个重文贵儒提倡学术的国家，“晋所以伯，师武臣之力也”。但晋国接近周郑，周郑在周既东之后，虽然国家衰弱，终是一个文化中心，所以晋国在文化上受周郑的影响多（《左传》中不少此例）。待晋分为三之后，并不保存早年单纯军国的样子了，赵之邯郸且与齐之临淄争奢侈。韩魏地当中原，尤其出来了很多学者，上继东周之绪，下开名法诸家之盛。这一带地方出来的学者，大略如下：

太史儋 著所谓《老子》五千言（考详后）。关尹不知何许人，然既为周秦界上之关尹，则亦此一带之人。

申不害、韩非 刑名学者。管、晏、申、韩各书皆谈治道者，而齐晋两派绝异。

惠施、邓析、公孙龙 皆以名理为卫之辩士。据《荀子》，惠施、邓析，一流人；据《汉·志》，则今本《邓析子》乃申韩一派。

魏牟 放从论者。

慎到 稷下辩士。今存《慎子》不可考其由来，但《庄子》中《齐物论》一篇为慎到著十二论之一，说后详。

南国 “南国”和“楚”两个名辞断不混的。“南国”包陈、蔡、许、邓、息、申一带楚北夏南之地，其地在西周晚季文物殷盛（详说论《周颂》篇），在春秋时已经好多部分入楚，在战国时全入楚境之内了。现在论列战国事自然要把南国这个名词放宽些，以括楚吴新兴之人众。但我们终不要忘楚之人文是受自上文所举固有之南国的。胜国之人文，新族之朝气，混合起来，自然可出些异样的东西。现在我们所可见自春秋末年这一带地方思想的风气，大略有下列几个头绪；

厌世达观者 如孔子适陈、蔡一带所遇之接舆、长沮、桀溺、荷蓧丈人等。

独行之士 许行等。

这一带地方又是墨家的一个重镇，且这一带的墨学者在后来以偏于名辩著闻。

果下文所证所谓苦县之老子为老莱子，则此一闻人亦是此区域之人。

秦国　秦国若干风气似晋之初年，并无学术思想可言，不知《商君书》一件东西是秦国自生的政论，如管晏政论之为齐学一样？或者是六国人代拟的呢？

中国之由分立进为一统，在政治上固由秦国之战功，然在文化上则全是另一个局面，大约说来如下：

齐以宗教及玄学统一中国（汉武帝时始成就）。

鲁以伦理及礼制统一中国（汉武帝时始成就）。

三晋一带以官术统一中国（秦汉皆申韩者）。

战国之乱，激出些独行的思想家；战国之侈，培养了些作清谈的清客。但其中能在后世普及者，只有上列几项。

七　论墨家之反儒学

在论战国墨家反儒学之先，要问战国儒家究竟是怎个样子。这题目是很难答的，因为现存的早年儒家书，如《荀子》《礼记》，很难分那些是晚周，那些是初汉，《史记》一部书中的儒家史材料也吃这个亏。只有《孟子》一部书纯粹，然孟子又是一个“辩士”，书中儒家史料真少。在这些情形之下，战国儒家之分合，韩非所谓八派之差异，竟是不能考的问题。但他家攻击儒者的话中，反要存些史料，虽然敌人之口不可靠，但攻击人者无的放矢，非特无补，反而自寻无趣；所以《墨子》《庄子》等书中非儒的话，总有着落，是很耐人寻思的。

关于战国儒者事，有三件事可以说几句：

一、儒者确曾制礼作乐，虽不全是一个宗教的组织，却也是自成组织，自有法守。三年之丧并非古制，实是儒者之制，而儒者私居演礼习乐，到太史公时还在鲁国历历见之。这样的组织，正是开墨子创教的先河，而是和战国时一切辩士之诸子全不同的。

二、儒者在鲁国根深蒂固，竟成通国的宗教。儒者一至他国，则因其地而变，在鲁却能保持较纯净的正统，至汉而多传经容礼之士。所以在鲁之儒始终为专名，一切散在列国之号为儒者，其中实无所不有，几乎使人疑儒乃一切子家之通名。

三、儒者之礼云乐云，弄到普及之后，只成了个样子主义mannerism，全没有精神，有时竟像诈伪。荀卿在那里骂贱儒，骂自己的同类，也不免骂他们只讲样子，不管事做。《庄子·外物篇》中第一段形容得尤其好：

> 儒以《诗》《礼》发冢。（王先谦云："求《诗》《礼》发古冢"，此解非是。下文云，大儒胪传，小儒述《诗》，犹云以《诗》《礼》之态发冢。郭注云："《诗》《礼》者，先王之陈迹也。苟非其人，道不虚行。故夫儒者乃有用之为奸，则迹不足恃也。"此解亦谓以《诗》《礼》发冢，非谓求《诗》《礼》发冢）大儒胪传曰："东方作矣，事之若何？"小儒曰："未解裙襦，口中有珠。《诗》固有之曰：'青青之麦，生于陵陂。生不布施，死何食珠为？'"接其鬓，擪其频，儒以金椎控其颐，徐别其颊，无伤口中珠！

这是极端刻画的形容，但礼云乐云而性无所忍，势至弄出这些怪样子来的。

墨子出于礼云乐云之儒者环境中，不安而革命，所以墨家所用之具全与儒同，墨家所标之义全与儒异。儒者称《诗》《书》，墨者亦称《诗》《书》；儒者道《春秋》，墨者亦道《春秋》（但非止《鲁春秋》）；儒者谈先王、谈尧舜，墨者亦谈先王、谈尧舜；儒者以禹为大，墨者以禹为至；儒墨用具之相同远在战国诸子中任何两家之上。然墨者标义则全是向儒者痛下针砭。今作比较表如下：

墨者义	儒者义	附记
尚贤《墨子》："古者圣王甚尊，尚贤而任使能，不党父兄，不偏贵富，不嬖颜色"	**亲亲**如孟子所举舜封弟象诸义，具见儒者将亲亲之义置于尚贤之前	儒者以家为国，墨子以天下为国。故儒者治国以宗法之义，墨者则以一视同仁为本
尚同一切上同于上，"上同乎天子，而未尚同乎天者，则大菑将犹未止也"	**事有差等** 儒者以为各阶级应各尽其道以事上，而不言同乎上，尤不言尚同乎天	尚同实含平等义，儒者无之
兼爱例如"报怨以德"之说。墨子以为人类之间无"此疆尔界"	**爱有等差**例如《孟子》："有人于此，越人关弓而射之，则己谈笑而道之；其兄关弓而射之，则己垂涕泣而道之。"孟子之性善论如此	
非攻非一切之攻战 **节用** **节葬**	**别义**战与不义战 **居俭侈之间** **厚葬**	《韩非子》："儒者倾家而葬，人主以为孝；墨者薄葬，人主以为俭。"此为儒墨行事最异、争论最多之点

天志墨子明言天志，以为“天欲义而恶其不义”	**天命**儒者非谓天无志之自然论者，但不主明切言之。《论语》：“天何言哉？四时行焉，百物生焉。”又每以命为天，《孟子》：“吾之不遇鲁侯，天也。”	此两事实一体。儒者界于自然论及宗教家之中，而以甚矛盾之行事成其不可知之谊
明鬼确信鬼之有者	**敬鬼神而远之**《论语》：“祭如在，祭神如神在。”又“未能事人，焉能事鬼？”	
非乐	**放郑声而隆雅乐**	
非命	**有命**《论语》：“道之将行也与？命也！道之将废也与？命也！公伯寮其如命何？”《孟子》：“吾之不遇鲁侯，天也！臧氏之子，焉能使予不遇哉？”儒者平日并不言命，及失败时，遂强颜谈命以讳其失败。	

就上表看，墨者持义无不与儒歧别。其实逻辑说去，儒墨之别常是一个度的问题：例如儒者亦主张任贤使能者，但更有亲亲之义在上头；儒者亦非主张不爱人，如魏牟、杨朱者，但谓爱有差等；儒者亦非主战阵，如纵横家者，但还主张义战；儒者亦非无神无鬼论者，但也不主张有鬼。乐、葬两事是儒墨行事争论的最大焦点，但儒者亦放郑声，亦言“礼与其奢也宁俭，丧与其易也宁戚”。然而持中者与极端论者总是不能合的，两个绝相反的极端论者，精神上还有多少的同情；极端论与持中者既不同道，又不同情，故相争每每最烈。儒者以为凡事皆有差等，皆有分际，故无可无不可。在高贤尚不免于妥协之

过，在下流则全成伪君子而已。这样的不绝对主张，正是儒者不能成宗教的主因；虽有些自造的礼法制度，但信仰无主，不吸收下层的众民，故只能随人君为抑扬；不有希世取荣之公孙弘，儒者安得那样快当的成正统啊！

八 《老子》五千言之作者及宗旨

汪容甫《老子考异》一文所论精澈，兹全录之如下：

《史记·孔子世家》云："南宫敬叔与孔子俱适周问礼，盖见老子云。"《老庄申韩列传》云："孔子适周，问礼于老子。"按老子言行今见于曾子问者凡四，是孔子之所从学者可信也。夫助葬而遇日食，然且以见星为嫌，止柩以听变，其谨于礼也如是；至其书则曰："礼者忠信之薄，而乱之首也。"下殇之葬，称引周召史佚，其尊信前哲也如是；而其书则曰："圣人不死，大盗不止。"彼此乖违甚矣！故郑注谓"古寿考者之称"，黄东发《日钞》亦疑之，而皆无以辅其说。其疑一也。本传云："老子，楚苦县厉乡曲仁里人也。"又云："周守藏室之史也。"按周室既东，辛有入晋（《左传》昭二十年），司马适秦（《太史公自序》），史角在鲁（《吕氏春秋·当染篇》），王官之符，或流播于四方，列国之产，惟晋悼尝仕于周，其他固无闻焉。况楚之于周，声教中阻，又非鲁郑之比。且古之典籍旧闻，惟在瞽史，其人并世官宿业，羁旅无所置其身。其疑二也。本传又云："老子，隐君子也。"身为王官，不可谓隐。其疑三也。今按《列子·黄帝》《说符》二篇，凡三载列子与关尹子答问之语。（《庄子·达生篇》与

《列子·黄帝篇》文同,《吕氏春秋·审己篇》与《列子·说符篇》同。）而列子与郑子阳同时，见于本书。《六国表》，“郑杀其相驷子阳”，在韩列侯二年，上距孔子之殁凡八十二年。关尹子之年世既可考而知，则为关尹著书之老子，其年亦从可知矣。《文子·精诚篇》引《老子》曰:“秦楚燕魏之歌，异传而皆乐。”按，燕终春秋之世，不通盟会。《精诚篇》称燕自文侯之后始与冠带之国（燕世家有两文公，武公子文公,《索隐》引《世本》作闵公，其事迹不见于《左氏春秋》，不得谓始与冠带之国。桓公子亦称文公，司马迁称其予车马金帛以至赵，约六国为从，与文子所称时势正合）。文公元年上距孔子之殁凡百二十六年，老子以燕与秦楚魏并称，则老子已及见文公之始强矣。又魏之建国，上距孔子之殁凡七十五年，而老子以之与三国齿，则老子已及见其侯矣。《列子·黄帝篇》载老子教杨朱事,(《庄子·寓言篇》文同，惟以朱作子居。今江东读朱如居。张湛注《列子》云：朱字子居。非也)《杨朱篇》禽子曰:“以子之言问老聃关尹，则子言当矣；以吾言问大禹墨翟，则吾言当矣。”然则朱固老子之弟子也。又云:“端木叔者，子贡之世也。”又云:“其死也，无瘗埋之资。”又云:“禽滑釐曰：端木叔狂人也，寻其祖矣。段干生曰：端木叔达人也，德过其祖矣。”朱为老子之弟子，而及见于贡之孙之死，则朱所师之老子不得与孔子同时也。《说苑·政理篇》:“杨朱见梁主，言治天下如运诸掌。”梁之称王自惠王始，惠王元年上距孔子之殁凡百十八年。杨朱已及见其王，则朱所师事之老子其年世可知矣。《本传》云:“见周之衰，乃遂去，至关。”《抱朴子》以为散关，又以为函谷关。按：散关远在岐州，秦函谷关在灵宝县，正当周适秦之道，关尹又与郑之列子相接，则以函谷为是。函谷之置，书无明文。当孔子之世，二崤犹在晋地，桃林之塞，詹瑕实守之。惟贾谊《新书·过秦篇》云："秦孝公据崤函之固。"则是旧有其地矣。秦自躁怀以后，数世中衰，至献公而始大，故《本纪》献公二十一年："与晋战于石门，斩首六万。"二十三年："与魏晋战少梁，虏其将公孙痤。"然则是关之置，在献公之世矣。由是言之，孔子所问礼者，聃也，其人为周守藏室之史，言与行则曾子问所在者是也。周太史儋见秦献公，《本纪》在献公十一年，去魏文侯之殁十三年，而老子之子宗为魏将，封于段干，(《魏世家》：安釐王四年，魏将段干子请予秦南阳以和。《国策》：华军之战，魏不胜秦，明年将使段干崇割地而讲。《六国表》：秦昭王二十四年，白起击魏华阳军。按，是时上距孔子之卒，凡二百一十年）则为儋之子无疑。而言道德之意五千余言者，儋也。其入秦见献公，即去周至关之事。《本传》云："或曰，儋即老子。"其言韪矣。至孔子称老莱子，今见于太傅礼卫将军《文子篇》，《史记·仲尼弟子列传》亦载其说，而所云贫而乐者，与隐君子之文正合。老莱之为楚人，又见《汉书·艺文志》，盖即苦县厉乡曲仁里也。而老聃之为楚人，则又因老莱子而误，故《本传》老子语孔子"去子之骄色与多欲，态心与淫志"。而《庄子·外物篇》则曰，老莱子谓孔子"去汝躬矜与汝容知"。《国策》载老莱子教孔子语，《孔丛子·抗志篇》以为老莱子语子思，而《说苑·敬慎篇》则以为常枞教老子。(《吕氏春秋·慎大篇》：表商容之闾。高诱注：商容，殷之贤人，老子师也。商常、容枞，音近而误。《淮南·主术训》，表商容之间。 注同。《缪称训》，老子学商容，见舌而知守柔矣。《吕氏春秋·离谓篇》，箕子商容以此穷。注：商容，纣时贤人，老子所从学也）然则老莱子之称老子也旧矣，实则三人不相蒙也。若《庄子》载老聃之言，率原于道德之意，而《天道篇》载老子西藏书于周室，尤误后人。"寓言十九"，固已自揭之矣。

容甫将《老子列传》中之主人分为三人，而以著五千文者为史儋，孔子问礼者为老聃，家于苦县者为老莱子。此种分析诚未必尽是，然实是近代考证学最秀美之著作。若试决其当否，宜先审其推论所本之事实，出自何处。（一）容甫不取《庄子》，以为"寓言十九，固自揭之"。按，今本《庄子》，实向秀、郭象所定之本，（见《晋书》本传）西晋前之《庄子》面目，今已不可得见，郭氏于此书之流行本，大为删刈。《经典释文》卷一引之曰："故郭子云，一曲之才，妄窜奇说，若阏奕意修之首，危言游凫子胥之篇，凡诸巧杂十分有三。"子玄非考订家，其所删削，全凭自己之理会可知也。《庄子》之成分既杂，今本面目之成立又甚后，（说详下文释《庄子》节）则《庄子》一书本难引为史料。盖如是后人增益者，固不足据；如诚是自己所为，则"寓言十九，固已自揭之"也。《庄子》书中虽有与容甫说相反者，诚未足破之。（二）容甫引用《列子》文，《列子》固较《庄子》为可信耶？《列子》八篇之今本，亦成于魏晋时，不可谓其全伪，以其中收容有若干旧材料也。不可谓其不伪，以其编制润色增益出自后人也。《列子》书中所记人事，每每偶一覆核，顿见其谬者。今证老子时代，多取于此，诚未可以为定论。

然有一事足证汪说者。《史记》记老子七代孙假仕汉文朝，假定父子一世平均相差三十五年不为不多，老子犹不应上于周安王。安王元年，上距孔子之生犹百余年。且魏为诸侯在威烈王二十三年（西历前四〇三），上距孔子之卒（西历前四七九）七十六年。若老子长于孔子者，老子之子焉得如此之后？又《庄子·天下篇》(《天下篇》之非寓言，当无异论），关尹老聃并举，关尹在前，老聃在后。关尹生年无可详考，然周故籍以及后人附会，无以之为在诸子中甚早者。关尹如此，老子可知。《史记》记老子只四事：（一）为周守藏史；（二）孔子问礼；（三）至关见关尹；（四）子宗仕魏。此四事除问礼一事外，无不与儋合。（儋为周史，儋入关见秦献公，儋如有子，以时代论恰可仕于魏。）容甫所分析宜若不误也。五千言所谈者，大略两端：一、道术；二、权谋。此两端实亦一事，道术即是权谋之扩充，权谋亦即道术之实用。“知其雄，守其雌，为天下溪；知其荣，守其辱，为天下谷”；“人皆取先，己独取后”云云者，固是道术之辞，亦即权谋之用。五千言之意，最洞澈世故人情。世当战国，人识古今，全无主观之论，皆成深刻之言。“将欲取之，必故与之”，即荀息灭虢之策，阴谋之甚者也。“夫惟弗居，是以不去”，即所谓“精华既竭，褰裳去之”者之廉也。故《韩非子》书中《解老》《喻老》两篇所释者，诚老子之本旨；谈道术乃其作用之背景，阴谋术数乃其处世之路也。“当其无，有车之用”，实帝王之术；“国之利器，不可示人”，亦御下之方。至于柔弱胜刚强，无事取天下，则战国所托黄帝、殷甲、伊尹、太公皆如此旨。并竞之世，以此取敌；并事一朝，以此自得。其言若抽象，若怪谲，其实乃皆人事之归纳，处世之方策。《解老》以人间世释之，《喻老》以故事释之，皆最善释老者。王辅嗣敷衍旨要，固已不及；若后之侈为玄谈，曼衍以成长论，乃真无当于老子用世之学者矣。《史记》称汉文帝好黄老刑名，今观文帝行事，政持大体，令不扰民，节用节礼，除名除华，居平勃之上，以无用为用，介强藩之中，以柔弱克之，此非庸人多厚福，乃是帷幄有深谋也。洛阳贾生，虽为斯公再传弟子，习于刑名，然年少气盛，侈言高论，以正朔服色动文帝，文帝安用此扰为？窦太后问辕固生《老子》何如，辕云："此家人言耳。"可见汉人于《老子》以为处世之论而已，初与侈谈道体者大不同，尤与神仙不相涉也。又汉初为老学者曰黄老。黄者或云黄帝，或云黄生（例如夏曾佑说）。黄生汉人，不宜居老之上。而《汉·志》列黄帝者四目，兵家举黄帝风后力牧者，又若与道家混。是黄老之黄，乃指黄帝，不必有异论。五千文中，固自言"以正治国，以奇用兵，以无事取天下"；则无为之论，权谋术数之方，在战国时代诚可合为一势者矣。

综上所说，约之如下：五千文非玄谈者，乃世事深刻归纳。在战国时代，全非显学。孔子孟子固未提及，即下至战国末，荀子非十二子，老氏关尹不与；韩非斥显学，绝五蠹，道家黄老不及之；仅仅《庄子·天下篇》一及之，然所举关尹之言乃若论道，所称老聃之言只是论事。《庄子·天下篇》之年代，盖差前乎荀卿，而入汉后或遭润色者（说别详）。是战国末、汉初之老学，应以《韩子》《解》《喻》两篇者为正。文帝之治，为其用之效；合阴谋，括兵家，为其域之广。留侯黄石之传说，河上公之神话，皆就"守如处女，出如脱兔"之义敷衍之，进为人君治世之衡，退以其说为帝王师，斯乃汉初之黄老面目。史儋以其职业多识前言往行，处六百年之宗主国，丁世变之极殷（战国初年实中国之大变，顾亭林曾论之），其制五千言固为情理之甚可能者。今人所谓"老奸巨猾"者，自始即号老矣。申韩刑名之学，本与老氏无冲突处；一谈其节，一振其纲，固可以刑名为用，以黄老为体矣。此老氏学最初之面目也。

“老学既黄”（戏为此词），初无须大变老氏旨也。盖以阴谋运筹帷幄之中，以权略术数决胜千里之外，人主之取老氏者本以此，则既黄而兵家权略皆入之，亦固其所。然黄帝实战国末汉初一最大神道，儒道方士神仙兵家法家皆托焉，太史公足迹所至，皆闻其神话之迹焉（见《五帝本纪·赞》）。则既黄而杂亦自然之势矣。老学一变而杂神仙方士，神仙方士初与老氏绝不相涉也（白居易诗“玄元圣祖五千言，不言药，不言仙，不言白日升青天”）。神仙方士起于燕齐海上，太史公记之如此，本与邹鲁之儒学无涉，周郑三晋之道论（老子）官术（申韩）不相干。然神仙方术之说来自海滨，无世可纪，不得不比附显学以自重于当时。战国末显学儒墨也（见《韩非子》），故秦始皇好神仙方士，乃东游，竟至邹峄山，聚诸生而议之。其后怒求神仙者之不成功，大坑术士，而扶苏谏曰：“诸生皆诵法孔子，今上皆重法绳之，臣恐天下不安。”坑术士竟成坑儒，则当时术士自附于显学之儒可知。儒者在战国时，曾西流三晋，南行楚吴；入汉而微，仅齐鲁之故垒不失。文景时显学为黄老，于是神仙方士又附黄老，而修道养性长寿成丹各说皆与老子文成姻缘，淮南一书，示当时此种流势者不少。故神仙方士之入于道，时代为之，与本旨之自然演化无涉也。

武帝正儒者之统，行阴阳之教，老学遂微。汉初数十年之显学，虽式微于上，民间称号终不可息。且权柄刑名之论，深于世故者好取之，驭下者最便之，故宣帝犹贤黄老刑名，而薄儒术。后世治国者纵惯以儒术为号，实每每阴用黄老申韩焉。又百家废后，自在民间离合。阴阳五行既已磅礴当世，道与各家不免借之为体。试观《七略》《汉·志》论次诸子，无家不成杂家，非命之墨犹须顺四时而行（阴阳家说），其他可知矣。在此种民间混合中，老子之号自居一位，至于汉末而有黄巾道士，斯诚与汉初老学全不相涉也。

东汉以来，儒术凝结，端异者又清澈之思，王充仲长统论言于前，王弼钟会注书于后，于是老氏之论复兴。然魏晋之老乃庄老，与汉初黄老绝不同。治国者黄老之事，玄谈者庄老之事。老庄之别，《天下篇》自言之：老乃世事洞明，而以深刻之方术驭之者；庄乃人情练达，终于感其无何奈何，遂“糊里糊涂以不了了之”者。魏晋间人，大若看破世间红尘，与时俯仰，通其狂惑（如阮嗣宗），故亦卮言曼行，“以天下为沉浊不可与庄语”，此皆庄书所称。若老子则有积极要求，潜藏虽有之，却并非“不谴是非以与世俗处”者。干令升《晋纪·总论》云：“学者以庄老为宗而绌六经”，不言老庄。太史公以庄释老，遂取庄书中不甚要各篇，当时儒道相绌之词，特标举之。甚不知庄生自有其旨。魏晋人又以老释庄，而五千言文用世之意，于以微焉。例如何平叔者，安知陈张萧曹之术乎？乃亦侈为清谈，超机神而自比于犹龙，志存吴蜀，忘却肘腋之患，适得子房之反，运筹千里之外，决败帷幄之中矣。此种清谈绝非《老子》之效用也。

老学之流变既如上述，若晋人葛洪神仙之说，魏人寇谦之符录之术，皆黄巾道士之支与裔，与老子绝无涉者。老莱子一人，《孔子弟子列传》既引之，大约汉世乃及战国所称孔子问礼之事每以老莱子当之；以老聃当之者，其别说也。孔子事迹后人附会极多，今惟折中于《论语》，差为近情。《论语》未谈孔子问礼事，然记孔子适南时所受一切揶揄之言，如长沮、桀溺、荷蓧丈人、接舆等等，而凤兮之叹流传尤多。孔子至楚乃后来传说，无可考证，若厄陈蔡则系史实。苦为陈邑，孔子卒时陈亡于楚，则老莱子固可为孔子适陈蔡时所遇之隐君子，苦邑人亦可因陈亡而为楚人厉，之与莱，在声音上同纽，或亦方言之异也。老莱子责孔子以“去汝躬矜与汝容知”之说，容有论事，则老莱亦楚狂一流之人；不然，亦当是凭借此类故事而生之传说，初无涉乎问礼。及老聃（或史儋）之学浸浸与显学之儒角逐，孔老时代相差不甚远，从老氏以绌儒学者，乃依旧闻而造新说，遂有问礼之论，此固是后人作化胡经之故智。六朝人可将老聃释迦合，战国末汉初人独不可将仲尼老聃合乎？《论语》《孟子》《荀子》及《曲礼》《檀弓》诸篇，战国儒家史今存之材料也，其中固无一言及此，惟《曾子问》三言之。今观《曾子·檀弓问》所记，皆礼之曲节，阴阳避忌之言，傅会掌故之语，诚不足当问礼之大事。明堂《戴记》中，除《曲礼》数篇尚存若干战国材料外，几乎皆是汉博士著作或编辑，前人固已言其端矣。（太史公、班孟坚、卢植明指王制为汉文时博士作。甚显之《中庸》，亦载“今天下车同轨”及“载华岳而不重”之言。）

附记：韩文公已开始不信问礼事，《原道》云：“老者曰，孔子，吾师之弟子也。为孔子者习闻其说，乐其诞而自小也，亦曰吾师亦尝师之云尔。不惟举之于其口，而又笔之于其书。”然《史记》一书杂老学，非专为儒者。

儋、聃为一人，儋、聃亦为一语之方言变异。王船山曰：“老聃亦曰太史儋。儋、聃音盖相近。”毕沅曰：“古赡、儋字通。《说文解字》有聃，云：‘耳曼也’；又有聸字，云：‘垂耳也，南方聸耳之国’。《大荒北经》《吕览》聸耳字并作儋。又《吕览》老聃字，《淮南王书》聸耳字，皆作耽。《说文解字》有耽字，云：‘耳大垂也。’盖三字声义相同，故并借用之。”此确论也。儋、聃即为一字之两书。孔子又安得于卒后百余年从在秦献公十一年入关之太史儋问礼乎？总而言之，果著五千文者有人可指当为史儋，果孔子适南又受揶揄，当为老莱子也。

上说或嫌头绪不甚清晰，兹更约述之。

一、《老子》五千言之作者为太史儋，儋即为老聃，后于孔子。此合汪、毕说。

二、儋、聃虽一人，而老莱则另一人，莱、厉或即一语之转。

三、孔子无问礼事，《曾子问》不可据。问礼说起于汉初年儒老之争。

四、始有孔子受老莱子揶揄之传说，后将老子代老莱。假定如此。

五、老子书在战国非显学，入汉然后风靡一世。

六、老庄根本有别，韩子书中《解老》《喻老》两篇，乃得《老子》书早年面目者。

《庄子》书最杂，须先分析篇章然后可述说指归，待于下篇中详辨之。

九　齐晋两派政论

一种政论之生不能离了他的地方人民性，是从古到今再显明没有的事情。例如放任经济论之起于英，十八世纪自由论之起于法，国家论及国家社会论起于德，所谓“拜金主义”者之极盛于美，都使我们觉得有那样土田，才生那样草木。中国在春秋战国间东西各部既通而未融，既混而未一，则各地政论之起，当因地域发生很不同的倾向，是自然的事。战国时风气最相反的莫如齐秦。一以富著，一以强称；一则宽博，一则褊狭；一则上下靡乐，一则人民勇于公战；一则天下贤士皆归之，一则自孝公以来即燔灭诗书（见《韩非子·和氏篇》）。齐则上下行商贾之利，秦则一个纯粹的军国家。齐之不能变为秦，犹秦之难于变为齐。秦能灭齐而不能变其俗，秦地到了汉朝，为天下之都，一切之奢侈皆移于关中，而近秦之巴蜀，山铁之富甲于世间，然后其俗少变，然关西犹以出将著闻。（时谚：关东多相，关西多将。）在这样的差异之下，齐晋各有其不同的政治，亦即各有其政论是应该的。

但秦在缪公一度广大之后，连着几代不振作，即孝公令中所谓“厉躁简公出子之不宁”者。及献、孝两世，然后又有大志于中国，而关东贤士，因秦地自然之俗而利导之，如卫鞅。不有关东贤士，无以启秦地之质；不有秦地之质，亦无以成关东贤士之用。此样政治之施用在秦，而作此样政论者则由三晋。晋在初年亦全是一个军国家，和东方诸侯不同，和秦国历代姻戚，边疆密迩，同俗之处想必甚多。即如晋国最大之赵孟，本是秦之同宗，晋之大夫出奔，每至于秦。晋在后来既强大，且富庶，渐失其早年军国的实在。既分为三之后，只有赵国尚保持早年的武力；韩魏地当中国，无土可启，（魏始有上郡，后割于秦，遂失边境。）有中土之侈靡可学，遂为弱国。在不能开富不能启土范围之内，想把国家弄得强且固，于是造成一种官术论，即所谓中子之学；而最能实行这些官术论者，仍然是秦。

所以战国时的政治论，略去小者不言，大别有东西两派。齐为东派，书之存于后者有《管子》《晏子》。这个政论的重要题目，是：如何用富而使人民安乐，如何行权而由政府得利，如何以富庶致民之道德，如何以富庶戒士卒之勇敢，如何富而不侈，如何庶而不淫。《管子》书中论政全是以经济为政治论，《晏子》书论政全是以杜大国淫侈为政体论。反观韩魏官术之论及其行于秦国之迹，则全不是这些话。富国之术，只谈到使民务本事，而痛抑商贾之操纵，执法立信，信赏必罚，“罚九赏一”“燔灭诗书”，重督责而绝五蠹（《商君书》作“六虱”）。盖既富之国，应用其富，而经济政策为先（齐）；既衰之国，应强其政，而刑名之用为大（韩魏）；新兴之国，应成一种力大而易使之民俗，以为兼并之资，而所谓商君之法者以兴。这便是《管子》《晏子》书对于《商君》《韩非》书绝然不同的原因。

管晏商韩四部书都很驳杂，须待下篇论诸子分析时详说。此处但举齐学晋论几个重要分素。

齐学 《管子》书没有一个字能是管子写的，最早不过是战国中期的著作，其中恐怕有好些是汉朝的东西。今姑以太史公所见几篇为例。《牧民》《山高》《乘马》《轻重》之旨要，太史公约之云：

> 管仲既任相齐，以区区之齐在海滨，通货积财，富国强兵，与俗同好恶。故其称曰："仓廪实而知礼节，衣食足而知荣辱，上服度则六亲固，四维不张国乃灭亡。下令如流水之原，令顺民心。"故论卑而易行。俗之所欲，因而与之；俗之所否，因而去之。其为政也，善因祸而为福，转败而为功。贵轻重，慎权衡。桓公实怒少姬，南袭蔡，管仲因而伐楚，责包茅不入贡于周室。桓公实北征山戎，而管仲因而令燕修召公之政。于柯之会，桓公欲背曹沫之约，管仲因而信之。诸侯由是归齐。故曰：知"与之为取"，政之宝也。

轻重权衡，《管子》书中言之极详，现在不举例。《管子》书中义，谲中有正，变中有常，言大而夸，极多绝不切实用者。如《轻重戊》一段，思将天下买得大乱，而齐取之；齐虽富，焉能这样？这固全是齐人的风气。然其要旨皆归于开富源以成民德，治民对邻，皆取一种适宜的经济政策。《晏子》书文采甚高，陈义除贬孔丘外，皆与儒家义无相左处。齐人好谏，好以讽辞为谏，晏子实淳于髡所慕而为其隐语讽辞者（见《史记》）。齐人后来且以三百篇为谏书。

三晋论 齐虽那样富，"泱泱乎大国风"，但其人所见颇鄙，大有据菑莱而小天下之意。孟子每言齐人所见不广，妄以自己所有为天下先。如云："子诚齐人也，知管仲晏子而已矣！"若晋则以密迩东西周之故，可比齐人多知道天下之大，历史之长。又以历为百余年中国伯主，新旧献典，必更有些制作，故三晋政论当不如齐国之陋，然又未免于论术多而论政少，或竟以术为政。关于刑名之学之所起，《淮南·要略》说得很好。

> 申子者，韩昭侯之佐。韩，晋之别国也。地墽民险，而介于大国之间。晋国之故礼未灭，韩国之新法重出，先君之令未收，后君之令又下，新故相反，前后相缪，百官背乱，莫知所用：故刑名之书生焉。（此言亦见《韩子·定法篇》。《韩子》书不出一人手，不知此言是谁抄谁者。）

申子刑名之学用于秦晋，用于汉世。此种官术自其小者言之，不过是些行政之规，持柄之要。申子书今虽不可见，然司马子长以为“申子卑卑施之于名实”。大约还没有很多的政治通论。不过由综核名实发轫，自然可成一种溥广的政论。所以韩子之学，虽许多出于名实之外，然“引绳墨，切事情”，亦即名实之推广，不必因狭广分申韩为二；两人亦皆是韩地的地道出产。申子书今佚，然故书所传申子昭侯事，颇有可引以证其作用者。

> 申子尝请仕其从兄，昭侯不许，申子有怨色。昭侯曰：“所为学于子者，欲以治国也。今将听子之谒，而废子之术乎？已其行子之术，而废子之请乎？子尝教寡人修功劳，视次第。今有所私求，我将奚听乎？”申子乃辟舍请罪，曰：“君真其人也！”
>
> 昭侯有敝袴，命藏之。侍者曰：“君亦不仁者矣！不赐左

右而藏之。”昭侯曰：“吾闻明王爱一颦一笑，颦有为颦，笑有为笑。今袴岂特颦笑哉？吾必待有功者！”（上两事见《韩子》《说苑》等。文从《通鉴》所引。）

《韩非子》的杂篇章多是些申申子之意者，但韩非政论之最精要处在《五蠹》《显学》两篇，这是一个有本有末的政论，不可仅把他看作是主张放弃儒墨文学侠士者。《显学》已抄在前篇；《五蠹》文长，不录。

《商君书》纯是申韩一派中物，《靳令篇》言“六虱”，即《韩子》中“五蠹”之论。商君绝不会著书，此书当是三晋人士因商君之令而为之论。《韩非子》说家有其书，则托于商君之著书，战国末年已甚流行，《韩非子》议论从其出者不少。

我们现在可以申韩商君为一派，而以为其与齐学绝不同者，《韩非子》书中有显证。

（《定法》第四十三）问者曰：“申不害、公孙鞅，此二家之言孰急于国？”应之曰：“是不可程也。人不食十日则死，大寒之隆，不衣亦死，论之衣食孰急于人，则是不可一无也，皆养生之具也。今申不害言术，而公孙鞅为法。术者，因任而授官，循名而责实，操杀生之柄，课群臣之能者也；此人主之所执也。法者，宪令著于官府，赏罚必于民心，赏存乎慎法，而罚加乎奸令者也；此臣之师也。君无术则弊于上，臣无法则乱于下，此不可一无，皆帝王之具也。”

（同篇下文又云）二子之于法术，皆未尽善也。

（《难二》第三十七）景公过晏子，曰：“子宫小，近市，请徙子家豫章之圃。”晏子再拜而辞曰：“且婴家贫，待市食而朝暮趋之，不可以远。”景公笑曰：“子家习市，识贵贱乎？”是时景公繁于刑。晏子对曰：“踊贵而屦贱。”景公曰：“何故？”对曰：“刑多也。”景公造然变色曰：“寡人其暴乎？”于是损刑五。或曰，“晏子之贵踊，非其诚也，欲便辞以止多刑也。此不察治之患也。夫刑当，无多；不当，无少。无以不当闻，而以太多说。无术之患也。败军之诛以千百数，犹且不止，即治乱之刑如恐不胜，而奸尚不尽。今晏子不察其当否，而以太多为说，不亦妄乎？夫惜草茅者耗禾穗，惠盗贼者伤良民。今缓刑罚，行宽惠，是利奸邪而害善人也。此非所以为治也。”

齐桓公饮酒，醉，遗其冠，耻之，三日不朝。管仲曰：“此非有国之耻也。公胡不雪之以政？”公曰：“善。”因发仓囷，赐贫穷，论囹圄，出薄罪。处三日而民歌之曰：“公乎！公乎！胡不复遗其冠乎？”

或曰：“管仲雪桓公之耻于小人，而生桓公之耻于君子矣！使桓公发仓囷而赐贫穷，论囹圄而出薄罪，非义也，不可以雪耻；使之而义也，桓公宿义，须遗冠而后行之，则是桓公行义非为遗冠也；是虽雪遗冠之耻于小人，而亦遗义之耻于君子矣。且夫发囷仓而赐贫穷者，是赏无功也；论囹圄而出薄罪者，是不诛过也。夫赏无功则民偷，幸而望于上；不诛过则民不惩，而易为非。此乱之本也，岂可以雪耻哉？”

按，上段必是当时流行《晏子》谏书中一节，下段必是当时流行《管子》书中一节，所谓“因祸以为福，转收以为功”者。为韩子学者，皆不取此等齐人政论。

今本管韩书中皆多引用《老子》文句处，管子在《汉·志》中列入道家，而太史公以为申韩皆原于道德之义。按，此非战国末年事，此是汉初年编辑此类篇章者加入之彩色，待下篇论诸子文籍分析时详说。

十　梁朝与稷下

战国时五光十色的学风，要有培植的所在，犹之乎奇花异树要有他们的田园。欧洲十七八世纪的异文异说，靠诸侯朝廷及世族之家的培养；十九世纪的异文异说，靠社会富足能养些著文卖书的人。战国时诸子，自也有他们的生业，他们正是依诸侯大族为活的。而最能培植这些风气的地方，一是梁朝，一是稷下。这正同于路易王李失路丞柏下之巴黎，伏里迭利二世之柏林，加特林后之彼得斯堡。

梁朝之盛，在于文侯之世。

> (《史记·魏世家》) 文侯之师田子方……文侯受子贡经艺，客段千木，过其闾，未尝不轼也。
>
> 秦尝欲伐魏。或曰：魏君贤人是礼，国人称仁，上下和合，未可图也。文侯由此得誉于诸侯。

《汉志·儒家》有《魏文侯》六篇，早已佚。然《乐记》《吕览》《说苑》《新序》引魏文侯事语甚多，盖文侯实是战国时最以礼贤下士重师崇儒著闻者。《汉志·儒家·魏文侯》六篇后又有《李克》七篇，班注云："子夏弟子，为魏文侯相。"子夏说教西河，是儒学西行一大关键。禽滑釐相传即于此受业。文侯朝中又有吴起，亦儒者曾参弟子。

文侯卒，武侯立。文侯武侯时魏甚强。武侯卒，公孙缓与惠侯争立，几乎亡国。惠王初年，魏尚强，陵厉韩赵，后乃削于齐楚，尤大困于秦，去安邑而徙大梁。《史记·魏世家》："惠王数败于军旅，卑礼厚币，以招贤者。邹衍，淳于髡，孟轲，皆至梁。"惠侯卒（惠王之称王乃追谥，见《史记》），襄王立，更削于秦。卒，哀王立。哀王卒，昭王立，魏尤削于秦。昭王卒，安釐王立。是时魏以"一万乘之国……西面而事秦，称东藩，受冠带，祠春秋"。然以信陵君之用，存邯郸，却秦军，又"率五国兵攻秦，败之河内，走蒙骜"。自秦献、孝东向以临诸侯之后，关东诸侯无此盛事。《韩非子·有度篇》以齐桓楚庄魏安釐之伯合称。魏安釐王必也是一个好文学者，不然他家中不会有许多书。

（《晋书·束晳传》）初，太康二年，汲郡人不準盗发魏襄王墓，或言安釐王冢，得竹书数十车。其纪年十三篇，记夏以来至周幽王为犬戎所灭，以晋接之，三家分，仍述魏事，至安釐王之二十年。盖魏国史书，大略与《春秋》皆多相应。其中经传大异，则云：夏年多殷，益干启位，启杀之；太甲杀伊尹；文丁杀季历；自周受命至穆王百年，非穆王寿百岁也；幽王既亡，有共伯和者摄行天子事，非二相共和也。其《易经》二篇与《周易·上下经》同，《易繇阴阳卦》二篇，与《周易》略同，《繇辞》则异。《卦下易经》一篇，似说卦而异。《公孙段》二篇，公孙段与邵陟论《易》。《国语》三篇，言楚晋事。《名》三篇，似《礼记》，又似《尔雅》《论语》。《师春》一篇，书《左传》诸卜筮，师春似是造书者姓名也。《琐语》十一篇，诸国卜梦妖怪相书也。《梁丘藏》一篇，先叙魏之世数，次言丘藏金玉事。《缴书》二篇，论戈射法。《生封》一篇，帝王所封。《大历》二篇，邹子谈天类也。《穆天子传》五篇，言周穆王游行四海，见帝台西王母。《图诗》一篇，画赞之属也。又杂书十九篇，周食田法，周书，论楚事，周穆王美人盛姬死事。大凡七十五篇。七篇简书折坏，不识名题。冢中又得铜剑一枚，长二尺五寸。漆书皆科斗字。初发冢者烧策照取宝物，及官收之，多烬简断札。文既残缺，不复诠次。

烧策之余，尚有如许多书，恐怕当时诸侯不是人人这样好学罢？魏地入秦，大梁为墟，（见《史记·魏世家·赞》）历经楚汉，王侯易主，而梁朝在汉之盛犹以多文学贤士闻，梁地风气所流者远矣。

齐以其富更可以致天下贤士，炫于诸侯。《史记·孟荀列传》：

自驺衍与齐之稷下先生，如淳于髡、慎到、环渊、接子、田骈、驺奭之徒，各著书，言治乱之事，以干世主，岂可胜道哉？……自如淳于髡以下，皆命曰列大夫，为开第康庄之衢，高门大屋，尊宠之，览天下诸侯宾客，言齐能致天下贤士也。……田骈之属皆已死。齐襄王时，而荀卿最为老师。齐尚修列大夫之缺，而荀卿三为祭酒焉。

又《田完世家》：

宣王喜文学游说之士，自如驺衍、淳于髡、田骈、接子、慎到、环渊之徒，七十六人，皆赐列第，为上大夫，不治而议论。是以齐稷下复盛，且数百千人。（按，言复盛必其前曾盛。然《史记》无明文，不知是在威王时或在姜氏朝？）

战国中期方术文学之士闻名于后者，几乎皆是客游梁朝稷下之人，（试以《汉志·诸子略》各家名称较之）可见这样朝廷与这样风气的关系。荀卿时，齐已一度亡于燕，尚修列大夫之缺，梁安釐王亦在四战之世，还都如此。

十一　独行之士

十二　坚白异同之辨

以上两章非仓促所能写就，待后补之。

十三　机祥之重兴与五行说之盛

中国古来和一切古国家一样，都是最重巫卜的。即如安阳殷墟出土卜辞数量之多，可知当时无事不卜。到了周世史官所职，仍以卜事为先。春秋战国时人民的理性大发达，卜事大废，而一切怪力乱神之说为学者所摈弃。乃战国晚年齐国又以他的民间迷信及他的哲学化的迷信——五行论——渐渐普遍中国，这些东西便是汉朝学问思想的一个开端。当时的明理之儒，对这些东西很愤恨的。《史记·荀子列传》："荀卿嫉浊世之政，亡国乱君相属，不遂大道而营于巫祝，信机祥。"《荀子》书中有《非相》等篇，痛论这些物事。《非十二子篇》中排五行论，正是对这种风气而发，不过把造作五行论的罪加在子思孟轲身上，大约是冤枉他们俩了。

阴阳之教，五行之论，消息之说，封禅之事，虽由秦皇汉武之培植而更盛，然秦皇汉武也只是取当时民间的流行物而好尚之，不是有所创造。《汉·志》中所录关于这一类的东西极多，不过现在都不存在，所以这一派在汉之极盛虽是一件显然的事实，而这些齐学之原由，除《史记》论驺衍的一段外，竟无材料可考，我们只知道他是战国末年已成就的一种大风气罢了。

十四　所谓“杂家”

《汉·志》列杂家一门，其叙论曰：“兼儒墨，合名法，知国体之有此，见王治之无不贯。”按，杂而曰家，本不词。但《吕览》既创此体，而《淮南》述之，东方朔等著论又全无一家之归，则兼儒墨合名法而成一家书之现象，在战国晚年已成一段史实。《吕氏春秋》一书，即所谓八览六论十二纪之集合者，在思想上全没有一点创作，体裁乃是后来人类书故事集之祖。现在战国子家流传者，千不得一，而《吕览》取材之渊源，还有好些可以找到的。这样著书法在诸子的精神上是一种腐化，因为儒家果然可兼，名法果然可合，诸子果无不可贯的话，则诸子固已“挫其锐，解其纷，和其光，同其尘”了。稷下诸子不名一家，而各自著其书，义极相反；“府主”并存而不混之，故诸子各尽其长。这个阳翟大贾的宾客，竟为吕氏做这么一部赝书，故异说各存其短。此体至《淮南》而更盛，而《淮南》书之矛盾乃愈多。因吕氏究竟不融化，尚不成一种系统论，孔墨并被称者，以其皆能得众，皆为后世荣之，德容所以并论者，以其兼为世主大人所乐听，此尚是超乎诸子之局外，立于世主大人之地位，而欣赏诸子者。若《淮南》书，则诸子局外之人，亦强入诸子之内，不复立于欣赏辩说之客者地位，而更求熔化得成一系统论。《吕览》这部书在著书体裁上是个创作，盖前于《吕览》者，只闻著篇不闻著成系统之一书。虽慎子著《十二论》以《齐物》为始，仿佛像是一个系统论，但《慎子》残文见于《庄子》等书者甚少，我们无以见他的《十二论》究竟原始要终系统到什么地步。自吕氏而后，汉朝人著文，乃造系统，于是篇的观念进而为书的观念。《淮南》之书，子长之史，皆从此一线之体裁。

《吕氏》《淮南》两书，自身都没有什么内涵价值，然因其为“类书”，保存了不少的早年材料，所以现在至可贵。犹之乎《北堂书钞》《艺文类聚》《太平御览》等书，自身都是无价值的，其价值在其保存材料。《永乐大典》的编制法，尤其不像一部书，然古书为他保存了不少。

十五　预述周汉子家衔接之义

周汉诸子是一气，不能以秦为断，是一件再明显没有的事实。盖入秦而实行的政策如焚书，入汉而盛行的风气，如齐学之阴阳五行，如老子学，如黄帝各论，如神仙，如诸子的淆杂，无不在战国晚年看到一个端绪。而战国各种风气到了汉朝，差不多还都有后世，如儒墨，如名法，如辩士之好尚，乃至纵横，应该是随分裂之歇息而止的了，却反不然，直到武帝朝主父偃尚为纵横长短之术。盖诸子学风气之转移在汉武帝时，武帝前虽汉家天下已七八十年，仍是由战国风流而渐变，武帝以后，乃纯入一新局面。果然以秦为断，在诸子学，在文籍学，乃至在文词学，都讲不通的。不过做文学史的讲义时，不能不迁就时代，所以此论以战国为限者，只为编书之方便，并非史实之真象。

附记：此篇必须与下篇《战国诸子文籍分析》参看，方得持论议。

本所发掘安阳殷墟之经过

——敬告河南人士及他地人士之关心文化学术事业者

敝所安阳殷墟之发掘及研究，事经年余，颇有新义之取获，承过我者期许。惟学术事业，不尚宣传，持未完之工作炫之于众，吾等初不以为当务之急。且本院设置，非袭北庭之旧，实在党国奠都南京之时，尤愿当建国之际会，树坚实之风气，藉洗往者叔世之浮华。故就正世间，当于研究完毕出版时也。不意去年10月在安阳工作，突遭驱逐，经政府主持，河南人士之同情，始于12月29日，取得河南省政府方面解决之约。吾等于河南省政府之解决此事，自当感佩，于河南人士之同情，尤当深谢。雅不欲以过往之事，重誊报章，只望藉数年后发掘事业之成功，表示吾等此日艰苦之行迹而已。不意近见何日章君传单，于事实叙述颇失实在。同人等绝不以与人争论为事，惟亦不便谬居不义之名。故敢叙述往事，以申明吾人之立点，刊落一切感情之言，不作任何讥弹之语，即事涉斗争，责不在我者，亦一并不说。固所以尊重河南省政府解决之雅意，尤所以报称河南贤士之同情也。

一　吾等发掘之原起及工作之宗旨

安阳殷故墟出土龟甲兽骨文字，自前清光绪己亥（1899）迄于去岁（1928），盖三十年。此三十年间，初经王刘两君注意，继经罗氏购求，出土者先后数万片。罗君所得即逾两万，而清宣统间及民国初元每岁仍多私掘，经古董商人辗转售之欧美日本者，尤不可数计。即英籍牧师明义士所藏已达五万片。据前年调查，民国九、十三、十六及十七年春，贩卖者皆有集众挖掘之举，所得龟骨尽已杳无下落。夫殷人卜辞藏地下者，宁有几许？经一度之非科学的搜罗，即减损一部之储积，且因搜求字骨，毁弃他器，紊乱地下情形，学术之损失尤大。而吾国官厅及学人竟孰视若无睹，听此珍贵史迹日就澌灭，亦可哀矣。

殷墟经此三十年之损毁，虽有孙诒让、罗振玉、王国维诸君文字上之贡献，以慰学术，然文字以外之材料，因搜寻字骨而消灭者何止什九？故国人颇以为殷墟又更成墟。盖自旧来玩古董及释文字者之意义论之，实固如此。然近代的考古学更有其他重大之问题，不专注意于文字彝器之端。就殷墟论，吾等已确知其年代，同时并知其地铜器石器兼出。年来国内发掘古代地方，每不能确定时代，如安特生、李济诸君所作，虽生绝大之学术问题，而标年之基本工作，仍不免于猜度。如将此年代确知之墟中所出器物，为之审定，则其他陶片杂器，可以比较而得其先后，是殷墟知识不啻为其他古墟知识作度量也。又如商周生活状态，须先知其居室；商周民族之人类学的意义，须先量其骨骼。兽骨何种，葬式何类。陶片与其他古代文化区有何关系，此皆前人所忽略，而为近代欧洲治史学古学者之重要问题。故吾人虽知河南省内弃置三十年从不过问之殷墟，已有更无遗留之号（罗振玉说），仍颇思一察其实在情形。遂于民国十七年夏，敝院派编辑员董作宾先生前往调查，看其尚续出陶片否。盖所欲知者，为其地下情形，所最欲研究者，为其陶片、战具、工具之类，所最切搜集者，为其人骨兽骨。此告前人所弃，绝无市场价值。至于所谓字骨，有若干人最置意者，乃反是同人所以为众庶重要问题之一，且挖之犹不如买之之廉也。董君于当时前往调查，觉其他尚有可以工作之处，即由院派董君前往试掘。同时商得河南省政府之保护，并由省派张锡晋先生、教育厅派郭宝钧先生协同视察，两旬停工。此前年 11 月事也。其后河南图书馆馆长何日章君，向省政府要求，将所掘龟骨器物陈列于开封。省政府来文国立中央研究院，院即复豫省政府云："本院特派员在各地发掘古物，将来如何陈列，亦仅限于首都及本地博物馆。其有标本多种可以分陈各省者，亦当先征求当地省政府之同意。贵省政府所请以掘出古物留存开封古物陈列所一节，自可酌量办理。"是敝院对出土品物之处置全无私见，可以昭然。且发掘安阳，所求者地下之知识，器物最后之处置，应以便于学人之研究为旨，至于何属，尽不关研究之大体也。去年春，敝院复委托李济先生为本所考古组主任，再赴安阳发掘，重通告河南省政府，并请拨给洹上村平民公园房屋为办事处，一切保护，均邀惠诺。工作两月，颇有成绩。5 月间，军事突兴，驻军忽不知去向，县长亦逃，土匪并起，洹上村危在旦夕。李主任乃以所掘各物，并董君前存安阳高中之物，取出一部，带来北平本所内，编号整理，仍以大部分存洹上村高级中学，以小部分及仪器图书存城内十一中学。旋新来驻军入居本所办事处，又值盛暑，不克田野工作，乃并十一中学所存之一小部分运北平整理，而大部分之存于高级中学者，由办事处之书记工人编录整理之。此经过之事实也。至于器物出土，必先经长期整理，然后可以送至任何一陈列馆者，其情本为治此学者常识所应有，初不必叙说。惟此事误会或即由于此，兹特详之。吾等每掘一坑，必先看其地层上下之全，并为每一物记其层次，及相互距离。此为考古学之根本工作，不如是，则器物时代皆已紊乱，殷唐不分，考古何云？故吾等为器物编号，乃一至细至繁之事，不假以日月，则田野之劳工尽弃，不在所中为之，则不得一切之襄助。编号之后，又须照相、影拓、摹绘等。尤烦杂者，为殷片之凑成、人骨之整理。此项工作每每一件须一人数日之力。至于化验殷铜质料，度量人骨寸厘，尤为科学上烦难之事。若学者之讨论，图书之参考，更须在北平本所内为之，方可有济，尤不待说。故一切出物须先假本所以充分整理之机会，然后分送首都本地陈列，乃此学中常识上当然之事。

吾等一面从事发掘及整理，一面于河南人士对此事业之情感及出土物之存置两事，固无日不在心中。去夏在北平整理，盛暑不辍者，因求著作早出，俾国人共知吾等所致力者何事，亦愿河南人士借为同道之应。并设法敦请在北平河南人士参观，如刘雪亚、李敏修、徐旭生、冯芝生诸先生，均惠然肯来，见我等工作程序。安阳高中校长赵质宸、河南十一中校长张尚德两先生，亦均请来看过。李济先生到安阳初，即定计划，待挖掘完成，研究告毕，即在安阳设一博物馆，陈列出土物品，作永久之纪念。李先生已迭将此意向本地教育界人士申述，甚荷赞同。时洹上村房颇经兵燹，本组同人不惜财力，重加修理。盖以完成此种工作，必作较久之计划，又将为彰德预筹一博物馆也。斯语即十一中学校长张尚德君亦所熟闻。

二　纠葛之突生

秋间正在工作之际，张尚德君偕轩仲湘、邱耀亭两君前来参观两日。初不云何意，次日始闻小屯村长云，将有挖掘之人来。李董两先生闻之，不胜诧异，以私人固不能擅自挖掘，若为公家团体，则国立中央研究院正在工作之际，突又有来者，学术界固无此先例也。久之，乃知系河南图书馆馆长兼民族博物院院长何君日章来彰发掘。李先生当即进城晤何君，询以究竟。据称，奉本省省政府命令，将与安阳县会衔布告，禁止中央研究院开掘，保护民族博物院开掘云云。李君谓：事关学术，绝无权利之可图。君既奉地方政府命令来办此事，国立中央研究院所派之考古组，可以暂停，绝不在此与君计校。但有安阳县来一公文，即可不必布告。同时更以研究院工作之意义，对之申说，乃何君并不理会。次日给公文一纸，研究院之工作于是遽停。近闻何君到汴，谓中央研究院在彼未与之接洽，实则前往商量，反遭驱逐耳。李先生旋得阅10月8日河南教育厅之《河南教育日报》，更觉骇异。兹抄录如下：

安阳龟骨文字将自动发掘

中研究不遵协定潜运出境

何日章呈请自掘已有眉目

本报讯：安阳地蕴龟骨最多，去年中央研究院特派董作宾来省会同省府派员张锡晋前往开掘，时河南图书馆馆长何日章以若以河南地方文明之表率，而尽移置于他方，未免不妥，特呈请省府准将掘得器物，仍留在开封保存。省府据文函致中央研究院，旋准函复，许予酌量办理，双方俱存。并请令饬何日章会同董君遵照办理，何馆长当与董特派员商决暂在安阳中学存放。不谓近据安阳中学校长张尚德报告，谓彼等竟将掘出器物，潜运出省，并中研院特派员仍拟于本期十月赴安继续开掘。何馆长因中研院不顾信义，违反协定，又且克期赴安继行开掘，乃复呈请省府，一面向中研院据理交涉，一面设法自行开掘。省府当经发交教育厅查该具复，再行察夺，兹悉教育厅已遵令拟具办法三条，呈复省府鉴核，并转饬何馆长迅拟自动发掘具体办法，再转呈省府，鉴核施行。至何馆长如何拟具体办法，现尚未悉，兹先将教育厅所拟办法三条录下：

第一条　拟请准予河南图书馆暨河南民族博物院自动发掘，陈列开封，公开研究。

第二条　中央研究院不遵照函商协定，将前掘龟骨等器，潜运他往，拟请省府先行谢绝中央研究院前来发掘，再与严重交涉，请其履行协定，以昭信义。

第三条　拟请转饬安阳县长，对于该馆暨民族博物院发掘时，协助办理，并禁止别人发掘。

此中要点，一则曰，“不顾信义，违反协定”。此绝无之事，中央研究院派员之行事，全未出于前复省府公函之外。再则曰，“掘出器物，潜运出境”。此则由不了解工作之情形而误会，遽以恶名相加耳。先是何君曾向敝所董君索物陈列，董君当详以工作情形告之，不料其不释然。且何君迄无一字来文，如其有之，敝所更当详作解释也。至于因整理研究乃不免移运之原则，后来亦为省政府及何君所同意，是此误会之根据，在何君发宣言时，已自失之矣。

三　政府之主持及在开封之接洽

李董两君即于10月22日返北平本所。斯年亦即于24日南来报告本院，先请政府主持，再行赴豫商量。旋经院长呈国民政府，奉主席谕照准，即电河南省政府继续保护本院发掘工作，并停止何日章任意开掘，以免损毁现状，致坠前功。又斯年在京，友人颇有与李敬斋君素契者，以为敬斋为人，必持大体，以前措施，或于事实有所未明。看《河南教育日报》所载，此事全是教育厅主持，不妨告李君以实，询其如何主张。遂由在京友人段锡朋、张道藩诸兄函之，得复书，则若全无事矣。此时，国府与敝院虽未接豫省政府直接复文，然就教育厅厅长之表示论之，当已不成问题，故当时敝院及政府中人颇有以斯年开封之行为不必要者。斯年当即陈院长蔡先生云，此事虽已解决，然吾等立足点，必请河南人士尽知之。中央研究院须与地方有至融洽之感情，凡地方人士意见之可容纳者，当不避烦难者而行之。斯年此行，一则尽礼，二则尽情。蔡先生深以为是，斯年遂于风寒小愈后，由京北行，时 11 月 21 日也。车行四日抵汴，然后知初以为在汴只有礼让者，乃遇到意想不到之支节。彼时何君已自旅顺、北平返开封，于宣传上颇费工夫，居然成纷纭之势。此事经过既未原始要终为地方人士所知，而吾等立点又无人代言者，其有支节之论，亦在情理中。此段公案本由教育厅李敬斋先生发出，然李敬斋先生于吾等当时正在彰工作，则"不知道"，于禁止吾等发掘则"无其事"，此中重要卷宗，又求之不得，如此则又何说。然既奉命而来，期以成事，一切支节，自当置之不论，但求工作得以进行，尤求吾等好意得地方之同情而已。故（一）绝不作任何文字之宣传。（二）在各学校讲演中，力避此题，只在大学讲到安阳工作，然亦专论吾等发掘之方法，及考古学与古器物学之分别，不弹他人。其尤恳切向地方人士声明者，则有下列数事：

一、中央研究院只求工作之安全，顺利，绝不据古物为己有。去年发掘之始，本与河南省无任何条件之约定。后来一经何君是请省政府来文，敝院即以分陈首都及本地之原则为答，是中央研究之无私心，昭然若揭。

二、此番误会，实由吾等工作方法未尽为人了解而起。盖科学之发掘绝不能于一经出土之后，不经研究，不待完工，遽作陈列。果如此陈列，势成五都之市，使人目眩，科学的问题不出，整个之意义湮灭。近代的考古学与古器物学全不同，而发掘之方法尤与采矿大相径庭。此学及此法在中国实为初步之尝试，其未能事先取得谅解，亦在人情中。

三、对古物之最后处置，中央研究院只有一层计较，即陈列之地点，宜给后来学者以方便，而陈列之纲领，宜求足以表示科学研究之结果。吾等虽竭尽自己之能，终不能以定论自必。给后来之学人以方便，正以促学术之进步也。

四、中央研究院切愿借殷墟发掘之机会，为河南学术作百一之帮助。其办法似以河南学人之在北平者李敏修、徐旭生、冯芝生、傅佩青诸先生等所提议为最善，即由河南中山大学借此充实其史学系。并由斯年提议具体办法：（一）汴大史学及其他与考古学有关涉各科之教授，如愿来彰工作，极为欢迎。（二）其史学国文各系学生愿来练习者，请由汴大校长函送，当妥为训练，代检成绩，以替上课。（三）汴大可设考古学研究所，吾等当时常来汴讲演，并备顾问。其研究完后古物存放之地，吾等本主张以首都及本地（即安阳）为归，然重复品多，正可分置一部分于汴大考古学研究所中。其一切布置及费用如玻璃架及古物之装护等，亦属不赀，中央研究院愿担任之。（四）以后如更有可以赞助之事，力所能及，无不竭力。

五、吾等欢迎地方人士到彰参观发掘之方法，并欢迎到本所参观研究之路径。以后如扩充员额，应尽先河南学人之适宜者，此举不替必为河南造成数个青年学人能使用科学的工具者。斯年当时屡屡如此宣言，今更著之简墨。如此存心，似当为一切人士所了解。果然中州贤士，明达为怀，颇多初与斯年无一面之识，且饱听何君宣传者，转表同情于我等。惟亦有甚不情之提议者，例如将本所移往开封。又《教育日报》有一提议，其结果即等于将本所并入号称“新城隍庙”之民族博物院。敝所系隶属中央政府之机关，似此提议，斯年何从与之谈起，然犹一一解释，不作深闭固拒之谈。凡在开封与斯年接触长久者，当了然于斯年之略感情，遵大体也。其实供献此事波折者，始终只有数人，绝不成中央研究院与地方之冲突，直是宣传者强将此事绘作如是观耳。例如古物保管会一电，何君持以激动河南人者，实指个人，何曾泛涉地方。先是中央研究院之发掘殷墟，原经全国古物保管委员会赞助，今遭波折，理宜报告。其时适何君在北平，向袁同礼先生，述其立点，遂由袁君报告会中，会中转托袁先生劝以先行停工（彼时吾方已见逐停工），再商办法。袁君恳切劝之数次，何君不容纳丝毫，乃由会中议决发电，张溥泉先生是此会之委员长，以党国先进之重，发其当官之言，果何君不平，正可以后来之事实自明，实无从解作“骂河南人”也。

至于官方接洽，则斯年一见李敬斋先生之后，述说吾等之立点与办法，均承其赞诺，即由斯年照谈议结果写成一函，致河南省政府，兹全录之如下：

径启者，去年夏季，敝院感于中国考古学之不发达，安阳殷墟问题之重大，曾派敝所专任编辑员董作宾君前往调查。据报告，知其地虽经三十年来之未加保护，损失不可胜计，然尚有工作之可能，随即函达贵省府请求发掘。荷承赞助，通令所属一体保护。董君试掘十余日，知其地甲骨文字之储

> 藏大体已为私掘者所尽，所余多属四下冲积之片，然人骨兽骨陶片杂器出土甚多。如以中国历来玩骨董者之眼光论之，已不复可以收拾。然以近代考古学之观点论之，实尚为富于知识之地。董君因此事业之大体已全超于文字彝器范围之外，遂于后来主持发掘之事谦让不遑，敝院乃改聘李济君为敝所考古组主任，总持工作，仍由董君襄任其事，曾于今春通函贵省政府，荷承拨给洹上村平民公园房舍，以作敝所考古组驻彰办事处，并予保护。李、董两君遂为充分之准备，于本年3月7日重行开工。先绘详图，工作历记地下情形，及器物之地层。满意经时之后，于中国考古学开一新方面，必承贵省人士引为同调者也。器物之陈列及所属问题，初不关乎敝所工作之大旨。盖敝所此次工作目的，纯为研究商末文化之至何程度，当时人民生活状态，此虽依器物为之证明，尤赖于地下情形之知识以为联络，并非搜集古物，以仿五都之市而眩人。故敝所去年开工逾时，正在短期结束之际，贵省府曾函敝院，商量古物陈列贵省，敝院毫不犹疑，即奉复云，“将来如何陈列，亦仅限于首都及本地博物馆，其有标本多种可以分陈各省者，亦当先征求当地省政府之同意。”此项声明全在开工以后，并非开工前之约定。可见敝院注意全在研究，于古物之最后处置，实毫无成见者也。

自3月7日开工，至10月21日何日章君往彰声称奉命前往谢绝工作为止，在彰工作大体未断。中间只以军兴之故，李、董两君曾返所，整理一部分材料耳。先是今年5月，彰德一带吃紧，安阳驻军于5月中旬他去，安阳城中无县长，城外到处伏莽，火车南北不通。李、董两君深虞地方更经兵燹，遂将器物一小部分两次运北平。一次于5月15日，恰在漳河桥炸毁数小时之前，由高中花园运出。一次在两旬之后，即由第十一中学运出者。此两次携至所者，实一小部分，大部分仍在彰德，在彰留有书记事务员工人等，编其器物之号。至于田野工作，初以军兴，继以炎热，不得不停。其在彰之工作站，固无间断。9月末，李、董两君复至，实等于暑假后归来，并非再举。就5月间之情势论之，即为古器物之安全计，亦应暂存他处，遑论在所内之编号整理，及各种技术之工作，为完成研究之绝对需要。自一件品物之出土至于整理完毕，中间不知经过多少手续。照相、摹绘、拓墨等，尚是粗工。若人骨之测量，兽骨之检定，铜质陶质之化验，难识质料之决定等，动需专家在其专门研究室中详治之。若一律以就地工作为限制，不特敝所是一整个的组织，历史、语言、考古、人类诸组皆有其联络之作用，未能分出一部设置于外；各图书馆之文籍，其他研究机关之专家，敝所又岂能举以移彰？故如但求掘出古物，以资陈列，不以取得新知识为目的，则敝所敢告不敏。如求每件器物所含之真知识，借其联络以知当时文化情形，则在所内整理实为此项研究之绝对需要，治此学者之普通习惯，初不虞此点上可生误会也。

此次敝院奉国民政府主持，得于本月15日重行开工，斯年奉院命来此接洽，又承资省教育厅及教育界人士推诚谈论，引为同志，共愿学术之发扬，以为古史之荣光，既深景仰，尤切感谢。此项考古工作，体大思博，地方政府之赞助，殊地学者之分研，实为成功之必要条件。敝所深愿竭尽所能，以求不负各方之盛意。敝所因完成工作起见，不得不有在所整理器物之自由。盖技术的设备既不能尽数移至工作之野，而所外参考图籍分研专题之士，尤非敝所所能移动。至于器物之最后处置，自当以敝院前复贵省公函之主张为原则：即分陈首都及本地博物馆，其具体办法，拟列如下：

一、本地方面，敝所久感于安阳有设置一古物馆之必要。李济君始到安阳，即向地方人士宣布此意，初修洹上花园之范围颇过于敝所需用之必要者，亦即为此准备。中间军队入居，未能充分修理。目下拟先在彰德高中内开辟一室，待军队撤出，再将全部花园作为安阳古物馆，及敝所在彰工作站之用。敝所先行出资若干修理，俾整理就绪之器物逐渐移入，将来敝所在彰工作完结之后，即以此修理设备全数赠与贵省，永与彰德高中为邻，俾当地学子得继续收集此一项中续出之古坟古器，一切河南及外省人士得以交通之便随时往观研究。盖殷末文化问题，当以安阳为中心，向四方辐射。敝所发掘之时期有限，而地方续出古墓者无穷，以安阳为此问题之中心，且图永久，固至便也。

二、首都方面陈列之所，如将来已设中央博物院之类自无问题。在未设期间，应置首都何处，敝院当于第一批整理完毕时，呈请国民政府指定之。

三、凡同类之件，半数在本地，半数在首都陈列；其单件之品物，应陈列何处，待敝所每批整理完毕时，由贵省政府及中央研究院派员决定之。至于全部出土物品之编号，实一甚繁杂之工作，因此即整理工作之记载也。敝所分期登录之总册，以后应分抄一份，随时送达贵省政府教育厅妥存，以便后来器物虽分在首都本地，而器物之登记，中央省中仍各有全份也。

以贵省古迹之富，人文之盛，武授堂先生昌明汉学于昔年，徐旭生先生渡漠考古于当代，将来必于中国古史之发达有弘伟之贡献。如愿借敝所工作之机会，训练成充分使用近代考古学方法之人，敝所自当欢迎。此类人士，似以大学文史科毕业生或高级学生为相宜。然其他专门学子有志此业者，自亦不妨，要以曾受专门之训练为宜，具诚意练习者为适，敝所自当以助理员练习助理员之情形待遇，以资历练，更当竭知告语，以求成就。人选即请教育厅于决定后函示。至于人数，因敝所此时范围颇小，请以一人或二人为限。以后敝所工作扩充，再奉告加派。

前者贵方来文上有“潜运他往”“违反协定”“与信义有关”等语，今经陈列事实，误会已显。敝院负学术之责任，未能蒙受此项议论，应请贵方根据事实，声明取消此语，以彰公谊，而成合作，尤为感幸。

以上各节，如荷同意，即希查照见复，并电知在彰民族博物馆派员返省，为荷！此致河南省政府

国立中央研究院历史语言研究所所长傅斯年

中华民国十八年十一月二十九日

此函于11月29日省政府会议中讨论，同时讨论何君提议，即由会中派定张委员伯英（钫）、张委员幼山（鸿烈）、李委员敬斋会同斯年妥拟办法。斯年以为此番来汴，并非争执，故初无蕴蓄，尽所能为一举说出。惟省政府既主张更行妥拟，自当虚心讨论，即由敬斋起草，斯年与之争持处，由幼山先生调剂之，以成“解决安阳殷墟办法五条”。持请伯英先生斟酌，伯英先生完全同意。此即后来一个月接洽之根据，兹全录之如下（其来源如此，并非如何君说由斯年提议）：

解决安阳殷墟发掘办法

一、为谋中央学术机关与地方政府之合作起见，河南省政府教育厅遴选学者一人至二人参加国立中央研究院安阳殷墟发掘团。

二、发掘工作暨所获古物，均由安阳殷墟发掘团缮具清册，每月函送河南教育厅存查。

三、安阳殷墟发掘团为研究便利起见，得将所掘古物移运适当地点，但须函知河南教育厅备查。

四、殷墟古物除重复者外，均于每批研究完结后，暂在开封陈列，以便地方人士参观。

五、俟全部发掘完竣研究结束后，再由中央研究院与河南省政府会商分配陈列办法。

此件于12月3日送入，同时国府又电豫省政府饬遵照办理。适省防吃紧，省政府无暇注意及此，敬斋亦去，乃告停顿。斯年返京，无路可通，只得暂留。计斯年至汴已逾十日，获遇贤士不少，一经剖解，多即释然，转示同情，兼恳切望此工作之大成。一日黄自芳（佩兰）先生枉驾惠顾，谓与张忠夫先生（嘉谋）及他位，同愿了结此事，总使斯年快乐而去，盼多住几日，旋约徐侍峰先生（金淚）亦来。斯年对此番好意，自当感谢，当即声言，此番支节，实由吾等立点未喻于人之故，果能喻我等工作之意义于关涉此事之人，则人之好善，谁不如我。故此事似是了解之问题，非妥协之要求。盖中央研究院并不据古物为己有，何君又说不为自己争斗，则此事争执诚不知在何处也。然天地间事无可奈何者正多，吾等总竭力成全此一史迹之效用，惟力量有限，不能保其终不成悲剧耳。若数日之留，谨当如命。吾等对于河南贤士之见解及欲愿，总当尽力容纳，一切皆然，此非例外。于是诸先生向何君说之又说，旋转周流，何君颇表了解，提出数条之更改，即第一条“至二人”改为“至三人”，第四条去“暂”字，第五条去“分配”二字。斯年认为此均文字上之修改，无改原旨，即表容纳。惟何君坚持必使其民族博物院在条文中出现一回，后并决意加入第四条“开封”之下，此则斯年未喻者。斯年提议在大学中，正为研究之便，且既已许之，不便食言。况民族博物院初创立时，塑成三皇五帝与亚当夏娃之神话等，何君由副即真，虽毁去一部分，而以袁世凯之衣冠等易之，然非古物之院，亦未若在大学研究之便也。果何君所争不在个人，则斯年已声言愿白效劳来汴在大学中布置，法无善于此者，此外争执，似不免个人争执之嫌也。何君终不见谅，于是又停顿矣。

四 河南省政府之解决此事

此时地面差安，一日与伯英、幼山两先生谈及此事，询以究可由省政府解决否，两先生谓可。佥以当时本由省政府会议中指定伯英、幼山、李敬斋三先生与斯年接洽，今李委员去，由大学校长黄任初先生（际遇）暂为兼代，果由张、张、黄三位据原案决定呈省政府批准，自于手续为合。伯英、幼山两先生本原拟办法之人，任初先生亦极同意。此时斯年声明，前答应张忠夫、黄自芳诸先生修改之数字，不妨加入。幼山先生又谓，最好于开封下注明碑林，以免后来争执。盖其时适建设厅正在大学后面筑碑林，未完工前，亦有红房五间适用。此与置之大学墙内之效相等，此碑林之建设本亦备大学研究者。果决在碑林陈列，与磁塔铜佛共在一处，现有壮茂之大学在前，将来有丰伟之碑林在左，实为最便。于是决定，而人选亦同时商妥，迳呈省政府。经若干日，省府发来公文如下，于是三个月之纠葛得以解决。

河南省政府公函（第 3897 号）

敬启者，关于发掘安阳殷墟古物一案，前经傅所长斯年来汴接洽，当即推定本府委员张鸿烈、张钫、李敬斋会同傅所长妥拟发掘办法在案。嗣据委员张钫、张鸿烈、兼代教育厅厅长黄际遇呈拟解决发掘安阳殷墟办法五条，并拟派关伯益等三人参加安阳殷墟发掘团等情到府。除指令应准如拟办理，并令饬何日章遵照外，相应抄送原拟办法及参加人名单函达查照，为荷。

此致

国立中央研究院。

计抄原拟解决发掘安阳殷墟办法及名单一纸。

中华民国十八年十二月二十八日。

解决安阳殷墟发掘办法

一、为谋中央学术机关与地方政府之合作起见，河南省政府教育厅遴选学者一人至三人参加国立中央研究院安阳殷墟发掘团。

二、发掘工作暨所获古物，均由安阳殷墟发掘团缮具清册，每月函送河南教育厅存查。

三、安阳殷墟发掘团为研究便利起见，得将所掘古物移运适当地点，但须函知河南教育厅备查。

四、殷墟古物除重复者外，均于每批研究完结后，在开封碑林陈列，以便地方人士参观。

五、俟全部发掘完竣研究结束后，再由中央研究院与河南省政府会商陈列办法。

张　钫　黄际遇　张鸿烈

拟派参加国立中央研究院安阳殷墟发掘团三人。

关伯益 王纮先 许敬参

五 吾等之欲愿与致谢

吾等得以恢复工作，并得与地方政府解决悬案，诚赖政府主持，学术团体之赞助，惟其最重要点，仍在吾人立点渐喻于人，知吾人只有成事之念，并无争斗之心，然后识与不识，皆表同情。此后吾等必集合全所力量，促此举之精进，务使中国史学及世界文化史借殷墟发掘开一生面。以下四愿，当与河南人士共勉之也。

一、愿误会之事以后不再发生。

二、愿与河南地方人士之感情，日益亲固。

三、愿借发掘殷墟之事业，为河南造成数个精能之考古学家。

四、愿殷墟发掘为河南省内后来考古学光大之前驱。

在此波折中，政府及学界同人同情者甚多，不遑尽举。其尤应感谢者，在政府方面为谭组庵先生、张溥泉先生、陈果夫先生。在河南省政府方面者，为张伯英先生、张幼山先生、黄任初先生，在开封之河南人士中，尤应感谢者，为张忠夫先生、黄自芳先生、徐侍峰先生、魏烈丞先生、马辑五先生。其在北平者，为李敏修先生、徐旭生先生、傅佩青先生、冯芝生先生等。

傅斯年敬白

十九年一月二十日

(原载1930年《国立中央研究院历史语言研究所安阳发掘报告》第二期)

战国文籍中之篇式书体

——一个短记

一

譬如说，“《管子》书是假的”，这句话和说“《管子》书是真的”同样的有毛病。假如在后来历史观念作者观念大明之时，出了一部《管子》书，里面并不显然出来些管子的谥，桓公的谥，管子死后事，而题曰“春秋时齐相颍川人管仲撰”以问世，被人考核了一下子，原来是一部做了售世的书，这然后说，“这部书是假的”。若《管子》书中，引《老子》，引战国末年的事，称桓公的谥法，称管仲的死后事，本是齐人托管子之功名而著之书，只是当时的一种文体，他自己先不曾说是真的，战国时也不会有题“齐相管仲撰”的事，又何劳我们答他曰“是假的”。既有一个梁任公先生，硬说管子那个人作了《管子》那些书，便应该有人回答他说，管子不曾作了这些篇的一个字。说到这样好到这样。若进一步去说，《管子》书是假的，则先须假定战国时人已有精严的著者观念，先须假定战国时这些篇出来的时候上边写着“齐桓公相管仲撰”。这样假定当然是不可以的。《管子》这部书现在所见的集合，乃是刘向的事，其中篇章是齐学之会集，书中直接称道管仲的篇章，在战国托于人而出来，也不过是自尸为管仲之学之后世，别人叙论他，也不过可说“慎轻重，贵权衡，因祸为福，古之道术有在于是者。齐人闻管仲之传说而悦之，作为……。”果然我们充管仲晏子是假书一类话，则《国语》《论语》《孟子》《墨子》《庄子》等无不是假书，因为《国语》当然不是孔子所称之左丘明写的，《论语》当然没有一个字是孔子写的，《孟子》书称梁惠王襄王之谥当然也是他的弟子记的。《墨子》中最墨子者，也劈头就说“子墨子言曰”，中间又说“是以子墨子言曰”。《庄子》更是汉朝人所集合，魏晋人所编印的。那么，真书只剩了《吕览》，还要减去《月令》了。若说这些书里有些真话，真材料，则我们又焉能保管晏书中没有一点真话，真材料，一初都是度的差别罢了。我们这样 ad absurdum 一看，可以确知我们切不可以后来人著书之观念论战国文籍。总而言之：

（一）战国时“著作者”之观念不明了。

（二）战国时记言书多不是说者自写，所托只是有远有近有切有不相干罢了。

（三）战国书除《吕览》外，都只是些篇，没有成部的书。战国书之成部，是汉朝人集合的。

这层意思，我们反覆说来好像不厌其详者，实因为了解战国文籍之成书性，是分析战国文籍的一个前提。

二　记言——著论——成书

著述脱离了官书的地步，而成私人著作，我们现在可见之最早者，是《论语》。《论语》是记言的。《论语》的体裁现在看了未免奇怪，除很少的几段记得较丰充以外，每一段话，只记几句，前无因，后无果。在我们现在固已不知春秋末年情景，其不懂得，犹可说，乃汉儒对于

《论语》上的话，也有好些像是不懂得何所为而发的样子。且如“礼与其奢也宁俭，丧与其易也宁戚”一类的话，若不附带着“本事”，不和“丧欲速贫，死欲速朽”发生同样的误会吗？（见《檀弓》）记言记到没头没尾，不附带口说便使人不懂得，而一经辗转，便生误会，决然不是一种妥当的记言法。再试看《论语》中的言，每段常含蓄很多的意思，有时显出语长而所记者短的样子。且《论语》成书大约在曾子弟子时，去孟子时已不远，孟子便是那样汪洋大论，虽说孟子是个“战国辩士”，谈言微中与信口开河者不同，然孔子也是靠说话而做东西南北之人者，若他说的话都像《论语》所记那样子，恐怕他所专要见的公侯上大夫下大夫中，懂得他的真少啦！这样看来，《论语》成书时代，文书之物质尚难得，一段话只能写下个纲目，以备忘记，而详细处则凭口说。到了战国中年，文书的工具大便宜了，于是乎记长篇大论如《孟子》《庄子》书那样子的可能了，遂由简约的记言进而为铺排的记言，更可成就设寓的记言。记言是战国文体的初步。《论语》《孟子》《庄子》中若干部分，《晏子》《管子》中若干部分，《墨子》书中的演说体以及兼记事记言的《国语》都属于这一类。

但一段思想不必有机会言之而出，而假设的记言有时不信人，有时又太费事，于是乎舍去记言之体而据题抒论。《史记·吕不韦列传》：“是时诸侯多辩士，如荀卿之徒，著书布天下。”现在看荀卿的书，好些不是记言，而是据题为论者。这样著篇，实是记言之一变，由对语（dialogue）进而为单语（monologue）这样体裁，恐怕战国中期才有。现存战国末年书，如《商君书》《荀子》《韩非子》及《管子》之一部，大体上属于这一类。这是战国诸子文体演进之第二步。

著论虽已不是记言，但独立的论，仍然只有篇的观念，没有书的观念。战国晚年五德六数之义盛行，人们著书当趋于系统化。慎到著十二论（见《史记》），这个数目是很整齐的，而又以《齐物》为首（见《庄子·天下篇》），或者这是作全部书的开始。但我们现在不见《慎子》全书，不能作决定。而吕不韦之八览六论十二纪二十余万言，乃成一部全始要终的书，不是些散篇了。八览六论十二纪，六为秦之圣数，八则卦数，十二则记天之数，这三个数八、六、十二，也都是在当时有意义的整数。这部《吕氏春秋》真是中国第一部整书，以前只是些散篇而已。这个体裁虽始于战国末，然这样的系统著作尚非依傍大财力不可，故汉朝人之继续者，始有刘安，在体裁上《淮南子》是“青出于蓝而胜于蓝”的《吕氏春秋》。太史公未必富，但有异常的精力，也许武帝时文书的物质更廉了，于是百三十篇又是一部要去贯天地人的通书。十表像天干，十二本纪像地支，书八章像八卦，三十世家取老子“三十辐共一毂”之语，七十列传之数亦取一个丰长的整数。从此以后，系统的著书乃更多。《周礼》之成书，一往整齐，卜筮如《太玄》，续子长者如《汉书》，乃至字书之《说文解字》，都在那里有始有终，托于系统哲学啦。

更把上文写成一表如下：

记言之书————→	成篇之书————→	系统之书
（一）因受文书材料之限制，但记一言之纲目者，如《论语》。 （二）丰长的记言如《孟子》。 （三）托言，如《庄子》。 （四）故事之制作，如《韩子·说林》。	由托言一变即成著论。	由著论之相为终始，即成一系之书。

苏格拉底有语无文，犹之孔子时。柏拉图依师说散为无穷无尽之

对语，对语亦记言。亚里士多德乃真著书。在中国一二百年中之变迁，在希腊则师生三代各代表之，这颇是一个文体进化的平行现象。

问曰：因文体之演进，文辞之内容会不会受影响？答曰：这是不免的。文辞之由记言而著论，由著论而成书，是由自然的话语到了较不自然的斫饰辞句。说话固可以抽象，然总不能忘了听的人之直接了解。说话固可以铺排，然总不能忘了听的人之捉摸得住。一经离了纯粹记言的地位，文法可以代语法，泛词可以代切词。战国子书中颇有不少白话，而《荀子》已是很简约的文言，《吕氏春秋》已有些无话说话的油腔滑调。入汉而著作者，便都是文言了。（此处用文言，乃如所谓 kunstsprache，与古文不同。）

考古学的新方法

今天（11 月 19 日）所讲的题目，诸位大概已经知道了。这个题目，虽然很平常，但是所讲的事实，却是很重要，尤其是研究历史的人应当特别注意。

考古学是史学的一部分，这个部分与其他部分不同，因其与自然界有关；与地质学是不能分开的，如离开了地质学，考古学就失其效用，考古学就根本不能成立。所以考古学在史学当中是一个独异的部分。

所谓方法，无所谓新旧。所谓新方法，不是在好高，不是在骛远。假定这个方法，用来可以得到新的知识，就是好的方法。若是用来得不到新知识，即不可靠，就不算是好的方法，也就不是新的方法。一时代有一时代的变迁，一时代有一时代的进步，在转换的时候，常有新观念新方法产生。以方法为抽象的东西去讲，本无所谓新旧之分了。

讲到考古学的本身，以及考古学的事情，须注意下列各点：(一)历史这个东西，不是抽象，不是空谈。古来思想家无一定的目的，任凭他的理想成为一种思想的历史——历史哲学。历史哲学可以当作很有趣的作品看待，因为没有事实作根据，所以和史学是不同的。历史的对象是史料，离开史料，也许成为很好的哲学和文学，究其实与历史无关。（二）古代历史，多靠古物去研究，因为除古物外，没有其他的东西作为可靠的史料。我国自宋以来，就有考古学的事情发生，但是没有应用到历史上去；盖去古愈近，愈与自然界接近，故不得不靠古物去证明。

古代史的材料，完全是属于文化方面，不比现代材料，多可注意于人事方面，因为文化史，特别是古代史的着意点，不是单靠零碎的物件，一件一件地去研究，必定有全部的概念方可。用一件一件的东西去研究，固然有相当的结果，所得究竟有限，况其物的本身，间有可怀疑之处，所以应当注重整个的观念。譬如在两千年后，在地下掘得现在所用的火柴，各处有各样不同的见解，就是所代表的文化不同；在欧洲是表示文化的发明，在中国是表示文化的接触，在南洋群岛是表示文化的进步。同属一物，在各处所表现的意义，就各不相同；如后来不以全体的观念去研究，就不能得到很多的意义和普遍的知识。所以要用整个的文化观念去看，才可以不至于误解。

我们大概都可以知道，古代历史多不可靠，就是中国古史时期，多相信《尚书》《左传》等书，但后来对于《尚书》《左传》，亦发生怀疑，不可信处很多很多，于是不能不靠古物去推证。中国最早出土的东西，要算是钟鼎彝器了。周朝钟鼎文和商代彝器上所刻的文字去纠正古史的错误，可以显明在研究古代史，舍从考古学入手外，没有其他的方法。在光绪末年以前，尚无人注意到发掘古物；就是有的，亦无可考。在光绪末年河南安阳（彰德）西北，洹水以南的小屯，有甲骨发现，甲骨上刻有卜辞。最先得者为商人刘铁云[①]。他虽搜罗的不少，但是以龟甲为古董，所以没有什么贡献。其次得者就算是孙诒让了。他把甲骨文考订出来，断为商朝古物；他考订的成绩，足与钟鼎相印证。再其次为罗振玉、王国维二人。罗振玉收有一万多片，他的著作，有《殷墟书契考释》等书。王国维更应用于历史方面，确有不少的贡献，如对于帝系文字，有极大的帮助：如王恒王亥，为《史记》上所无，现在已把它补正；又如商代世系表上外丙之外字系讹误，又已把它修正了。所以我们研究古史，完全怀疑，固然是不对的；完全相信，也是不对的。我们只要怀疑的有理，怀疑的有据，尽可以怀疑。相信的有理有据，也尽可以相信。要是这样，就不能不借重考古了。

我们中国考古学家，还是用旧法整理，已有这样发展和成绩（所谓旧方法只限于陶器）。若用新方法去考察，所得当不止此。首用新方法的人，为瑞典人安特生（Anderson），完全用近代西洋考古方法去研究。在奉天发现史前时代的人迹；在河南渑池仰韶村发现石器铜器；在甘肃洮县也发现了不少的古物，这个地方所发现的，较其他地方更为重要。安氏说其所发现的遗物，最早时代在七千多年以前，最晚也有三千多年，多是些新石器时代的东西，铜器也有少许。在河南方面，所发现的铜器是很进步的。此外法国的教师，在河套地方，也发现旧石器时代的遗物。

---

① 记者按：刘铁云名鹗，镇江人，天资聪颖，虽好学而不就范。精晦人术，尤长于治河。《老残游记》，就是他在治黄河的时候做的。其品行恶劣，人多不愿与之交接；他所交游的，都是一班浮荡的少年。后来以岐黄术游上海，但是无人过问，乃丢去医生不做，去做生意，把资本蚀完了回家。后投效到吴恒轩面前治河，颇有效验。后又到北京计划建筑津镇铁路未成；又谋开山西铁矿，同外国人订约，与外国人往来，用外国人款项，所以当时人都称他为汉奸，几乎被捕正法。在联军入都的时候，米粮缺乏，他从俄人占据的太仓地方，用贱价把米买回来卖给老百姓吃。后来国事平定，有个大臣控告他私售仓粟，判他从军到新疆去的罪，他也就在新疆死了。他家中所藏的甲骨，多半为潍县范姓估人买去，罗振玉又在范姓买得甲骨不少。刘铁云的事实，《雪堂丛刻》内有一卷名《五十日梦痕录》，写得很详细。傅先生说刘铁云是商人，大概是指他在上海失意的一段事实。

中国人考古的旧方法，都是用文字作基本，就一物一物的研究。文字以外，所得的非常之少。外国人以世界文化眼光去观察，以人类文化作标准，故能得整个的文化意义。最近外国人在亚洲新发现的古物有几处，如印度西北部和小亚细亚，都有发现。最重要的，要算是在里海与黑海之间安奴（Auau）地方所发现的六七层的陶器了。这是很有趣味的一件事，因为这些古物，能表示各时代的文化。不过他们所研究的观点，在普遍的方面，所以对西洋文化无关的东西，他们就不注意。在中国的外国考古学家，对于纯粹代表中国文化的，他们不注意，他所注意的，是在中西文化接触的产品。这是他们特别的地方，也是他们远大的地方。

陶器是最容易流传下来的，所以被发掘的陶器居多，我们就可以用掘出的去参订历史。用陶器考订历史，有三种便利的地方。

一、易于保存——陶器不容易破坏，所以能在上古遗传下来。

二、时代易分——陶器有时代性，一个时代有一个时代的陶器，我们可以因陶器的区分而为时代的区分，这是最容易最妥当的办法。

三、变化很快——陶器是因时因地而变的，并且因日常所用，变化很快。

我们从陶器的变化就可以知道古代文化的变迁，所以沙锅陶器等，是研究古史惟一的好史料。安奴地方的开掘物中有带彩色的陶器，花纹很大，不外红黑白三种，为中国所无；在中国河南、奉天、甘肃各处，也有带彩色的陶器。日本人在朝鲜也发现相同的东西，但是花样不同，因此可以证明史前安奴、朝鲜、中国各民族的生活及其变化。

安特生的考古方法，确实是比中国人有进步，所得的有趣味的材料，亦为不少；但是他的实际工作甚多可议之点：（一）不能利用中国的材料；（二）走马看花，不能充分地考验；（三）粗心挖掘，随便毁坏;(四)如掘不得，即随便购买。关于购买一层，最不可靠，因为不知道它的来源，不如亲自掘出来的较为确实可信。把掘出来的考订完竣，再把买来器物做个比较，是不能把买来的当作材料的。安特生对于考古的功劳，着实不小，但是他对于甘肃一带的古物，因发掘时的不细心而毁坏去的，却也是不少。

我（傅先生自称，以下皆仿此）在前两年，同几个同伴到河南殷墟去了一次，想切实的研究一下，但有几种困难：一是前人已掘出不少，所剩的都是零碎不全：二是不是在短时间内所能办到的，因此没有得到什么大的效果。

我想考古学与人类学有关，所以于古器之外，应特别注意人骨之测量，再根据比较法来推测当时人类之形状与其变化。所以研究年代学（chronology）有两种方法：一种是比较的（relative）；一种是绝对的（absolute）。先用直觉的，绝对的，定个标准时期，然后依照这个时期的东西，去推定其他地方所发现的古物，是在这个时期以后，或在以前，因此年代的前后，也就弄清楚了。

考古学上最难定的是绝对的时期。而殷墟是考古学上最好的标准时期，便于研究的人去比较：因为这个时期，是史前的一个最后时期，以这个时期的人骨作标准，去比较其他地方所发现的人骨，来定它们的时代先后，可以知道人类的演进是怎样；同时汉殷墟发掘的陶器作标准，推出其他地方的陶器变更情形，以及其时代关系，可以断定其时文化是怎么样。又用比较的方法，并可以证明安特生所考据的，是否有误；中国向来所传说的，何处是误。这种工作，是最切要而最不容易的工作，总希望在两年以内，可以成功，用具体的著述报告出来。

最近发现唐宋时代及唐宋以前的房屋，直隶各处，都有发现。房屋的发现，却是为安特生所未曾注意，未曾做到。安氏以为古代人类在山洞中居住，或在森林里憩息，是没有房屋的；因为当时发现古代石器时，并没有屋子这样东西。后来无意中发现一个商朝的屋子，却是冶金的地方，地为长方形，屋子里面比外面要低一米突，一层一层地向下，在地上仍可以找到未熔化的铜条、碎金、有花纹的镶金和极薄的金叶，等等。以镶金来说，可以证明商鼎是镶金，确实是不错的。商朝是铜器全盛时代，所以兵器也很有进步。刀箭都是用铜制成的，我们现在尚可以发现商朝骨制的箭头，是平时用做练习的，比欧洲古代所用箭头，要利害多了。因为箭头下部两旁，制有倒齿，射进人的身体的时候，是拔不出来的。若是箭头配有毒药，射到人的身上，立刻可以致人死命。欧洲所发现的古箭头如形，殷墟所发现的商代的古箭头如形，所以我说商代的兵器，要比欧洲进步（记者按甲骨文矢字作，像镞，亦可为商朝箭头像形之一证）。

这个时候的陶器极多，但是没有带彩色的，多属于纯纹的陶器，足以代表商代文化的特点。陶器之外，有不少的兽骨，兽骨的种类，有野马，野鹿，牛羊等，猪骨很少，可以证明当年此地尚属游牧民族的地方，是毫无疑义的。因为农业发达的地方，家畜也必繁盛。猪是家畜中的重要部分，如果当时是农业社会，当然猪骨存留下来的一定很多。所以断定此地与曾经发现过多量的猪骨的地方的民族情形不同，文化也就不同了。这个时候已有交易，我们曾经发现过当时所用的贝，每只上有小孔，可以用绳线穿起来的样子。此外又发现商代的衣冠形式，以及发镇（为压头发用的）等项，可以证明当时“衣裳之治”。当时的民族，绝非断发民族，是毫无疑义的。种种发现的中间，尚有可以使我们注意的地方有两种：

一、铜器模型——在古代的坟墓中，掘出许许多多的铜器，制造亦很进步。铜器模型，占这些铜器的大部分。

二、安葬方法——古代葬事，是不用棺椁的；安放的部位，有伏有立，有侧有偻，却是没有仰的。这是很奇特的一件事，足以耐人研究的地方。

殷墟所发现的东西，尚不敢断定完全是商代的，或许也有些周代的在里面，所谓之商，是商期的末年。因纣与文王是同时的人，纣都彰德（即今安阳），文王是常去朝拜的；因为他们同时，所以分定商周是最难的一件事，只有待将来遇有机会再去考证（记者以个人的推测，在殷墟发现周的东西，也是有可能的事。不外下列三种原因：（一）据地质学家说，地层也时有错乱的，如果殷墟地层是错乱的，在殷墟发现周朝古物，是可能的事。（二）周所贡的方物，因为文王三分天下有其二，以服事殷，于此已可见周之文化所及，范围广大。况商朝把周所贡的东西，混在自己的东西以内，也是可能的事。（三）纣囚文王于羑里，羑里是在彰德（今安阳）与朝歌（今淇县）之间，是包括在商都以内的地方。自从文王囚于羑里，他的臣子家人，常去探望他，因此把周的东西带到商都去，也是可能的事）。

殷墟的地层，最深的殷，在第四层；第三层是隋，第二层是唐，第一层是明。中间有断了不少朝代，这不过是一种显著的提示，并不是说丝毫不爽的分期。殷代文字的寄托，多在甲骨文之上，已是毫无疑义的。所刻的甲骨，只有两种：一种是牛的肩胛骨，一种是龟的腹骨。龟甲多刻卜字形（记者按：龟甲用火灼所得的裂纹，名之曰兆，兆有多种；如ㄐ、ᚠ、⺊、ㅓ、ㄣ、ᛕ等，可以证明龟甲所刻，不一定是卜字形），凡是君主有疑惑，或是国家有大事不易决定的时候，将龟甲用火烧之，那么没有着火的一面，必定因刻痕而拆裂，由裂痕向上向下，以决定凶吉。同事董君，专门研究龟甲，考订文字，用新龟甲去试验，是否照所说的一样：不久当有报告出世的，无须我细说。

有人说龟甲上所刻的文字，行列是颠倒错乱，其实他没有懂得原来用意，就以偏赅全。这是不对的，文字的方向，向上向下，向左向右，是看刻在什么部位而定，并不是随意乱刻的；不能以片面的认识，□□□错了。我们要从全部的考古学研究起来，不能抱残守缺，否则就会犯以上所说的毛病；我们要用全副的精神，做全部的观察，以整个的文化为对象去研究，所以必比墨守成规专门考订文字要□的多。所谓新方法，不过如是而已。今天所讲的，并没有什么特别的见地，不过把经过的事实略略地叙述了一遍。因为来去匆匆，缺乏时间会预备点材料，只就忆想所及，为诸君道之：挂漏之处，尚请诸君原谅。对于考古学的讨论，不久当用文字发表。

这篇讲演稿，没有经过傅先生修改，凡有漏误的地方，概由记者负责。再者傅先生讲演的时候，并画了许多古物图与地图，不能一一把它绘在记录当中，使讲演更加明显，应向傅先生道歉，更应向读者申明的，记者附识。

十八年十一月十九日　记于致知堂

（原载 1930 年 12 月《史学》第一期）

明成祖生母记疑

民国十八年冬，北平一不相熟之书肆携一抄本求售，凡二三十叶，而索价奇昂。其中所记皆杂抄明代笔记之类，不能自成一书。询朱逖先先生此书如何，朱先生谓其皆是零抄他处者，仍应以原书为准，遂还一价。而余赴京，两月归来，此书已为原主取回。今日思之，殊觉可惜。其中有一节，亦抄自明人笔记者，记明成祖生母事甚详，大致谓作者与周王府中人相熟，府中传说，成祖与周王同母，皆非高后产也。故齐黄削藩时，周王受责最重，而燕王自感不安者愈深。及燕王战胜入京，与周王相持痛哭。其后周王骄侈，终为保全，而恩泽所及最重。又记时人侈言成祖实元顺帝之高丽妃所遗之子，并记当时民间歌语，七言成句。末语谓三十五年，仍是胡人之天下云云。盖靖难举行革除之后，用洪武三十五年之号也。以上是此时尚可追想者，其他不及记忆矣。

近读《广阳杂记》等，重见此事，以为甚可注意。再向书肆求此册，则以事隔一年有半，并忘其为何肆送来，费两日力，苦无头绪可寻。原抄录自何书，当时匆匆南行，亦未记下。自己抄写不勤，史料轻轻放过，实不可自恕，记之以志吾过耳。

承陈寅恪先生示以此事复见于《明诗综》《陶庵梦忆》等书，更集抄此时所可寻到关于此事之记载如下。

一、记载原于《南京太常寺志》及亲见南京奉先殿之向序者。《明诗综》四十四，沈玄华《敬礼南都奉先殿纪事》十四韵云：

高皇肇太庙，松桷连穹霓。尊祖有孝孙，典礼遹升跻。一从迁都后，遗制终未睽。有司列俎豆，上公视瓒圭。岂意岁甲午，烈火燺榱题。譆譆出出音，其兆先端倪。盈庭议移祀，中废成町畦。犹馀奉先殿，荐新及菹醓。微臣承祀事，入庙歌凫鹥。高后配在天，御幄神所栖。众妃位东序，一妃独在西。成祖重所生，嫔德莫敢齐。一见异千闻，实录安可稽？作诗述典故，不以后人迷。（沈历官南京太常寺卿，转大理卿）

所附诗话云：

明南都太庙，嘉靖中为雷火所焚。尚书湛若水请重建，而夏言阿世宗意，请罢。有旨，并入奉先殿。按，长陵每自称曰："朕高皇后第四子也。"然奉先庙制，高后南向，诸妃尽东列，西序惟碽妃一人，具载《南京太常寺志》。盖高后从未怀妊。岂惟长陵，即懿文太子亦非后生也。世疑此事不实，诵沈大理诗，斯明征矣。……是诗获于高工部寓公家。

张岱《陶庵梦忆》卷一"钟山"一节下云：

陵寝定，闭外羡，人不及知。所见者，门三，飨殿一，寝殿一，后山苍莽而已。壬午七月，朱兆宣簿太常，中元祭期，岱观之。飨殿深穆，暖阁去殿三尺，黄龙幔幔之。列二交椅，褥以黄锦孔雀翎织，正面龙甚华重。席地以毡，走其上必去舄轻趾。稍咳，内侍辄叱曰："莫惊驾。"近阁下一座稍前，为碽妃，是成祖生母。成祖生，孝慈皇后妊为己子，事甚秘。再下东西列四十六席，或坐或否。祭品极简陋，朱红木簋，木壶，木酒罇，甚粗朴。簋中肉止三片，粉一铗，黍数粒，东瓜汤一瓯而已。暖阁上一几，陈铜炉一，小筯瓶二，柘棬二。下一大几，陈太牢一少牢一而已。他祭或不同，岱所见如是。

谈迁《国榷》建文四年卷云：

成祖启天弘道高明肇运圣武神功纯仁至孝文皇帝（御讳棣），太祖高皇帝第四子也。母碽妃。玉牒云，高皇后第四子。盖史臣因帝自称嫡，沿之耳。今《南京太常寺志》载孝陵（祔享）碽妃穆位第一，可据也。洪武□年，封燕王。晚奉命屡出塞击胡，深入有功。状貌奇伟，美髭髯。英武宽仁，豪杰乐用。其善武事，老将皆谓不及也。

谈迁《枣林杂俎》义集（即第四卷）《彤管篇》"孝慈高皇后无子"一目下云：

孝陵享殿，太祖高皇帝高皇后南向。左淑妃李氏，生懿文皇太子，秦愍王，晋恭王；次皇□妃□氏，生楚王，鲁王，代王，郢王，齐王，谷王，唐王，伊王，潭王；又次皇贵妃□氏，生相王，肃王，韩王，沈王；又次皇贵人□氏，生辽王；又次皇美人□氏，生宁王，安王，俱东列。硕妃生成祖文皇帝，独西列。见《南京太常寺志》。孝陵阉人俱云，孝慈高皇后无子。具如志中。而王弇洲先生最博核，其别集同姓诸王表，自懿文成祖外，秦愍王（樉）、晋恭王（㭎）、周定王（橚）俱母高皇后。楚昭王（桢）母昭敬太充妃胡氏。齐庶人（榑）母定妃达氏，潭王（梓）俱达氏出。赵王（杞）母□氏。鲁荒王（檀）母宁妃郭氏。蜀献王（椿）、代简王（桂）、谷庶人（橞）俱母惠妃郭氏。湘献王（柏）母顺妃胡氏。肃庄王（楧）母□妃郜氏。辽简王（植）母□妃韩氏。庆靖王（㮵）母□妃余氏。宁献王（权）母□妃杨氏。岷庄王（楩）母□妃周氏。韩宪王（松）母□妃周氏。沈简王（模）母贵妃赵氏。安惠王（楹）母□妃□氏。唐定王（桱）母贤妃李氏。郢靖王（栋）母惠妃刘氏。伊厉王（㰘）母丽妃葛氏。《吾学编》诸书俱同，抑未考《南太常志》耶？享殿配位出自宸断，相传必有确据，故志之不少讳，而微与玉牒牴牾，诚不知其解。或曰，《宋史》，杜太后生邕王光济，太祖，太宗，秦王廷美，夔王光赞，而廷美传云，母陈国夫人耿氏，非杜太后也。鸤鸠鸠之德，均爱七子，可以知高皇后矣。而高皇后无子何讳？他王母以诸书及太常寺之志较之，多不合。楚鲁代郢齐谷唐伊潭九王同母，亦奇。

二、记载源于民间传说者。刘献廷《广阳杂记》卷二云：

明成祖非马后子也。其母瓮氏，蒙古人。以其为元顺帝之妃，故隐其事。宫中别有庙，藏神主，世世祀之，不关宗伯。有司礼太监为彭恭庵言之。余少每闻燕之故老为此说，今始信焉。

上文所举吾所见抄本所转录之笔记，亦属此类，惜佚其名。

三、记载出自敌国者。《蒙古源流》卷八：

先是蒙古托衮特穆尔乌哈噶图汗（案，即元顺帝）岁次戊申，汉人朱葛诺延年二十五岁，袭取大都城，即汗位，称为大明朱洪武汗。其乌哈噶图汗之第三福晋系洪吉喇特托吉托太师之女，名格哷勒德哈屯，怀孕七月，洪武汗纳之。越三月，是岁戊申，生一男。朱洪武降旨曰，从前我汗曾有大恩于我，此乃伊子也。其恩应报，可为我子，尔等勿以为非。遂养为己子，与汉福晋所生之子朱代共二子。朱洪武在位三十年，岁次戊寅，五十五岁，卒。大小官员商议，以为蒙古福晋之子虽为兄，系他人之子，长成不免与汉人为仇。汉福晋之子虽为弟，乃嫡子，应奉以为汗。朱代庚戌年生，岁次戊寅，年二十九岁，即位。在位四越月十八日即卒。于是年无子。其蒙古福晋所生子，于己卯年三十二岁，即位。于是即请噶尔玛巴之特衮齐楞伊哷克森啰勒贝多尔济萨斯嘉之大乘丹簪绰尔济黄教之大慈札木禅绰尔济等三人，阐扬法教，俾大国普众安享太平。在位二十二年，岁次庚子，年五十岁，卒。

寻绎上所抄录成祖生母为谁之传说中，实含有两个不同之问题，不可混为一谈者。一是成祖是否为孝慈高皇后马氏所生？如其不然，其生母为谁何？二是成祖是否因其母曾为元庚申帝之妃而为庚申帝之子？兹依序辨之。

一　成祖是否为高后子

成祖为高后所生一说，《明实录》及《明史》皆然，此固成祖屡屡自谓者。明代掌故大家王弇洲、郑窒甫所撰述之作皆无异议。然反此说之记载大致皆源于明《南京太常寺志》，此书今在北平尚不可得。而北京大学所藏之明《太常寺志》是新抄本，来历不详，所记多北都太常所司，当与《南京太常寺志》无涉也。《南京太常寺志》虽不可得见，然引之者如许多，《康熙字典》硕字下亦引之云："明祖妃硕氏。"而《枣林杂俎》作者及沈玄华等，又谓亲见奉先殿之向次。太常志当为官书性质，似此记录当无诞妄；此与传说不同也。按，成祖屡言朕高皇帝第四子，朕高皇后第四子，等等。齐黄削藩中，亦不闻斥燕周诸王之子以母贱。此犹可曰成祖引高后以自重，齐黄等当时文字本不能传。然《明史》所本即明玉牒，必隐藏其生母而后子以母贵乎？在此等互相矛盾而两面皆有有力之史料为之后盾之时，只有一解可以通者，即成祖生于硕氏，养于高后；硕氏为贱妾，故不彰也。《明史》虽为清代官书，而其底稿实出万季野诸公。诸公皆易代之后不忘汉统者，其从明国史之直书，略官府之别录，刊民间之野言，固为其自身立场必由之径，亦是当时修史惟一之途。若不然者，以明代人之好说掌故，喜为游谈，如尽拾摭奇闻，《明史》必成晋书矣。过而谨严，此其例也。然吾人今日犹见如许多之记载，而官书之《太常寺志》犹如此说，则成祖母本为硕妃，理无疑也。《明史》在他处亦露燕王不与懿文太子同母而独与周王同母之意。《黄子澄传》云："子澄曰，……今欲问罪，宜先周。周王，燕之母弟。削周是剪燕手足也。"此明言燕周同母，更可推知与懿文太子非同母矣。谈迁云："或曰，《宋史》，杜太后生邕王光济，太祖，太宗，秦王廷美，夔王光赞，而廷美传云，母陈国夫人耿氏，非杜太后也。"正其例也。

至于硕妃事迹如何，则明代官书既无记载，私家亦鲜述说。据上文，有《广阳杂记》之蒙古人妃与本文所记佚名抄本之高丽人二说。按，硕非汉姓，此为事实，至其或为蒙古人，或为高丽人，更或为色目人，皆有可能，而皆无证。太祖子秦王樉，实聘元河南王王保保（扩廓帖木儿）之妹为正妃，是太祖不以婚于异族为嫌。婚犹如此，何况取妾？太祖席郭氏之业，转战江淮，攻城略土，所夷剪元代之官吏必多，则虏其妻女以为姬妾，本起兵草泽者必有之事。据《太祖实录》及《国榷》诸书，成祖生于元至正二十年（一三六〇）庚子（宋龙凤六年）四月癸酉，其年陈友谅弑其主徐寿辉而与吴决战于鄱阳，兵败身死。此时太祖从郭氏起兵已八年，江淮重镇，略取已多，北淮南浙，建都应天，正元世河南江南两省菁华之区，其有略取元朝大官妻孥之机会，更不待言焉。或者硕妃竟为高丽人。盖蒙古人为妾，殊无特长，而色目诸族，来自西方，亦未必适于为汉人之妾。独高丽人，久染中土之文华，复为海东之靡土。《庚申外史》记元顺帝时风尚云：

> 祁宫（庚申帝次后祁氏，高丽人）亦多蓄高丽美人。大臣有权者，辄以此女送之。京师达官贵人，必得高丽女然后为名家。高丽婉媚，善事人，至则多夺宠。自至正以来，宫中给事使令大半为高丽女，以故四方衣服靴帽器物皆依高丽样子。此关系一时风气，岂偶然哉！

此风至明成祖时，宫中犹然。《枣林杂俎》义集《彤管篇》云：

> 永乐中贤妃权氏，顺妃任氏，昭仪李氏，婕妤吕氏，美人崔氏，俱朝鲜国王李芳远所进。权妃秾粹，善吹玉箫，见

> 幸。永乐八年，从征还，至临城薨，谥恭献。芳远驿送妃父永均至，食光禄大夫禄，寻遣归。正德中卒，白金米布，赙赐有嘉。权氏薨时，后司彩王氏作宫词："琼花移入大明宫，旖旎浓香韵晚风。赢得君王留步辇，玉箫嘹亮月明中。"盖指权妃也。

抑由成祖之母为高丽人，故成祖亦特爱高丽姬与？

二　碽妃是否曾为庚申帝妃因而成祖为庚申帝子

此一传说虽传于明代之民间，远及敌国，然其为无稽之谈无疑。以明太祖之雄猜阴狠，如燕王所出来历不明，独肯封于最大之藩，最重之都，胜国之旧京，假以重兵乎？一也。成祖妻徐氏，中山女也。中山为明祖第一勋臣，其女所配，宜不及于螟蛉贱种，二也。终洪武之世，北边未靖，故北边诸藩皆节制军权。洪武末年，燕王所膺尤重，及帝不豫时，犹以燕谷辽宁诸护卫归燕王节制，三也。且明人传说，高皇帝尝以燕王善战似己，欲废皇太孙而立之，卒以人心归附太孙而罢。此言纵不实，然终洪武之世，不闻太祖与燕王间有破绽，且屡命之出塞讨虏，继徐达以镇北平，宿将如傅友德等，皆归其节制，四也。充此类而列之，正不胜举。然犹可曰此是常识之判断。史事以证据为先，则请言其确证。

明将虏元室妻孥事，一在洪武二年（即一三六九年）六七月间。《明史·常遇春传》云："诏遇春还备，以平章李文忠副之。……遂拔开平，元帝北走追奔数百里。获其宗王庆生，及平章鼎住等，将士万人，车万辆，马三千匹，牛五万头，子女宝货称是。"一在洪武三年

（一三七〇）五月。《李文忠传》云："次开平，降平章上都罕等。时元帝已崩，太子爱猷识里达腊新立。文忠谍知之，兼程趋应昌，元嗣君北走，获其嫡子买的立八剌暨后妃宫人诸王将相官属数百人，及宋元玉玺金宝十五，玉册二，镇圭大圭玉带玉斧各一。"前此洪武元年秋，徐达等北伐。闰七月丙寅，克通州，元帝率后妃太子奔上都。八月庚午，徐达入元都。《庚申外史》亦与《明史》同，其文云："后七月二十七日，大军至通州。帝得报，大惧，即日委淮王帖木儿不花、丞相庆童，留守大都。二十八夜，帝即卷其子女玉帛出居庸关，遁入上都。八月三日，大军至齐化门外，一鼓而克全城。"然则洪武元年，元庚申帝弃大都时，并未弃其妃妾。前此则元帝家室不在大都之外，河北又远非朱氏初年用兵所及，沙关虽曾一度陷上都而东行，大都门外复为孛罗扩廓之战场，至正二十四年，祁后虽曾一度屏居后载门外，然庚申帝并无丧其室家之事，而明祖尤不能得之于三千里外。纵退一步言之，元帝妃之入明在洪武元年，次年即生子，不必为洪武二年或三年，然洪武元年之次年上距《国榷》等所载燕王以至正二十年生相去已十年，此之差误太大。若曰改实录以灭迹，又焉能尽改懿文太子秦晋周楚等初封十子之生年？且燕王之封与秦晋诸王皆在洪武三年，治兵凤阳之命皆在洪武九年，燕王之国在洪武十三年，燕王节制傅友德兵征元孽在二十三年，从此专征一方。封藩固可行之于襁褓，而治兵不能在七八岁时，之国远方尤不能在十一二岁时，此事实皎然者。至于《吾学编》所记"吴元年，上念七子渐长，宜习劳，令内侍制麻屦行縢。凡出城稍远，马行十七，步十三"，则从《广阳杂记》等说，事反在成祖生前。其他类此之传说，按实录等考之，皆与年岁不合。从此可断然知元顺帝子一说之妄也。

虽然，成祖蒙此不洁之名，亦自有故。高帝自洪武中年以后，肆行杀戮，世人所望，惟在太孙。高帝春秋已高，太孙浸润儒术，天下归心。其后卒以谋之不善，亡于燕王；而燕王更肆行屠杀，对逊国遗臣倒行逆施无所不至。于是终明之世，士大夫心中固以建文为正，以永乐为篡，于是逊国遗闻，凭空生如许之多。如《儒林外史》所说杜慎卿之评语，以成祖为是者，诚易代后之公言。在明人心中，永乐非他，绝懿文之系，灭方孝孺之十族者也。偏偏其生母非汉姓，而洪武元年直接至正，庚申帝为瀛国公子之说依然甚嚣于人心（详附记一），则士人凭感情之驱率，画依样之葫芦，于是碽妃为庚申帝妃，成祖为庚申帝子矣。年代之不合，不问也。此说传至外国，遂有《蒙古源流》上所记之说。此书直以成祖为格哷勒德哈屯（即弘吉剌）所生，则弘吉剌死于至正二十五年，《元史》记其谥号及祁后讥语，此等史料，不辩自破。

大凡官书失之讳，私记失之诬。明国史略成祖之生母，讳也。明野史谓成祖为元孽，诬也。成祖愈讳言其生母，私家愈侈言其真父。此犹官报与谣言，各有所缺。后之学者，驰骋于官私记载之中，即求断于讳诬二者之间。史料不可一概论，然而此义是一大端矣。

附记一　宋德祐帝为元庚申帝真父之一传说，在元末明初流传甚盛。此等宫闱秘史，真伪皆难证明。惟有一点较明白者，即此事在当时已成一大案是也。《元史·虞集传》云："初，文宗在上都，将立其子阿剌忒纳答剌为皇太子，乃以妥欢帖木儿太子乳母夫言，明宗在日，素谓太子非其子，黜之江南驿。召翰林学士承旨阿邻贴木儿奎章阁大学士忽都鲁笃弥实书其事于脱卜赤颜，又诏集使书诏播告中外。"《庚申外史》亦云：

尚书高保哥奏言："昔文宗制诏天下，有曰：'我明宗在

> 北之时，谓陛下素非其子。'”帝闻之，大怒，立命撤去文宗神主于大庙，并问当时草诏者为何人。遂欲杀虞伯生。马雍、古祖常二人呈上文宗御批，且曰：“臣受敕记载，实不获已。”脱脱在旁，因曰：“彼皆负天下重名，后世只谓陛下杀此秀才。”故舍之而不问。

此只言元廷谓妥欢贴木儿非明宗之子，未尝言其为宋后也。然《庚申外史》又云：

> 国初，宋江南归附时，瀛国公，幼君也。入都，自愿为僧白塔寺中，已而奉诏居甘州山寺。有赵王者，因嬉游至其寺，怜国公年老且孤，留一回回女子与之。延祐七年，女子有娠，四月十六日夜，生一男子。明宗适自北方来，早行，见其寺上有龙文五彩气，即物色得之，乃瀛国公所居室也。因问：“子之所居，得无有重宝乎？”瀛国公曰：“无有。”固问之，则曰：“今早五更后，舍下生一男子耳。”明宗大喜，因求为子，并其母载以归。

此则直以顺帝为宋后。《佛祖历代统载》三十六，载癸亥至治三年“四月，赐瀛公合尊死于河西”。又谈迁曰（《国榷》元至正十五年）：

> 宋帝㬎降元，封瀛国公，俾尚公主。后因侍宴有奇怪之征，忌之，遣学佛法于帝师，遂居漠北。其后明宗逃居沙漠行帐，适与瀛国公相近，缔好甚密。一夕，明宗方寝，闻瀛国公帐中有笙镛声。问其故，乃婴儿始生而啼也。知其非常

> 人，遂乞归，养为子，妥欢帖木儿是也。闽人余应有诗纪之，见何乔新郑晓所载。又瀛国薙发号合尊大师，终嫌死。舅氏吴泾梦来告曰：“吾得请于帝，行报矣。”

此所谓嫌者，不知是何嫌。然至治二年，禁汉人执兵器、出猎及习武艺。（南人之禁当更在先。）时蒙古朝廷防异族更严，瀛国公死，或由于此。必谓瀛国公以为庚申帝父而见杀，亦无据也。此事元末必为世间所侈谈，故袁忠彻《符台外集》亦有之（见《明史·袁忠彻传》）。相传余应诗云（见《菽园杂记》）：“是时明宗在沙漠，缔交合尊情颇浓。合尊之妻夜生子，明宗隔帐闻笙镛。乞归行宫养为嗣，皇考崩时年甫童。”然以元末诸王之好乱，顺帝入主，竟无执异称兵者。而刘青田《走马引》责之曰：“鲁庄何以为人为。”盖谓顺帝既为明宗子，何以不报父仇，但去文宗在太庙之位，而诏以将立其子为言而已。（此说本之朱彝尊、毕沅等。）据此可知庚申帝为宋后之说，民间盛传，而合尊之死，尤足以张此疑虑，然而终不可为确说也。

宋之剪灭于黑鞑，色目番僧，荼毒亿兆，人心思汉，故韩山童以宋为号，强豪依附，郭氏明祖其一。此可见当时人心，而大明之统，固接韩宋者也。永乐所出之野语，固是同一心理所表现，而前之榜样，正为后之葫芦。不有庚申帝之疑闻，亦无顺帝子之妄语也。

附记二　此文所据最重要材料，竟但凭记忆，且妄其名称，实不当即以付印。然旧抄杂记不知后来尚可遇之否？与其久而尽妄，何若记之以待后之补苴？故匆匆写此文，适以志随便将史料放手之过。若承博闻者示以同类材料，以资修改，至为感幸！

此文所引材料，如《枣林杂俎》《陶庵梦忆》等，皆由陈寅恪先生告我所在，谨志感谢。

夷夏东西说

这一篇文是我在“九一八”以前所作《民族与古代中国史》一书中的三章。这一书已成之稿，大致写在“九一八”前两年至半年间。这三章是二十年春天写的，因时局的影响，研究所迁徙两次，我的工作全不能照预定呈规，所以这一书始终不曾整理完。现在把其中的三章，即本文的三章，编成一文，敬为蔡孑民师寿。 因为本是一部书，所以中间常提到他章，现在改作“别见某文，未刊”。这一篇中的中心思想，是我十余年前的见解，此数章写成亦在数年前。这几年中我没有在这一线上用工夫，所以除字句略加修正及末一节以外，几全是当年的原文。此文本应附图，现在亦来不及作了。

二十三年十月

自东汉末以来的中国史，常常分南北，或者是政治的分裂，或者由于北方为外族所统制。但这个现象不能倒安在古代史上。到东汉，长江流域才大发达。到孙吴时，长江流域才有独立的大政治组织。在三代时及三代以前，政治的演进，由部落到帝国，是以河、济、淮流域为地盘的。在这片大地中，地理的形势只有东西之分，并无南北之限。历史凭借地理而生，这两千年的对峙，是东西而不是南北。现在以考察古地理为研究古史的一个道路，似足以证明三代及近于三代之前期，大体上有东西不同的两个系统。这两个系统，因对峙而生争斗，因争斗而起混合，因混合而文化进展。夷与商属于东系，夏与周属于西系。以下四章是为求能证明这个设定而写的。先从商代说起，上溯夏后世者，因为后王事迹多，容易看清楚，先讨论他，于了解此文之命意上似乎便当些。

第一章　亳——商——殷

一　商代发迹于东北渤海与古兖州是其建业之地

下列数事，合起来可证成本节标题所假定。

甲、《诗·商颂》："天命玄鸟，降而生商。"又："有娀方将，帝立子生商。"这个故事的意义，可以《吕氏春秋·音初篇》所记说明之：

> 有娀有二佚女，为之九成之台，饮食必以鼓。帝令燕往视之，鸣若谥隘。二女爱而争搏之，覆以玉筐。少选，发而视之，燕遗二卵北飞，遂不反。二女作歌，一终曰："燕燕往飞。"实始作为北音。

《商颂》中所谓"玄鸟"及"有娀"之本事，当即此说之内容。此一神话之核心，在于宗祖以卵生而创业。后代神话与此说属于一源而分化者，全在东北民族及淮夷。现在将此神话之重要材料录于下方：

> 〔《论衡·吉验篇》〕北夷橐离国王侍婢有娠，王欲杀之。婢对曰："有气如大鸡子，从天而下，我故有娠。"后生子，

捐于猪溷中。猪以口气嘘之，不死。复徙置马栏中，欲使马藉杀之。马复以口气嘘之，不死。王疑以为天子，令其母收取，奴畜之，名东明，令牧牛马。东明善射，王恐夺其国也，欲杀之。东明走，南至掩淲水，以弓击水，鱼鳖浮为桥，东明得渡。鱼鳖解散，追兵不得渡，因都王夫馀，故北夷有夫馀国焉。(《魏志》三十《夫馀传·注》引《魏略》同。)

〔《魏书·高句丽传》〕高句丽者，出于夫馀。自言先祖朱蒙。朱蒙母河伯女，为夫馀王闭于室中，为日所照，引身避之，日影又逐。既而有孕，生一卵，大如五升。夫馀王弃之与犬，犬不食。弃之与豕，豕又不食。弃之于路，牛马避之。后弃之野，众鸟以毛茹之。夫馀王割剖之，不能破，遂还其母。其母以物裹之，置于暖处，有一男破壳而出。及其长也，字之曰朱蒙。其俗言朱蒙者，善射也。夫馀人以朱蒙非人所生，将有异志，请除之。王不听，命之养马。朱蒙每私试，知有善恶，骏者减食令瘦，驽者善养令肥。夫馀王以肥者自乘，以瘦者给朱蒙。后狩于田，以朱蒙善射，限之一矢。朱蒙虽矢少，殪兽甚多。夫馀之臣又谋杀之，朱蒙母阴知，告朱蒙曰："国将害汝，以汝才略，宜远适四方。"朱蒙乃与乌引、乌违等二人弃夫馀东南走。中道遇一大水，欲济无梁，夫馀人追之甚急。朱蒙告水曰："我是日子，河伯外孙。今日逃走，追兵垂及，如何得济？"于是鱼鳖并浮，为之成桥。朱蒙得渡，鱼鳖乃解，追骑不得渡。朱蒙遂至普述水，遇见三人，其一人著麻衣，一人著衲衣，一人著水藻衣，与朱蒙至纥升骨城，遂居焉。号曰高句丽，因以为氏焉。

〔高丽好大王碑〕惟昔始祖邹牟王之创基也，出自北夫馀，天帝之子，母河伯女郎，剖卵降出。生子有圣□□□□□□命驾巡东南下，路由夫馀奄利大水。王临津言曰：“我是皇天之子，母河伯女郎，邹牟王，为我连葭浮龟。”应声即为连葭浮龟，然后造渡于沸流谷忽本西城山上而建都焉。永乐□位，因遣黄龙来下迎王，王于忽本东冈黄龙负升天。

〔高丽王氏朝金富轼撰《三国史记·高句骊纪》〕始祖东明圣王姓高氏，讳朱蒙。（一云邹牟，一云象解）先是，扶馀王解夫娄老，无子，祭山川求嗣。其所御马至鲲渊，见大石，相对流泪。王怪之，使人转其石，有小儿，金色，蛙形。（蛙一作蜗）王喜曰：“此乃天赉我令胤乎？”乃收而养之，名曰金蛙。及其长，立为太子。后其相阿兰弗曰：“日者天降我曰：‘将使吾子孙立国于此，汝其避之东海之滨，有地号曰迦叶原，土壤膏腴，宜五谷，可都也。’”阿兰弗遂劝王移都于彼国，号东扶馀。其旧都有人，不知所从来，自称天帝子解慕漱来都焉。及解夫娄薨，金蛙嗣立。于是时得女子于大白山南优渤水，问之，曰：“我是河伯之女，名柳花，与诸弟出游，时有一男子自言天帝子解慕漱，诱我于熊心山下鸭绿边室中私之，即往不返。父母责我无媒而从人，遂谪居优渤水。”金蛙异之，幽闭于室中。为日所炤，引身避之，日影又逐而炤之，因而有孕。生一卵，大如五升许。王弃之于犬豕，皆不食。又弃之路中，牛马避之。后弃之野，鸟覆翼之。王欲剖之，不能破，遂还其母。其母以物裹之，置于暖处，有一男儿破壳而出，骨表英奇。年甫七岁，嶷然异常。自作弓矢射之，百发百中。扶馀俗语善射为朱蒙，故以名云。

金蛙有七子，常与朱蒙游戏，其伎能皆不及朱蒙。其长子带素言于王曰："朱蒙非人所生，其为人也勇，若不早图，恐有后患，请除之。"王不听，使之养马。朱蒙知其骏者而减食令瘦，驽者善养令肥。王以肥者自乘，瘦者给朱蒙。后猎于野，以朱蒙善射，与其矢小，而朱蒙殪兽甚多。王子及诸臣又谋杀之，朱蒙母阴知之，告曰："国人将害汝，以汝才略，何往而不可？与其迟留而受辱，不若远适以有为。"朱蒙乃与乌伊摩离陕父等三人为友，行至淹淲水，（一名盖斯水，在今鸭绿江东北）欲渡无梁，恐为追兵所迫，告水曰："我是天帝子，河伯外孙，今日逃走，追者垂及，如何？"于是鱼鳖浮出成桥，朱蒙得渡，鱼鳖乃解，追骑不得渡。朱蒙行至毛屯谷，（《魏书》云，至普述水）遇三人，其一人着麻衣，一人着衲衣，一人着水藻衣。朱蒙问曰："予等何许人也？何姓何名乎？"麻衣者曰："名再思。"衲衣者曰："名武骨。"水藻衣者曰："名默居。"而不言姓。朱蒙赐再思姓克氏，武骨仲室氏，默居少室氏。乃告于众曰："我方承景命，欲启元基，而适遇此三贤，岂非天赐乎？"遂揆其能，各任以事，与之俱至卒本川。（《魏书》云，至纥升骨城）观其土壤肥美，山河险固，遂欲都焉，而未遑作宫室，但结庐于沸流水上居之。国号高句丽，因以高为氏。（一云，朱蒙至卒本，扶馀王无子，见朱蒙，知非常人，以其女妻之。王薨，朱蒙嗣位。）时朱蒙年二十二岁，是汉孝元帝建昭二年。

〔朝鲜《旧三国史·东明王本纪》〕（案，原书已佚，日人今西龙在内藤虎次郎颂寿纪念史学论丛中所作"朱蒙传说"据高丽王氏朝李奎报《李相国文集》中之《东明王篇注释》

辑录成篇，并以《朝鲜世宗实录》《地理志·平安道》“平壤”条所载者补订之。此处所引，即据今西龙氏辑文）夫馀王解夫妻老无子，祭山川求嗣。所御马至鲲渊，见大石流泪。王怪之，使人转其石，有小儿金色蛙形。王曰：“此天赐我令胤乎？”乃收养之，名曰金蛙，立为太子。其相阿兰弗曰：“日者天降我曰，将使吾子孙立国于此，汝其避之东海之滨，有地号迦叶原，土宜五谷，可都也。”阿兰弗劝王移都，号东夫馀。于旧都解慕漱，为天帝子来都。汉神雀三年壬戌岁，（四月甲寅）天帝遣太子降游扶余王古都，号解慕漱。从天而下，乘五龙车，从者百余人，皆骑白鹄，彩云浮于上，音乐动云中，止熊心山，经十余日始下。首戴鸟羽之冠，腰带剑光之剑，朝则听事，暮即升天，世谓之天王郎。城北青河河伯（青河今鸭绿江也）有三女，长曰柳花，次曰萱花，季曰苇花。三女自青河出游熊心渊上，神姿艳丽，杂佩锵洋，与汉皋无异。王谓左右曰：“得而为妃，可有后胤。”其女见王，即入水。左右曰：“大王何不作宫殿，俟女入室，当户遮之？”王以为然。 以马鞭画地，铜室俄成，壮丽于空中。王三席置樽酒，其女各座其席，相欢，饭酒大醉，云云。王俟三女大醉，急出遮。女等惊走，长女柳花为王所止。河伯又怒，遣使告曰：“汝是何人，留我女乎？”王报云：“我是天帝之子，今欲与河伯结婚。”河伯又使告曰：“汝若天帝之子，于我有求婚者，当使媒，云云。今辄留我女，何其失礼？”王惭之。将往见河伯，不能入室。欲放其女，女既与王定情，不肯离去。乃劝王曰：“如有龙车，可到河伯之国。”王指天而告，俄而五龙车从空而下。王与女乘车，风云忽起，至其宫。河伯备礼迎之。坐定，谓曰："婚姻之道，天下之通规。为何失礼，辱我门宗？"河伯曰："王是天帝之子，有何神异？"王曰："唯在所试。"于是河伯于庭前水化为鲤，随浪而游，王化为獭而捕之。河伯又化为鹿而走，王化为豺逐之。河伯化为雉，王化为鹰击之。河伯以为诚是天帝之子，以礼成婚。恐王无将女之心，张乐置酒，劝王大醉，（河伯之酒七日乃醉）与女入于小革舆中，载以龙车，欲令升天。其车未出水，王即酒醒。取女黄金钗，刺革舆，从孔独出升天。河伯大怒其女，曰："汝不从我训，终辱我门。"令右左绞挽女口，其唇吻长三尺，唯与奴婢二人贬于优渤水中。优渤，泽名，今在太伯山南。渔师强力扶邹告金蛙曰："近有盗梁中鱼而将去者，未知何兽也？"王乃使渔师以网引之，其网破裂。更造铁网引之，始得一女，坐石而出。其女唇长，不能言。令三截其唇，乃言。王知天帝子妃，以别宫置之。其女怀牖中日曜，因以有娠。神雀四年癸亥岁夏四月，生朱蒙，啼声甚伟，骨表英奇。初生，左腋生一卵，大如五升许。王怪之，曰："人生鸟卵，可为不祥。"使人置之马牧，群马不践。弃于深山，百兽皆护。云阴之日，卵上恒有日光。王取卵送母养之，卵终乃开，得一男。生未经月，言语并实。谓母曰："群蝇嗜目，不能睡，母为我作弓矢。"其母以荜作弓矢与之，自射纺车上蝇，发矢即中。扶余谓善射曰朱蒙。年至长大，才能兼备。金蛙有子七人，常共朱蒙游猎。王子及从者四十余人，唯获一鹿。朱蒙射鹿至多。王子妒之，乃执朱蒙缚树，夺鹿而去。朱蒙树拔而去。太子带素言于王曰："朱蒙神勇之士，瞻视非常，若不早图，必有后患。"王使朱蒙牧马，欲试其意。朱蒙内怀恨，谓母曰："我是天帝之孙，为人牧马，生不如死，欲往南土造国家，母在，不敢自专，云云。"其母曰："此吾之所以日夜腐心也。""吾闻士之涉长途者，顺凭骏足，吾能择马矣。"遂往牧马，即以长鞭乱捶，群马皆惊走，一骑马跳过二丈之栏。朱蒙知马骏逸，潜以针捶马舌，痛不食水草，其马瘦悴。王巡行马牧，见群马悉肥，大喜，仍以瘦赐朱蒙。朱蒙得之，拔其针加倭云。暗结乌伊摩离陕父等三人，南行至淹滤，一名盖斯水，在今鸭绿东北，欲渡无舟。恐追兵奄及，乃以策指天，慨然叹曰："我天帝之孙，河伯之甥，今避难至此。皇天后土怜我孤子，速致舟桥。"言讫，以弓打水，龟鳖浮出成桥，朱蒙乃得渡。良久，追兵至。追兵至河，鱼鳖桥即灭，已上桥者皆没死。朱蒙临别，不忍睽违。其母曰："汝勿以一母为念。"乃裹五谷种以送之。朱蒙自切生别之心，忘其麦子。朱蒙息大树之下，有双鸠来集。朱蒙曰："应是神母使送麦子。"乃引弓射之，一矢俱举，开喉得麦子。以水喷鸠，更苏而飞去，云云。王行至卒本川，庐于沸流水上，国号为高句丽。王自坐茀绝之上，略定君臣神。（中略）在位十九年，秋九月，王升天不下，时年四十。太子以所遗玉鞭葬于龙山，云云。（下略）

(《清太祖武皇帝实录》)（故宫博物院藏本。按《清太祖实录》今已发见者有三本，一名《太祖武皇帝实录》，藏北平故宫博物院，是最初本。一名《太祖高皇帝实录》，是一稿本，涂改数遍，藏中央研究院历史语言研究所。一亦名《太祖高皇帝实录》，藏北平故宫博物院，已由该院印出，此为最后之本。又有《满洲实录》，藏沈阳故宫博物院，已由该院影印，文饰较少，当在故宫第一本及中央研究院稿本之间。今录故宫第一本，而注明沈阳本之异文。）长白山高约二百里，周围约千里。此山之上有一潭名他门，（沈阳本作闼门）周约八十里。鸭绿、混同、爱滹三江，俱从此山流出。鸭绿江自山南泻出向西流，直入辽东之南海。混同江自山北泻出向北流，直入北海。爱滹江向东流，直入东海，此三江中每出珠宝。长白山山高地寒，风劲不休，夏日环山之兽俱投憩此山中。（沈阳本此下有云，此山尽是浮石，乃东北一名山也。又以下提行。《满洲源流》：满洲原起于长白。）山之东北布库里山下一泊，名布尔（沈阳本作勒）瑚里。初，天降三仙女浴于泊，长名恩古伦，次名正古伦，三名佛库伦。浴毕上岸，有神鹊衔一朱果置佛库伦衣上，色甚鲜妍。佛古（沈阳本作库）伦爱之不忍释手，遂衔口中。甫著衣，其果入腹中，即感而成孕。告二姊曰："吾觉腹重，不能同升，奈何？"二姊曰："吾等曾服丹药，谅无死理。此乃天意，俟尔身轻上升未晚。"遂别去。佛库伦后生一男。 生而能言，倏尔长成。母告子曰："天生汝，实令汝为夷国主。（沈阳本作以定乱国）可往彼处将所生缘由一一详说。"乃与一舟。"顺水去，即其地也"。言讫，忽不见。其子乘舟顺流而下，至于人居之处，登岸，折柳条为坐具，似椅形，独踞其上。彼时长白川东南鳌莫惠（地名）鳌多理（城名。此两名沈阳本作鄂谟辉鄂多理），内有三姓夷酋争长，（沈阳本作争为雄长）终日互相杀伤。适一人来取水，见其子举止奇异，相貌非常，回至争斗之处，告众曰："汝等无争。我于取水处遇一奇男子，非凡人也。想天不虚生此人，盍往观之？"三酋长（沈阳本作三姓

> 人）闻言罢战，同众往观。及见，果非常人。异而诘之，答曰："我乃天女佛库伦所生，姓爱新（华语〔沈阳本作汉言〕金也）觉罗（姓也），名布库理雍顺，天降我定汝等之乱。"因将母所属之言，详告之。众皆惊异曰："此人不可使之徒行。"遂相插手为舆，拥捧（沈阳本作护）而回。三姓人息争，共奉布库里英雄（沈阳本作哩雍顺）为王，以百里女妻之。其国定号满洲，乃其始祖也。（南朝误名建州）

如上所引，可知此一传说在东北各部族中之普遍与绵长。此即东北人之"人降"神话。在东北人以外，古淮夷亦有此神话：

> 〔《史记·秦本纪》〕秦之先，颛顼之苗裔，孙曰女修。女修织，玄鸟陨卵，女修吞之，生子大业。大业取少典之子，曰女华，生大费，与禹平水土。

按此虽记秦之祖，然实叙夷淮之祖，因秦本嬴姓，嬴姓在商代，凭殷人西向之势，自岱南出建部落于西北，事见《秦本纪》。淮夷本是东海上部类，《诗·鲁颂》"至于海邦，淮夷来同"，是其证。然则淮夷与东北沿海诸族同其人降之神话，本不足怪。且此处之神话，明明归本于颛顼氏；颛顼正是东北方部落之宗神。《晋书》卷一百八（慕容）"廆以大棘城即帝颛顼之墟也"。可以为证。据此考量，淮夷有此神话，正自东北来，即当人之东北一类中也。

然而此一神话殊不以东北为限，殷商亦然。《诗》所谓"天命玄鸟，降而生商"，所谓"有娀方将，帝立子生商"者，据郑笺云："天使鳦下而生商者，谓鳦遗卵，有娀氏之女简狄吞之而生契。"是谓玄鸟之卵，人有娀氏女之腹，遂生商祖。然则《商颂》中此一神话，与上文所举后来东北各部族中之神话，明明白白是一件事，至少是一个来源。持此以证商代来自东北，固为不足；持此以证商代之来源与东北有密切关系，至少亦是文化的深切接触与混合，乃是颇充足，很显然的。[①]

乙、《诗·商颂》："宅殷土芒芒。"我们要看商所宅之殷土在何处。自武乙以来所都之处，《史记》称之曰殷墟。殷墟正在洹水南岸，今河南安阳境。不过这是后来的话，不足证殷商之本在河北，当更由他法寻求称殷商部族之本土。《吕氏春秋·慎大览》："亲郼如夏。"高诱曰："郼读如衣，今兖州人谓殷氏皆曰衣。"毕沅证之曰："《书》武成殪戎殷，《中庸》作壹戎衣。二字声本相近。"然则殷即郼，郼韦卫三字当为一字之异体。今能寻卫韦之所在，则殷土之原来地望可知。卫者，康侯封所受之旧名。康侯之国名卫，并非康侯自他处带去，（若燕之本不在蓟，鲁之本不在曲阜）而为其地之旧名者，可以下列考量证之。康叔本封于康，故建侯于卫时犹曰康叔，其子犹曰康伯，从此可知卫为沬邦（即《诗》之"沬乡牧野"）之本名，当今彰德卫辉、大名一带之地。韦者，一曰豕韦。《左传》哀二十四杜注曰："东郡白马县东南有韦城。"晋白马县当今滑县东境一带，其四围正在古所谓河济之间。《吕氏春秋·有始览》又云："河济之间为兖州，卫也。"此尤明示卫之地望，更由此可知称殷之原来所在。其实殷兖（古作沇）二字，或者也不免是一词之变化，音韵上非不可能。此说如不错，则殷、衣、韦、郼、卫、沇、兖，尽由一源，只缘古今异时，成殊名耳。商之先世，于建业蒙亳之先（说详下）宅此殷土，则成汤以前先公发祥自北而南

① 此节含义已见拙著《东北史纲初稿》第一卷一四至二四叶。彼处于本文所引资料外，更及"妣乙"一辞。今承董作宾先生告我："王国维所释'妣乙'二文实是'河'字，其''一字，则为'岳'字。"按董说甚确，故删是段。

之踪迹，可以推知矣。

丙、《诗·商颂》："相土烈烈，海外有截。"试为"景员维河"之国家设想，最近之海为渤海，最近可能之海外为辽东半岛或朝鲜西北境。相土为商代甚早之先王，在契之后，汤之前，并在王恒王亥之前。以如此早之一代，竟能戡定海外，则其根据地必去渤海不远。纣殁后，殷人以亡国之余，犹得凭箕子以保朝鲜，朝鲜如不早在其统治之内，甚难以亡国余烬，远建海邦。然则箕子之东，只是退保辽水之外，"从先王居"而已，犹之金亡后犹在混同江边保其女真族，元亡后犹在漠南北保其蒙古族。①

据以上三事，则最早最可信之史料——《商颂》——已明明告诉我们，殷代之祖先起自东北方矣！然证据尚不只此。

丁、王恒亦是殷先王世系中甚早者，他与有易有一段相杀的故事。（王国维考之甚确。）按，都邑之名每以迁徙而移，水名则不移。有易之地望可以易水所在推知其概。王恒王亥上甲微三世既皆与有易发生关系，而王恒且为有易虏去做牧夫，则此时殷先公之国境，必与有易毗连可知，即必在今河北省境北部或中部可知。查王国维所证与此事有涉之《天问》十二韵云：

> 该（亥）秉季德，厥父是臧。胡终弊于有扈，（易之误。据王考）牧夫牛羊？干协时舞，何以怀之？平胁曼肤，何以肥之？有扈（易）牧竖，云何而逢？击床先出，其命何从？恒秉季德，焉得夫朴牛？何徃营班禄，不但（疑旦之误）还来？昏微遵迹，有狄（易之借字。据王考）不宁。何繁鸟萃

---

① 《左·昭九》："肃慎燕亳，吾北土也。"此当为亳之本土。说详下。又，朝鲜一辞不见六经。按之司马相如《上林赋》，"齐……斜与肃慎为界"。西汉齐国之斜界正为朝鲜，或者战国以来所谓朝鲜，即古之肃慎耶？说别详。

棘，（疑林之误）负子肆情？眩（亥）[1] 弟并淫，危害厥兄。何变化以作诈，后嗣而逢长？

今更据文义推测此一故事之大略面目。一个故事，每因同源异流之故，化为几个不同的面目。现在看看《天问》中这个故事的面目，果与其他记同一故事者合否。照这十几韵中的含义，大约殷王季是这个故事中一个重要的人物，大约服牛之功是当归之于季的，所以谈到他的儿子们，一则曰："该秉季德"，再则曰："恒秉季德"。此点正与《国语》祭统合，二者皆以为冥（据王考，即季）有大功。然则王氏以为"《山海经》《天问》《吕览》《世本》皆以王亥为始作服牛之人"，在《天问》或不如此。《天问》既曰该恒秉季德，是此一重要制作，在王亥不过承袭父业，或者《天问》作者心中是以王季担此制作之任者。王季有几个儿子，其中亥恒皆能秉父德，不幸亥之诸弟（恒当除外）实行"共妻主义"，偏这群人自己没遭祸事，祸事到老兄头上，所谓"危害厥兄"也。此与郭璞《大荒东经注》引《竹书》所云"殷王子亥，宾于有易而淫焉，有易之君绵臣杀而放之"，当系一件故事之不同说法；《竹书》归罪于王亥，《天问》归罪于其弟耳。所谓"昏微遵迹，有狄不宁"者，盖上甲微在国败君亡之后，能振作旧业，压迫有狄，有狄为之不宁，此与《鲁语》祭统所谓"上甲微能帅契"者相合。不过，据《天问》之发问者，微不是王亥之子。而是亥之弟之子。故有天道难知之感，以并淫作诈害及子兄之人，其后嗣乃能长盛，为不平也。如上所析解此一故事，诸书用之者大同小异，盖此故事至晚周

---

① 此处眩字疑亦亥之误字。盖上文正说王亥王恒上甲微，下文又说汤之创业，不应中间忽插入舜象故事，如王逸所解者。即使信《国语》"商人禘舜"之舜字不误，亦应列于"简狄在台喾何喜"之前。《天问》骤看似语无伦次者，然若以"故事系统"论其次序，以韵读定其错简或不错，当知实非漫无连贯者。故舜事无论如何解，不当人之此处也。又眩胲二字在篆文虽不可乱，在隶书则甚易讹也。

已有不同之面目。然其中有一点绝无异者，即汤之先世在此期中历与有易斗争，卒能胜有易，故后世乃大。夫易水所在，古今未改，有易所在，即可推知。以数世与有易斗争之国，必为有易之邻国可知，必在今河北省中部或南部亦可知矣。

戊、《山海经》中所说之地望，初看似错乱，如匈奴见于南方，流沙见于东方之类。但全部排比一下，颇有一个线索可寻，而《大荒经》中之东西南北，尤不紊乱。今将《大荒东经》中所载一切帝王之迹抄之如下。

东海之外，大壑，少昊之国，少昊孺帝颛顼于此。

大荒之中，有山名曰合虚，日月所出。有中容之国：帝俊生中容。

有司幽之国：帝俊生晏龙，晏龙生司幽。

有白民之国：帝俊生帝鸿，帝鸿生白民。

有黑齿之国：帝俊生黑齿，姜姓。

东海之渚中有神，人面鸟身，珥两黄蛇，践两黄蛇，名曰禺虢。(《北经》作禺号）黄帝生禺虢，禺虢生禺京。禺京处北海，禺虢处东海，是惟海神。

有困民国，勾姓，而食，（郝懿行云，勾姓下而食上当有阙脱）有人曰王亥。两手操鸟，方食其头。王亥托于有易，河伯仆牛。有易杀王亥，取仆牛。河念有易，有易潜出为国于兽方食之，名曰摇民。帝舜生戏，戏生摇民。

有五采之鸟相乡弃沙，惟帝俊下友。

东荒之中有山，名曰壑明俊疾，日月所出，有中容之国。

东海中有流波山，……其上有兽。……其名曰夔，黄帝得之，以其皮为鼓。

据此我们可说帝俊竟是《大荒东经》中唯一之帝。此外少昊一见，谓其孺颛顼于此；黄帝二见，一谓其为处于东海之禺虢之祖，一谓其得夔；舜一见，谓其为摇民之祖；皆不多见。至于中容王亥，一为俊之子，一则殷先王，正在一系中。又帝俊之见于他卷者，仅《大荒南经》，“帝俊妻娥皇，生此三身之国”“帝俊生季釐”“羲和者，帝俊之妻”；《大荒西经》“帝俊妻常羲”，《大荒北经》“东北海之外，大荒之中，河水之间，附禺之山，……帝颛顼有九嫔葬焉。……丘方员三百里，丘南帝俊竹林在焉，大可为舟。……丘西有沉渊，颛顼所浴”；及《海内经》末段之综记帝族统系。除《海内经》末段另文详论外，所有《大荒经》南西北三方中之帝俊，多是娥皇一故事之分化。至《大荒北经》所记帝俊竹林，虽列入北经，按其所述之地望，实在东北。由此统计以看帝俊之迹及其宗族，独占东北方最重要之位置。帝俊既见于殷墟文字，称曰高祖，而帝俊之地望如此，则殷代龙兴之所在可知。

综上列五事以看，直接史料与间接史料相互参会，均指示我们商起于东北。此一说，谓之为已经证成可也。

二 亳

然而竟有人把商代也算到西方去，其故大概由于亳之地望未看清楚，太史公又曾糊里糊涂说了一句。他说：“或曰：‘东方物所始生，西方物之成熟。’夫作事者必于东南，收功实者常于西北。故禹兴于西羌；汤起于亳；周之王也，以丰镐伐殷；秦之帝用雍州兴；汉之兴自蜀汉。”这话里边，只汤起于亳一说为无着落，而徐广偏“希意承旨”，以说“京兆杜县有亳亭”，于是三亳阪尹之外，复有此西亳，而商起东北之事实，竟有太史公之权威作他的反证！[①] 查亳之所在，皇甫谧已辨之，宋人亦有论及。在近代，有孙星衍（见外集《汤都考》）、胡天游（见《石笥山房集》）、郝懿行（见《山海经笺疏》）、金鹗（见《求古录礼说》）、毕亨（见《九水山房文存》）、王国维（见《观堂集林》），皆主偃师之西亳为后起之亳，汤之始都应在东方。汤自东徂西之事，在今日已可为定论。诸家所说，今不具引，仅于所论之外，补申两事：

甲、亳实一迁徙之名。地名之以居者而迁徙，周代犹然。宗周、成周虽于周上冠字，其号周则一。鲁本不在今山东南境，燕本不在今河北北境，皆因徙封而迁。（说见拙著《大东小东说》）韩本在渭水流域，而《诗·韩奕》"燕师所完""以为北伯"之韩，必在今河北省境。魏本在河东，而迁大梁后犹号魏。汉虽仍封梁王于此，而曹魏初建国，仍在此地。后世尚如此，早年"无定居"时迁徙较易，则洛邑号周，韦墟号商，亦甚自然。鲁有亳社之遗，可知亳者乃商人最初之国号，国王易其居，而亳易其地，原来不是亳有好些个，乃是亳王好搬动。或者有亳社之地皆可称亳。王国维君证汤之亳为汉之山阳郡薄县（今山东曹县境），以《左传》哀十四年"宋景公曰，薄宗邑也"为证，其说至确，然不可谓汤之所居但以此为限。偃师之亳虽无确证，然汤实灭夏，夏之区域布于今山西、河南省中，兼及陕西，而其本土在河东。（详下章）《史记》"汤遂率兵以伐夏桀，桀走鸣条"。集解引孔安国曰："地在安邑之西。"按之《吕览》等书记吴起对魏武侯云："夏桀之国左

---

① 按，京兆有亳亭一说，《史记》曾言及。（封禅书）记秦地诸祠祀有云："于社亳有三社主之祠。"《秦本纪》云："宁公二年，遣兵伐荡社。三年，与亳战，亳王奔戎，遂灭荡社。"索隐曰："西戎之君，号曰亳王。盖成汤之胤。"集解引皇甫谧曰："亳王号汤，西夷之国，……非殷也。"据此，知周桓王时之亳王，乃西戎君长，不关殷商。其居京兆杜县，当由犬戎之乱，入据畿甸。西周盛时，断不容卧榻之旁由人酣睡。意者殷克鬼方后，子姓有统率戎人部落者。逮殷之灭，遂袭亳王之号；及周之乱，遂据杜县。无论此说当否，此乃后代事，不能据之以证商代之渊源。商人何来，固当以早年地理证之，亳人发迹之所在求之；若求之于八九百年后之地名，恐无当矣。

河济，右大行，伊阙在其南，羊肠在其北。”则鸣条在河东或不误。然则汤对夏用兵以偃师一带地为根据，亦非不可能者。且齐侯博钟云：“虩虩成唐（阳），又敢（严）十（在）帝所。尃受天命，刻（克）伐頣（履）同，敱（败）乃灵师。伊少（小）臣隹辅（辅）。咸有九州，处禹之堵（都）。”（从孙仲容释）则成汤实灭夏桀而居其土。此器虽是春秋中世之器，然此传说必古而有据。又南亳虽若偏于南隅，然相传成汤放桀于南巢，南巢竟远在庐州境，则南亳未必非汤所曾至。大凡此等传说，无以证明其然，亦无以证明其不然。如以亳为城郭宫室俱备之都邑，则汤之亳自当只有一个。如以其为兵站而有社以祷之所，则正应不只一地。且汤时兵力已甚盛，千里之间，南征北战，当是史实。不过汤之中央都邑，固当以近于商宋者为差是耳。

此外济河流域中以薄或博名者，尚有数处，其来源虽有不可知者，然以声类考之，皆可为亳之音转。

蒲姑。《左传》昭九年：“及武王克商，……蒲姑商奄，吾东土也。……肃慎燕亳，吾北土也。”《齐世家》作蒲姑。《诗·毛传》同。杜云：“乐安博昌县北有薄姑城。”按，汉志千乘郡已有博昌县，当今山东博兴县。

“肃慎燕亳”之亳。此亳所在杜无说，孔谓小国不知所在。然既与肃慎燕并举，当邻于肃慎及燕。

据司马相如《子虚赋》，齐“斜与肃慎为界”。是古肃慎当即汉之朝鲜，与后世之挹娄无涉。或者此一在东北之亳即亳之初地，亦未可知。

齐博邑。在泰山下。见《齐策》。

汉东郡博平县。在济水之北，今山东博平县境。田齐世家之博陵，苏秦张仪传之博关，当即此博。

杨守敬曰:“余以为秦县之名率本于前，其有地见春秋战国而汉又有其县者，诸家虽不言秦县，安知其非秦置？……使读者知秦之立县皆有所因，而汉志之不详说者，可消息得之矣。”（见《嬴秦郡县图序》）此说甚通。博、博平二名虽见于后，渊源当有自耳。

又按，“亳”“薄”二字，同在唐韵入声十九铎，傍各切。“博”亦在十九铎，补各切。补为帮母之切字，傍为并母之切字，是“亳”“薄”二字对“博”之异仅在清浊。蒲姑之“蒲”在平声，然其声类与“亳”“薄”同，而蒲姑又在《诗·毛传》《左·杜注》中作薄姑，则“蒲”当与“薄”通。又十八铎之字在古有收喉之入声（-k），其韵质当为ak，而唇声字又皆有变成合口呼之可能，是则“蒲姑”两字正当“亳”之一音。亳字见于殷墟文字，当是本字，（《殷墟文字类编》五卷十五叶）博、薄、薄姑等，为其音转，以声类韵部求之，乃极接近。此虽未能证明之假设，却颇值得留意。

乙、蒲姑，博，薄，亳等地之分配，实沿济水两岸而逆流上行。试将此数地求之于地图上，则见其皆在济水故道之两岸，薄姑至于蒙亳皆如此。到西亳南亳方离开济水之两岸，但去济水流域仍不远。大凡一切荒古时代的都邑，不论在哪一州，多是在河岸上的。一因取水的供给，二因交通的便利。济水必是商代一个最重要的交通河流。殷墟发现的品物中，海产品甚多，贝类不待说，竟有不少的鲸骨。而《卜辞》所记，王常自渔。《左传》所谓渔“非君所及”者，乃全不适用于商王，使人发生其同于辽代君主在混同江上钓鱼之感。又“济”“齐”本是一字，如用以标水名，不着水旁亦可。洹水之“洹”有时作“亘”，可以为证。《卜辞》中有“齐餗”，而“齐餗”又近于夷方，此必指济水上地名而言。（《殷墟书契前编》卷二第十五叶：“癸巳，卜贞王旬亡𡆥，在二月，在齐餗，隹王来正〔征〕𠆢（夷）

方。”董彦堂先生示我此条。）商之先世或者竟逆济水而向上拓地，至于孟诸，遂有商丘，亦未可定。薄姑旧址去海滨不远。此一带海滨，近年因黄河之排沙，增加土地甚速。古时济漯诸水虽不能如黄河，亦当有同样而较弱之作用。然则薄姑地望正合于当年济水之入海口，是当时之河海大港无疑。至于“肃慎燕亳”之亳，既与肃慎燕并举，或即为其比邻。若然，则此之一亳正当今河北省之渤海岸，去薄姑亦在数百里以至千里之内。今假定商之先世起源于此之一亳，然后入济水流域，逆济水西上，沿途所迁，凡建社之处皆以旧名名之，直到陕西省境，于是有如许多之亳。此设想虽不能直接证明，然如上文所排列之事实，惟似惟有此解能适合之。

三　商代拓土之三期

商代享国六百年之说，今无从确证。《史记》所载之世系，按之《卜辞》，大体不差。虽帝王之历世甚多，然其间不少兄弟。或者《史记集解》引《汲冢纪年》“汤灭夏，以至于受，二十九王，用岁四百九十六年”之一说，较为可信。在此五百年中，大约有两个时期拓土最力，一是成汤时，一是武丁时。合之汤前之相土，共三个时期。此情形《商颂》中说得很明白：于《相土》曰“相土烈烈，海外有截”。于《汤》曰“武王载旆，……九有有截。韦顾既伐，昆吾夏桀”。于《武丁》曰“在武丁孙子。武丁孙子，武王靡不胜。龙旂十乘，大糦是承。邦畿千里，维民所止，肇域彼四海。四海来假”。照这样看，并参以他书所记载，这三个时期拓土的范围，当如下文所列：

一、相土的东都既在太山下，则其西部或及于济水之西岸。又曾戡定海外，当是以渤海为宇的。

二、汤时建国在蒙亳，其广野即是所谓空桑，其大渚即是孟诸

（即孟渚）。盖已取东夷之国，少昊之故域，而为邦畿，而且北向对韦，西向对夏，南向对淮水流域，均拓土不少。

三、盘庚涉河迁殷后，其西北向之势力更发达。重以“中宗祖乙”（参看初版《观堂集林》九卷二十叶）“治民祗惧，不敢荒宁，……享国七十有五年”。“高宗（武丁）时旧劳于外，爰暨小人。……不敢荒宁，……嘉靖殷邦，……享国五十有九年。”“祖甲……旧为小人，作其即位，爰知小人之依，能惠保于庶民，享国三十有三年”。（均见《书·无逸》）故其势力能越太行，过伊洛，而至渭水。彼时南方之疆域今虽不可考，然既至南巢，已越淮水矣。又周称周侯，崇侯之国在丰，此虽藩国不同邦畿，然亦可见其声威所至。且“高宗伐鬼方，三年克之”一传说（见《易·下经》），证以《诗经》，尤可信。《大雅·荡》云：“文王曰咨，咨女殷商。如蜩如螗，如沸如羹。小大近丧，人尚由乎行。内奰于中国，覃及鬼方。”此虽记殷之衰乱，然衰乱时尚能波及于鬼方，强武时鬼方必为其臣属可知。关于鬼方之记载，初不见于发现之卜辞，今春中央研究院始发现一骨，其辞曰：“己酉，卜贞鬼方，𡆥。”这样记载的稀少，似是鬼方既为殷人平定或威服之证。及纣之将亡，周人尚称之曰：“殷商之旅，其会如林。”而周人之翦服东方，历文武周公成王三世而“康克安之”。然则商人所建之帝国，盛时武力甚大，败后死而难僵。此一东起海东、西至岐阳之大帝国，在当时的文化程度中能建设起来，不能不算是一件绝伟大的事。想必凭特殊的武器及坚固的社会组织，方能做到。

第二章　夏迹

商代发迹自东徂西的综迹，已在上一章大致条别清楚。向上推一步便是夏代，我们且看夏代的踪迹分布在何方。

禹的踪迹的传说是无所不在的，北匈奴南百越都说是禹后，而龙门会稽禹之迹尤著名，即在古代僻居汶山（岷山）一带不通中国的蜀人，也一般的有治水传说。（见扬雄《蜀王本纪》，臧氏辑本）虽东方系之商人，也说“浚哲维商，长发其祥。洪水芒芒，禹敷下土方”。明明以禹为古之明神。不过春秋以前书中，禹但称禹，不称夏禹，犹之稷但称稷，不称夏稷或周稷；自启以后方称夏后。启之一字盖有始祖之意。汉避景帝讳改为开，足征启字之诂。其母系出于涂山氏，显见其以上所蒙之禹若虚悬者。盖禹是一神道，即中国之 Osiris。禹鲧之说，本中国之创世传说（Genesis）。虽夏后氏祀之为宗神，然其与夏后有如何之血统关系，颇不易断。若匈奴号为夏后之裔，于越号称少康之后，当皆是奉禹为神，于是演以为祖者。如耶稣教之耶和华上帝，本是犹太一族之宗神，故创世纪言其世系，而耶稣教推广到他民族时，奉其教之民族，亦群认耶和华为人祖，亚当为始宗矣。然则我们现在排比夏迹，对于关涉禹者应律除去，以后启以下为限，以免误以宗教之范围，作为国族之分布。

所谓夏后氏者，其名称甚怪。氏是族类，后为王号，何以于殷曰殷人，于周曰周人，独于夏曰夏后？意者诸夏之部落本甚多，而有一族为诸夏之盟长，此族遂号夏后氏。今将历代夏后之踪迹辑次如下：

一、见于《左传》者

帝丘 僖三十一：“卫迁于帝丘。……卫成公梦康叔曰：‘相夺予享。’公命祀相。宁武子不可，曰：‘鬼神非其族类，不歆其祀。杞鄫何事！相之不享，于此久矣，非卫之罪也！’”杜云：“帝丘，今东郡濮阳县。”

殽 僖三十二：“殽有二陵焉：其南陵，夏后皋之墓也；

其北陵，文王之所以避风雨也。”杜云：“殽在弘农渑池县西。”

穷石　此为夏之敌国，事见襄四年，本文及讨论均见下章。空桑又曰穷桑，见昭二十九年。穷石当即空桑之音转。至斟灌过戈鬲诸地所在，则杜云：“有鬲国名，今平原鬲县。”“乐安寿光县东南有灌亭，北海平寿县东南有斟亭。”“东莱掖县北有过乡，戈在宋郑之间。”

有莘　僖二十八，记晋文城濮之战，有云：“晋侯登有莘之墟以观师，曰：‘少长有礼，其可用也。’遂伐其木，以益其兵。己巳，晋师陈于莘北。”据此，有莘必去城濮甚近。有莘相传为夏诸侯，伊尹其一代之小臣也。

斟灌　斟寻　襄四，杜云：“乐安寿光县东南有灌亭，北海平寿县东南有斟亭。”按，《水经注·巨洋水篇》引薛瓒《汉书集注》云：“汲郡古文，相居斟灌，东郡观是也。”（段玉裁云：〔《经韵楼集》五〕今本《水经注》观讹为灌，而戴校未正）据此，斟灌仍在东郡，去帝丘不远。杜释此之误显然。此地既误释，其释斟寻之误亦可推知矣。

东夏　襄二十二：“晋人征朝于郑，郑人使少正公孙侨对曰，……间二年，闻君将靖东夏。四月，又朝以听事期。”杜云：“谓二十年澶渊盟，先澶渊二月往朝，以听事期。”按以二十年经传所载事，杜说不误。至澶渊所在，杜云：“在顿丘县南，今名繁污。此卫地，又近戚田。”按，卫为东夏，则夏之本土当在东夏卫地之西。但持此一条以证夏境不在东土，已充足矣。

又昭元年：“子相晋国，以为盟主，于今七年矣。再合诸侯，三合大夫，服齐狄，宁东夏，平秦乱，城淳于。”杜于“宁东夏”下注云：“襄二十八年，齐侯白狄朝晋。”

又昭十五：“文公受之，以有南阳之田，抚征东夏。”按，晋文东征者为曹卫，此又以曹卫为东夏。

华夏　襄二十六：“子仪之乱，析公奔晋。晋人寘诸戎车之殿，以为谋主。……晋人从之，楚师宵溃，晋遂侵蔡，袭沈，获其君，败申息之师于桑隧，获申丽而还。郑于是不敢南面。楚失华夏，则析公之为也。”此指蔡沈及邻于楚北境诸国为华夏。

观扈　昭元：“夏有观扈。”杜云：“观国在今顿丘县，扈在始平鄠县。”此皆夏之敌国，当即夏之边境。

大夏　昭元：“子产曰：‘昔高辛氏有二子，伯曰阏伯，季曰实沈，居于旷林，不相能也。日寻干戈，以相征讨。后帝不臧，迁阏伯于商丘，商人是因，故辰为商星。迁实沈于大夏，主参，唐人是因，以服事夏商。……及成王灭唐，而封太叔焉，故参为晋星。’”杜曰：“大夏，晋阳也。”按，大夏与夏墟究竟在晋阳抑在翼，在地理书有异说，（如《括地志》）近代学人有异论，（如顾亭林、全谢山）二地相去亦数百里。然皆在汾水之旁，不关山东也。

钧台　昭四：“夏启有钧台之享。”杜云：“河南阳翟县南有钧台陂。”

仍缗　昭四：“夏桀为仍之会，有缗叛之。”杜于此不能指其所在，但云：“仍缗皆国名。”哀元年注亦然。《史记正义》引《帝王世纪》云：“羿之杀帝相也，妃仍氏女曰后缗，归有仍，生少康。”（此本哀元年传）《正义》于他地名几皆有说，于此亦无说。

夏墟　定四："分唐叔以大路密须之鼓，阙巩沽洗，怀姓九宗，职官五品，命以唐诰，而封于夏墟。启以夏政，疆以戎索。"此更直示吾人，晋为夏之本土。

涂山　哀七："禹合诸侯于涂山，执玉帛者万国。"杜云："涂山在寿春东北。"按昭四有"三涂"之名，杜云："在河南陆浑县南。"涂山或即三涂之一。

二、见于《国语》者

伊洛《周语》上："幽王二年，西周三川皆震。伯阳父曰：'……昔伊洛竭而夏亡，河竭而商亡，今周德若二代之季矣。'"按伊洛于夏，犹西周三川之于周，河之于殷，据此可知夏之地望以伊洛为本土矣。

崇山　聆隧《周语》上，"昔夏之兴也，融降于崇山。其亡也，回禄位于聆隧。"韦云："崇，崇高山也。夏居阳城，崇高所近。"又云："聆隧，地名也。"按，韦以崇为嵩高。

有崇《周语》下："其在有虞，有崇伯鲧，播其淫心，称遂共工之过，尧用殛之于羽山。其后伯禹念前之非……。"据上节所引韦解，崇即嵩高。然《诗·文王篇》云："既伐于崇，作邑于丰。"是崇国境当殷末在渭南。渭南之山境亦东与崇高接。又《左传》宣元："晋欲求成于秦，赵穿曰：'我侵崇，秦急崇，必救之，（杜云：崇，秦之与国。）吾以求成焉。'冬，赵穿侵崇，秦弗与成。"然则春秋时晋秦界上犹有以崇为号之国，此亦可知崇在西土。

杞鄫　同节："有夏虽衰，杞鄫犹在。"按，杞在春秋时由今杞县境东迁，鄫则杜云："在琅琊鄫县。"（僖十四）然《国语》记西周亡时事云:“申缯西戎方疆，王室方骚。……王欲杀太子以成伯服，必求之申。申人弗畀，必伐之。若伐申而缯与西戎会以伐周，周不守矣。”果鄫本在琅琊，势难与申西戎会伐周。然则鄫在琅琊，亦是后来东迁所至。

戎夏《晋语》一:“献公卜伐骊戎，史苏占之。……对曰:‘……戎夏交捽。……若晋以男戎胜戎，而戎亦必以女戎胜晋。……诸夏从戎，非败而何?’”此以晋为夏，与《左传》定四封唐叔于夏墟事合。

昆吾《郑语》:“昆吾为夏伯矣。”准以《诗·商颂》“韦顾既伐，昆吾夏桀”之说，昆吾当非诸夏之一，而别为一族，然与夏族当有若何关系。至昆吾所在，则《左传》昭十二楚子云:“昔我祖伯父昆吾旧许是宅，今郑人贪赖其田而不我与。”可知昆吾在许，即今许昌一带。

东夏《楚语》上:“析公奔晋，晋人用之，实谗败楚，使不规东夏。”韦云:“东夏，沈蔡也。”按此即《左·襄二十六》事。彼处称华夏，此处称东夏。

诸夏《吴语》:“昔楚灵王不君，……不修方城之内，逾诸夏而图东国。”韦云:“诸夏，陈蔡。东国，徐夷吴越。”此更明明证夏之不在东土。

三、见于《诗》者

雅　雅之解说不一。《诗·序》云:“雅者，正也，言王政之所由废兴也。”此真敷衍语。《小雅·鼓钟篇》云:“以雅以南。”南是地域名，(详见《诗经讲义》)则雅之一辞当亦有地名性。《读书杂志》:《荀子·荣辱篇》君子安雅条云:“雅读为夏，夏谓中国也，故与楚越对文。儒效篇:居楚而楚，居越而越，居夏而夏。是其证。古者夏雅二字互通，故左传齐大夫子雅，韩子外储说右篇作子夏。杨注云，正而有美德谓之雅，则与上下二句不对矣。”（阮元亦以雅言之雅为夏）此真确解，可破历来一切传说者之无知妄解。由此看来，《诗经》中一切部类皆是地名，诸国风不待说，雅为夏，颂分周鲁商。然则国风之名，四始之论，皆后起之说耳。雅既为夏，而夏辞之大小雅所载，若一一统计其地望，则可见宗周成周文辞较多，而东土之文辞较少。周自以为承夏绪，而夏朝之地望如此，恰与《左传》《国语》所记之夏地相合。（此说详见我所作《诗经讲义》，未刊。其略见《新获卜辞写本后记跋》［安阳发掘报告第三八五叶］。）

四、见于《周诰》者

区夏　康诰：“惟乃丕显考文王，克明德慎罚，不敢侮鳏寡，庸庸，祗祗，威威，显民，用肇造我区夏，越我一二邦，以修我西土。”按，区字不见《说文》，薛综注《东京赋》云：“区，区域也。”然则区夏犹曰有（域）夏，犹曰夏域，即夏国也。文王造邦于西土，而云始造我夏国，则夏之在西土可知。

五、此外见于《史记》《战国策》者一段

（按《史记》所引杂乱，故不遍举，此节甚关重要，不可遗之。）

河洛　太华　伊阙　羊肠　《吴起列传》：“起对曰……夏桀之居，左河济，右泰华，伊阙在其南，羊肠在其北。”按此语见今本《战国策》二十二。然彼处作“左天门之阴，而右天豁之阳”，虽亦谓左带水而右倚山，未如《史记》言之质实，故录《史记》。金鹗（《求古录·礼说》八）据此以证夏桀之都在雒阳。今按，桀都正当雒阳否，另是一问题，然桀之国环洛阳，则依此语当无可疑。

据以上各书所记夏地，可知夏之区域，包括今山西省南半，即汾水流域，今河南省之西部中部，即伊洛嵩高一带，东不过汉线，西有陕西一部分，即渭水下流。东方界线，则其盛时曾有济水上流，至于商邱，此便是与夷人相争之线，说详下章。最西所至，我们现在不知究到何处，汉陇西郡有大夏县，命名不知何本，更不知与夏后之夏有无关系。最南所至，我们也不知。《汉·地理志》谓汉水将入江时名夏水，今尚保存江夏诸名，或者诸夏不能如此南被。且《荀子·儒效篇》云“君子居楚而楚，居夏而夏”，楚夏对称，自不能以楚为夏。楚国之最大版图中，尽可包含一部分诸夏，而诸夏未必能过荆襄而括江汉，或者此之名夏竟是同音异辞。陈范记关羽据荆州北伐曹操事云“威震华夏”，是汉末犹以华夏为三辅三河汝颍等地之专名，未尝括九州而言。我们现在知诸夏西南北三方所至之大齐，而以东夏之称，夷夏之战，（此事详上章）确知夏之东界，则以古代河济淮泗的中国全部论，夏实西方之帝国或联盟，曾一度或数度压迫东方而已。与商殷之为东方帝国，曾两度西向拓土，灭夏克鬼方者，正是恰恰相反，遥遥相对。知此形势，于中国古代史之了解，不无小补也。

第三章　夏夷交胜

严格意义的诸夏所据之地域已如上章所述，至于夏后一代的大事现在可得而考见的是些什么呢？答曰：统是和所谓夷人的斗争。夷一个名词应如何解，留在下一章中说明。其字在殷周文书每与人字一样，音亦与人相近，这是很可注意的。现在假定，凡在殷商西周以前，或与殷商西周同时所有今山东全省境中，以及河南省之东部，江苏之北部，安徽之东北角，或兼及河北省之渤海岸，并跨海而括辽东朝鲜的两岸，一切地方，其中不是一个民族，见于经典者，有太皞少皞有济徐方诸部，风盈偃诸姓，全叫作夷。《论语》有九夷之称，明其非一类。夏后一代的大事正是和这些夷人斗争。此事现在若失传，然一把经典的材料摆布起来，这事件十分明显。可惜太史公当真不是一位古史家，虽羿浞少康的故事，竟一字不提，为其作正义者所讥。求雅驯的结果，弄到消灭传说中的史迹，保留了哲学家的虚妄。

现在说羿浞与夏后少康的故事，先将材料排列出来。

一、见于《左传》者

魏绛曰……“夏训有之，曰有穷后羿。”公曰：“后羿何如？”对曰：“昔有夏之方衰也，后羿自鉏迁于穷石，因夏民以代夏政。恃其射也，不修民事，而淫于原兽。弃武罗，伯因，熊髡，龙圉，而用寒浞。寒浞，伯明氏之谗子弟也，伯明后寒弃之。夷羿收之，信而使之，以为己相。浞行媚于内，而施赂予外，愚弄其民，而虞羿于田。树之诈慝，以取其国家，外内咸服。羿犹不悛，将归自田，家众杀而亨之，以食其子。其子不忍食诸，死于穷门。靡奔有鬲氏。（杜曰：靡，夏遗臣事羿者。有鬲，国名，今平原鬲县）浞因羿室生浇及豷。恃其谗慝诈伪，而不德于民。使浇用师灭斟灌及斟寻氏，处浇于过，处豷于戈。靡自有鬲氏收二国之烬以灭浞，而立少康。少康灭浇于过，后杼灭豷于戈。有穷由是遂亡，失人故也。昔周辛甲之为太史也，命百官，官箴王阙。于虞人之箴曰：'芒芒禹迹，画为九州。经启九道，民有寝庙，兽有茂草。各有攸处，德用不扰。在帝夷羿，冒于原兽。忘其国恤，而思其麀牡。武不可重，用不恢于夏家。兽臣司原，敢告仆夫。'"（襄四年）

昔有仍氏生女黰黑而甚美，光可以鉴，名曰玄妻。乐正后夔取之，生伯封，实有豕心，贪婪无餍，忿类无期，谓之封豕。有穷后羿灭之，夔是以不祀。（昭二十八年）

伍员曰：不可。臣闻之，"树德莫如滋，去疾莫如尽"。昔有过浇，杀斟灌，以伐斟鄩，灭夏后相。后缗方娠，逃出自窦，归于有仍，生少康焉，为仍牧正。惎浇能，戒之。浇使椒求之，逃奔有虞，为之庖正，以除其害。虞思于是妻之以二姚，而邑诸纶，有田一成，有众一旅。能布其德，而兆其谋，以收夏众，抚其官职。使女艾谍浇，使季杼诱豷，遂灭过戈，复禹之绩。祀夏配天，不失旧物。（哀元年）

二、见于《论语》者

南宫适问于孔子曰："羿善射，奡荡舟，俱不得其死然。禹稷躬稼而有天下。"夫子不答。南宫适出，子曰："君子哉若人，尚德哉若人！"（《宪问》篇）

三、见于《楚辞》者

羿淫以佚畋兮，又好射夫封狐。固乱流其鲜终兮，浞又贪夫厥家。浇身被强围兮，纵欲而不忍。日康娱而自忘兮，厥首用夫颠陨。（《离骚》）

羿焉弹日？乌焉解羽？……帝降夷羿，革孽夏民。胡射夫河伯，而妻彼雒嫔？冯珧利决，封狶是射。何献蒸肉之膏，而后帝不若？浞娶纯狐，眩妻爰谋。何羿之射革而交吞揆之？阻穷西征，岩何越焉？化为黄熊，巫何活焉？咸播秬黍，莆雚是营。何由并投，而疾修盈？白蜺婴茀，胡为此堂？安得夫良药不能固臧？天式从横，阳离爰死。大鸟何鸣，夫焉丧厥体？萍号起雨，何以兴之？撰体协胁，鹿何膺之？鳌戴山抃，何以安之？释舟陵行，何以迁之？惟浇在户，何求于嫂？何少康逐犬，而颠陨厥首？女歧缝裳，而馆同爰止，何颠易厥首，而亲以逢殆？（《天问》）

四、见于《山海经》者

羿与凿齿战于寿华之野，羿射杀之，在昆仑虚东。羿持弓矢，凿持盾。一曰戈。(《海外南经》。按一曰戈三字，或是注文羼入者。)

有人曰凿齿，羿杀之。(《大荒东经》)

帝俊赐羿彤弓素矰以扶下国，羿是始去恤下地之百艰。(《海内经》)

非仁羿莫能上。(按仁字当为夷字之读，两字皆从人，形近故致误。)

五、见于《吕氏春秋》者

夷羿作弓。(《勿躬》)

六、见于《说文》者

羿，羽之羿风，亦古诸侯也，一曰射师。(四，羽部)

芎，帝喾射官，夏少康灭之。从弓开声。《论语》曰："芎，善射。"(十二，弓部。又同弹部下引《楚辞》"羿焉弹日""羿亦作芎"。)

又，《史记》于羿事不载，《正义》讥之。《世本》(见各辑本）谓夷羿作弓。《帝王世纪》所记羿事特详。（见宋翔凤辑本）然数书皆不出上文所举，故不录。

据以上材料，有数点须分解。

一、羿的地位。如罗泌所作传，及其比之于安史，则羿浞只是夏之叛臣。然此说完全无据，以上一切材料全不曾说羿是夏之属臣。然则夷羿必是夏之敌国之君，且此敌国之君并不等闲。以《天问》《山海经》所说，居然是天神，而奉天帝命降于下土者，为夷之君，自钽迁穷桑，而为后人号为帝羿或曰羿帝。（《御览》八十二引《帝王世纪》）

二、夷为东方主。此说可由其称夷羿及《说文》称羿为帝喾（据王国维考，即帝俊）射官，及其地望等事证之。

三、夷夏之争数十年，在夷一面经羿、奡二宗，在夏一面经相、少康二世，战斗得必然很厉害。《天问》所谓"阻穷西征"者，王逸解之曰："言尧放鲧羽山，西行度越岑岩之地，因堕死也。"洪兴祖补曰："羽山东裔，此云西征者，自西徂东也。上文言永遏在西山，夫何三年不施，则鲧非死于道路，此但言何以越岩险而至羽山耳。"按王说无稽，洪已辩之，然洪强释西征曰自西徂东，古书中全无此文法。此处明明谓阻（即钽）穷（石）之后帝羿西征，而越山岩，不然，西征一词全不可解，正不得以同韵之下句中说鲧化为黄熊事而谓此句亦是鲧事。

四、《左传》之神话故事已很伦理化，且《左传》之成分大体为晋楚鲁三国之语，而其立点是偏于西国夏周之正统传说，所以说羿、奡甚不好。但《山海经》之为书，虽已系统化，尚未伦理化，且记东方的帝系较多。这部书中所举夷羿事，很足以表显战国时羿、奡的传说尚甚盛。《山海经》与《天问》互相发明处甚多，《天问》称羿之重要全与《山海经》合。所谓“羿焉彃日”，正在《天问》中论创世纪一节中，则羿本是天神。所谓“帝降夷羿”者，正《山海经》所谓“帝俊赐羿彤弓素矰，以扶下国，羿是始去恤下地之百艰”。《天问》一篇，本颇有次序，王逸以为不次序者，乃由于不知《天问》所陈是流行神话故事之次序，不与汉代人之古史传说同，故不能解。（余另有说见他处）其羿浞之间插入鲧之一段若甚错乱者，当由于《天问》之次序乃神话之次叙；一神话中有数人关涉者，则一次说出，不嫌前后错综。“阻穷西征，岩何越焉”一句，至下文“释舟陵行，何以迁之”，凡十二句中，有涉及鲧处，并有若干因失其神话而不可解之故事，皆可据上下文细绎之，以知其正是说夷夏交战事。此节盖谓羿、奡相继西征，曾越山地，自鲧永遏于羽山后，禹平水土，柜黍藿皆茂长，巫乃将鲧化为黄熊。（《天问》所记鲧事，与《左传》《尚书》等皆不同。《尚书》《左传》皆谓舜殛鲧于羽山，然《天问》云：“永遏在羽山，夫何三年不施。”）当夏代危急，遂与能荡舟之奡战，适其时羿妻窃药而行（本文“安得夫良药不能固藏”）并有其他怪异，（“白蜺婴茀”“天式从横”等语）于是大战得雨起山抃，荡舟者不得不释舟陵行，逃归其嫂，而卒为太康并得之。如此解来，则《论语》南宫适之间正甚明白。南宫适这话并不是泛举古帝王羿奡禹稷而强比之，乃是论一段故事，东土强有力者失其国，西土务耕稼者有天下。《鲁语》上：“昔烈山氏之有天下也，其子曰柱，能殖百谷百蔬。夏之兴也，周弃继之。”明禹稷可作一事论。孔子对神话也如对鬼神一样敬而远之，且以其“君子相”之故，不愿于此等圣帝明王有所议论，故当面不答，而背后称赞南宫适对此神话之题旨西洋故事中所谓 Moral 者，甚能了解。若不如此，而是泛做一篇秦皇汉武与汉文宋仁之优劣论，殊不免于糊里糊涂。《论语》中论一事皆以一事为论，尚无策论八股气。南宫适这一段话，正可证明夷羿在当时的传说中并不大坏。若羿、奡不是当时神话中的大人物，何至与传说中功在生民之禹、稷相提并论，岂不不伦的很、不需要的很？

然则夷羿之故事，我们在现在尚可见到三种传说。一是以夷羿为自天而降甚高明者，《山海经》《天问》属之。二是以夷羿与夏后为对，而以为一崇力一崇德，故一兴一替者。此等之成败论人，《论语》记南宫适所问之背景如此。三是以夷羿为不合道理者，《左传》如此。然尚称之曰“后”，记其曾“因夏民而代夏政”。（夏民者，夏所服属之民，不必改作夏族。）凡读一切神话故事，都须注意及同一题目常因流传之不同而其中是非倒置。此是一例，鲧亦是一例。同在《国语》中，《周语》下谓“崇伯鮌播其淫心，称遂共工之祸”。《鲁语》上谓“鮌鄣洪水”，故夏后“鮌郊”。吴语亦谓“鮌禹之功”。我们不可不注意传说之演变及其道德批评之改易。

夏后一代中夷夏之争，不仅见于有穷后羿一段故事，夏代开国亡国时皆有同样的争斗。现在分别说。

（一）夏后启与伯益之争统。关于这件事，战国的传说有两种：一谓启益相让，二谓启益相争。

《孟子》：禹荐益于天。七年，禹崩。三年之丧毕，益避禹之子于箕山之阴。朝觐讼狱者，不之益而之启，曰：“吾君之子也！”讴歌者不讴歌益，而讴歌启，曰：“吾君之子也。”

《天问》：启代益作后，卒然离蠥。何启惟忧，而能拘是达？皆归射鞠，而无害厥躬？何后益作革，而禹播降？

《古本竹书》：益干启位，启杀之。（引见《晋书·束皙传》。《史通》《疑古篇》、《杂说篇》两引之。）

孟子的古史都是些伦理化的话，然这一段中还看出这个故事本来面目的背景。此背景即是说，代禹者几乎是益，而启卒得之。这话里虽不直说有何争执，但还可隐约看出对峙的形势来。至于《竹书》的话，虽不能即信，但益启之有争执，虽孟子的话中也表示个破绽。因为让争本是一事的两面，不是相争的形势，不需相让的态度。《天问》的话，因故事遗失不大好讲，然益称后，又曾一度革夏命，则甚明白。

我们再看伯益是如何人。经籍中有伯益、伯翳二人，太史公在《陈杞世家》中分为二人，然在他处则不分。索隐议之曰："秦祖伯翳，解者以翳益别为一人。今言十一人，叙伯翳，而又别言垂益，则是二人也。且按《舜本纪》叙十人，无翳，而有彭祖。彭祖亦坟典不载，未知太史公意如何，恐多是误。然据《秦本纪》叙翳之功云，佐舜驯调鸟兽，与《尧典》'命益作虞，若予上下草木鸟兽'文同，则为一人必矣。今未详其所以。"案，此议甚是。太史公在此处诚糊涂。罗泌重申二人不同之说，然全无证。金仁山辩之曰：

> 《尚书》之伯益，即《秦纪》谓之柏翳也。秦声以入为去，故谓益为翳也。《秦纪》谓柏翳佐禹治水，驯服鸟兽，岂非《书》所谓随山刊木，暨益奉庶鲜食，益作朕虞，若予上下鸟兽者乎？其事同，其声同，而太史公独以书纪字异，乃析一人而二之，可谓误矣。唐虞功臣，独四岳不名，其余未有无名者。夫岂别有伯翳，其功如此，而《书》反不及乎？太史公于《二帝本纪》言益，见《秦本纪》为翳，则又从翳，岂疑而未决，故于《陈杞世家》叙伯益与伯翳为二乎？抑出于谈迁二手，故其前后谬误也？（梁玉绳说同，〔见《史记志疑·人表考》〕不具引。）

金氏此说甚明白，此疑可以更无问题。益翳既是一人，翳又为秦赵公认之祖，然则即是嬴姓之祖，亦即是徐方之祖，亦即是《逸周书·作雒解》所谓“周公立，相天子，三叔及殷东（东亦地域名，说别见）徐奄及熊盈以略”之盈族之祖，然则伯益正是原原本本的东夷之祖，更无疑义。益启之争，不即是夷夏之争吗？

（二）汤放桀，等于夷灭夏。商人虽非夷，然曾抚有夷方之人，并用其文化，凭此人民以伐夏而灭之，实际上亦可说夷人胜夏。商人被周人呼为夷，有经典可证，说另详。

然则夏后一代的三段大事，开头的益启之争便是夏夷之争，中间的羿少康之争又是夷夏之争，末后的汤桀之争还是夷夏之争。夏代东西的斗争如此厉害，而春秋战国的大一统主义哲学家都把这些显然的史迹抹杀了，或曲解了！

第四章　诸夷姓

诸夏所在既如上章所述，与之对峙之诸夷，乃并不如诸夏之简单。所谓“夷”之一号，实包括若干族类，其中是否为一族之各宗，或是不同之族，今已不可详考。然各夷姓有一相同之处，即皆在东方，淮济下流一带。现将古来为人称为夷者各族，或其子孙列为东夷者，或其地望正所谓夷地者，分别疏解如下。

一　太皞之族

太皞与太昊为一词，古经籍多谓即是伏羲氏，或作庖牺氏。关于太皞之记载见于早年经籍者如下：

《左传》僖二十一：“任，宿，须句，颛臾，风姓也，实司大皞与有济之祀，以服事诸夏。邾人灭须句，须句子来奔，因成风也。成风为之言于公曰：‘崇明祀，保小寡，周礼也；蛮夷猾夏，周祸也。若封须句，是崇皞济而修祀，纾祸也。’”杜云：“四国，伏羲之后。任，今任城县。颛臾在泰山南武阳县东北，须句在东平须昌县西北。四国封近于济，故世祀之。”按，杜释有济误。有济正如有夏有殷，乃是古国名，四国其后，或其同姓耳。

又昭十七：“太皞氏以龙纪官，故为龙师而龙名。”

又同年：“陈，太皞之墟也。”

《论语》：“季氏将有事于颛臾，……孔子曰：‘……昔者先王以为东蒙主，且在邦域之中矣，是社稷之臣也。何以伐为？’”按，此足证颛臾本为鲁之附国。

《易·系辞》下：“古者包牺氏之王天下也，仰则观象于天，俯则观法于地，观鸟兽之文，与地之宜，近取诸身，远取诸物，于是始作八卦，以通神明之德，以类万物之情。作结绳而为罔罟，以佃以渔，盖取诸离。”按，《御览》七百二十引《帝王世纪》与此大同，唯“作结绳”作“造书契以代结绳之政”，与此异。

《帝王世纪》：“太昊帝庖牺氏，风姓也。蛇身人首。有圣德，都陈。作瑟三十六弦。燧人氏没，庖牺氏代之。继天而生，首德于木，为百王先。帝出于震，未有所因，故位在东方，主春，象日之明，是称太昊，制嫁娶之礼，取牺牲以充庖厨，故号曰庖牺氏。后世音谬，故或谓之虙牺。”（《御览》七十八引作《皇王世纪》。自此以下皆据宋翔凤辑本）

又：“太皞帝庖牺氏，风姓也。母曰华胥。燧人之世，有大人之迹，出于雷泽之中，华胥履之，生庖牺于成纪，蛇身人首。有圣德，为百王先。帝出于震，未有所因，故位在东，主春，象日之明，是以称太皞。”（《礼记·月令正义》引）

又：“女娲氏亦风姓也，承庖牺制度，亦蛇身人首。一号女希，是为女皇。其末，诸侯有共工氏，任智刑，以强伯，而不王。以水承木，非行次，故易不载。及女娲氏没，次有大庭氏，柏皇氏，中央氏，栗陆氏，骊连氏，赫胥氏，尊卢氏，混沌氏，昊英氏，有巢氏，朱襄氏，葛天氏，阴康氏，无怀氏，凡十五世，皆袭庖牺之号。”（《御览》七十八）

又：“庖牺作八卦。神农重之为六十四卦。黄帝尧舜引而申之，分为二易。至夏人因炎帝曰连山。殷人因黄帝曰归藏。文王广六十四卦，著九六之爻，谓之《周易》。”

《古史考》：“伏牺作瑟。”（《毛诗谱序正义》引）

又：“庖牺作易，弘开大道。”（《书钞·帝王部引》）

综合上列诸说，归纳之可得下之二事。

一、太皞族姓之国部之分配，西至陈，东括鲁，北临济水，大致当今河南东隅，山东西南部之平原，兼包蒙峄山境，空桑在其中，雷泽在其域。古代共认太皞为东方之部族，乃分配于淮济间之族姓。

二、太皞继燧人而有此土，在古代之礼乐系统上，颇有相当之贡献，在生活状态上，颇能做一大进步。当是已进于较高文化之民族，其后世并不为人所贱。在周代虽居采卫，而为“小寡”，世人犹以为“明祀”也。

二　少皞之族

关于少皞之记载，见于早年经籍者如下：

《左》昭十七："郯子来朝，公与之宴，昭子问焉，曰：'少皞氏鸟名官，何故也？'郯子曰：'吾祖也，我知之。昔者黄帝氏以云纪，故为云师而云名。炎帝氏以火纪，故为火师而火名。共工氏以水纪，故为水师而水名。大皞氏以龙纪，故为龙师而龙名。我高祖少皞挚之立也，凤鸟适至，故纪于鸟，为鸟师而鸟名。凤鸟氏，历正也；玄鸟氏，司分者也；伯赵氏，司至者也；青鸟氏，司启者也；丹鸟氏，司闭者也；祝鸠氏，司徒也；鴡鸠氏，司马也；鳲鸠氏，司空也；爽鸠氏，司寇也；鹘鸠氏，司事也。五鸠，鸠民者也。五雉，为五工正，利器用，正度量，夷民者也。九扈，为九农正，扈民无淫者也。自颛顼以来，不能纪远，乃纪于近，为民师而命以民事，则不能故也。'仲尼闻之，见于郯子而学之。既而告人曰：'吾闻之，天子失官，学在四夷，犹信。'"（按此乃古代之图腾制。古代称图腾曰"物"，说别详。）

昭二十九："少皞氏有四叔，曰重，曰该，曰修，曰熙，实能金木及水。使重为句芒，该为蓐收，修及熙为玄冥。世不失职，遂济穷桑。此其三祀也。"（杜云，穷桑地在鲁北。按，即空桑。）

定四："因商奄之民，命以伯禽，而封于少皞之虚。"（据此，知曲阜为少皞氏之本邑。）

《楚语》："及少皞之衰也，九黎乱德。民神杂糅，不可方物。"

《帝王世纪》："少昊帝，名挚，字青阳，姬姓也。母曰女节。黄帝时，有大星如虹，下流华渚。女节梦接，意感生少昊。是为玄嚣，降居江水。有圣德，邑于穷桑，以登帝位，都曲阜，故或谓之穷桑。帝以金承土，……故称少昊，号金天氏。"（引见《御览》七十九）

《古史考》："穷桑氏，嬴姓也。以金德王，故号金天氏。或曰，宗师太皞之道，故曰少皞。"（《太平御览·帝王部》引）

《海内经》："少皞生般，般是始为弓矢，帝俊赐羿彤弓素矰，以扶下国。"

综合以上所记，除其矛盾处以外，其地望大致与太皞同，而位于空桑之野之曲阜，尤为少皞之本邑。太皞少皞皆是部族名号，不是个人私名，在古代记载上本甚明白。所谓伏羲氏、金天氏者，亦非能名之于一人者。至战国末汉初年之易系，始有"尧舜氏"一类的名词。然"尧舜氏"亦是统指一派，而非单指一人。氏本为部类家族之义，《左传》及其他古籍皆如此用。至于太少二字，金文中本即大小，大小可以地域大小及人数众寡论，如大月氏、小月氏。然亦可以先后论，如大康、少康。今观太皞、少皞，既同处一地，当是先后有别。且太皞之后今可得而考见者，只风姓三四小国，而少皞之后今可考见者，竟有嬴己偃允四著姓，当是少皞之族代太皞之族而居陈鲁一带。太皞族之孑遗，仅存太山之南，为零数小部落，而少皞一族，种姓繁衍。春秋所谓淮夷，每从其姓，商末所谓奄人，亦是嬴姓。且秦赵之祖，皆称嬴姓，比起太皞来，真是有后福的了。今分述少皞四姓于下。

嬴　嬴姓国今可考者有商末之奄，淮夷之徐，西方之秦、赵、梁。

(《左传》僖十七年，“梁嬴孕过期”)中原之葛，(僖十七，“葛嬴”)东南之江、黄。(《史记索隐》引《世本》)据《史记》，伯翳(按即伯益，详下)为秦赵之祖，嬴姓之所宗。(《世本》同)秦赵以西方之国，而用东方之姓者，盖商代西向拓土，嬴姓东夷在商人旗帜下入于西戎。《秦本纪》说此事本甚明白。少皞在月令系统中为西方之帝者，当由于秦赵先祖移其传说于西土，久而成土著，后世作系统论者，遂忘其非本土所生。《史记》载嬴氏之西封如下：

《秦本纪》：“秦之先，帝颛顼之苗裔。(按颛顼在古帝系统中应属东系，说别详。)孙曰女修。女修织，玄鸟陨卵。女修吞之，生子大业。(此东夷之传说，辨详上文)大业取少典之子，曰女华。女华生大费，与禹平水土。已成，帝锡玄圭。禹受曰：‘非予能成，亦大费为辅。’帝舜曰：‘咨尔费，赞禹功，其赐尔皁游，尔后嗣将大出。’乃妻之姚姓之玉女，大费拜受。佐舜调驯鸟兽，鸟兽多驯服。(按此即皋陶谟之伯益故事)是为柏翳，舜赐姓嬴氏。太费生子二人，一曰大廉，实鸟俗氏。(按此即所谓少皞以鸟纪官)二曰若木，实费氏。(按鲁有费邑，见《左传》《论语》，当即费氏之故居。 曲阜为少皞之墟，费氏之居去之不远也。)其玄孙曰费昌，子孙或在中国，或在夷狄。费昌当夏桀之时，去夏归商，为汤御，以败桀于鸣条。(此盖汤创业时，先服东夷，后克夏后，故费昌在汤部队中。)太廉玄孙曰孟戏，中衍，鸟身人言。帝太戊闻而卜之使御，吉，遂致使御而妻之。自太戊以下，中衍之后，遂世有功，以佐殷国，故嬴姓多显，遂为诸侯。其玄孙曰中潏，在西戎，保西陲。(此盖殷人拓土西陲，东夷之费氏为之守戍，遂建部队于西陲。)生蜚廉，蜚廉生恶来，恶来有力，蜚廉善走，父子俱以材力事殷纣。周武王之伐纣，并杀恶来。是时蜚廉为纣在北方，还，无所报，为坛霍太山而报。得石棺，铭曰：‘帝令处父不与殷乱，赐尔石棺。’以华氏死，遂葬于霍太山。蜚廉复有子曰季胜。季胜生孟增，孟增幸于周成王，是为宅皋狼。(《赵策》，“智伯之赵，请皋狼之地。”盖智伯自大，故请人之皋狼。在汉为县。曰“宅皋狼”者，谓居于皋狼也。）皋狼生衡父，衡父生造父。造父以善御幸于周缪王，得骥、温骊、骅骝、騄耳之驷。西巡狩，乐而忘归。徐偃王作乱，造父为缪王御，长驱归周，以救乱。缪王以赵城封造父，造父族由此为赵氏。自蜚廉生季胜已下五世至造父，别居赵，赵衰其后也。恶来革者，蜚廉子也，早死，有子曰女防。女防生旁皋，旁皋生太几，太几生大骆，大骆生非子。以造父之宠，皆蒙赵城，姓赵氏。非子居犬丘，好马及畜，善养息之。犬丘人言之周孝王，孝王召使主马于汧渭之间，马大蕃息。孝王欲以为大骆适嗣。申侯之女，为大骆妻，生子成，为适。申侯乃言孝王曰：‘昔我先郦山之女，为戎胥轩妻，生中潏。以亲故，归周，保西陲。西陲以其故和睦。今我复与大骆妻，生适子成。申骆重婚，西戎皆服，所以为王。王其图之。’（按周人惯呼殷人曰戎，“戎商必克”，“殪戎殷”，皆其证。则称胥轩为戎者，当亦因其为东方族类也。嬴姓（费氏）为商人置之西陲后，婚于西戎之姜姓，〔申为姜姓，则郦山氏亦当为姜姓〕所生之子，在殷周之末，以母系故，归顺周人。所谓“西陲和睦”者，此其义也。）于是孝王曰：‘昔柏翳为舜主畜，畜多息，故有土，赐姓嬴。今其后世亦为朕息马，朕其分土为附庸，邑之秦，使复续嬴氏祀。’号曰秦嬴，亦不废申侯之女子为骆适者，以和西戎。秦嬴生秦侯。”（按秦史记未与六国同亡，太史公书所记秦之先世必有所本，且此说正与少皞之其他传说相合。纵使秦有冒充之嫌，其由来已久矣。）

《赵世家》：“赵氏之先，与秦共祖，至中衍，为帝大戊御。其后世蜚廉，有子二人，而命其一子曰恶来。事纣，为周所杀，其后为秦。恶来弟曰季胜，其后为赵。季胜生孟增，孟增幸于周成王，是为宅皋狼。皋狼生衡父，衡父生造父，造父幸于周缪王。造父取骥之乘匹，与桃林盗骊、骅騮、绿耳，献之缪王。缪王使造父御，西巡狩，见西王母，乐之忘归。而徐偃王反，缪王日驰千里马，攻徐偃王，大破之。乃赐造父以赵城，由此为赵氏。”

按，伯翳即伯益。（说前详）伯益与夏有争统之事，其人亦号有平水土之功，已见上文论夷夏交胜一章中，此亦嬴为东夷姓之一证。又《逸周书·作雒解》：“周公立，相天子，三叔及殷东徐奄及熊盈以略。……凡所征熊盈族十有七。”所谓熊者，或是楚之同族。（按楚芈姓，而其王名皆曰熊某。金文中熊作酓。）所谓盈者，当即嬴之借字。又，宣八年《左传》经文“夫人嬴氏薨”“葬我小君敬嬴”，公、穀经文皆作“熊氏”“顷熊”，因此近人有疑熊嬴为一名者。然楚王号之熊字本借字，其本字在金文为酓，不可强比。《作雒解》熊嬴并举，不可以为一。且果熊嬴是一姓者，《郑语》详述祝融八姓，不应略此重事，反曰“姜，嬴，荆芈，实与诸姬代相干”。从此可知嬴熊二词同源之说之无根。果此说不误，则《书》所谓践奄，即《逸周书》所谓略盈族也。此固未可谓为确证，然求之地望，按之传说，差为近是矣。

又《秦本纪·赞》记嬴姓诸氏云:“秦之先为嬴姓，其后分封以国为姓。有徐氏，郯氏，莒氏，终黎氏，运奄氏，菟裘氏，将梁氏，黄氏，江氏，修鱼氏，白冥氏，蜚廉氏，秦氏。然秦以其先造父封赵城，为赵氏。”此亦东方之徐郯、西方之秦赵同出一祖之证。

己 按，己本祝融八姓之一。然《世本》云:“莒己姓。”(隐二正义引)杜预云:“少皞金天氏，己姓之祖也。”(昭十七注)又云:“莒嬴姓，少昊之后。周武王封兹舆于莒，初都计，后徙莒，今城阳莒县是也。《世本》自纪公以下为己姓，不知谁赐之姓者。”(隐二正义引杜预世族谱)据此，祝融八姓之己与莒国之己本非一源，不可混为一事。莒之中道改姓，殊费解。按之文七年《左传》“穆伯娶于莒，曰戴己”。是莒己姓有明征，改姓之说，虽或由于“易物”，究不能证明或反证之。今应知者，所谓己姓，不出同一之祖，或祖祝融，或祖少皞，或祖黄帝。下文之表，但以祖少皞者为限。

偃 皋陶之后为偃姓，偃姓与嬴姓之关系，可以皋陶与少皞之关系推求之。自《列女传》曹大家注以为“皋陶之子伯益”,(《诗·秦风·疏》引。)郑玄以为“伯翳实皋陶之子”,(《诗谱·秦风》)王符以为“皋陶……其子伯翳”,(《潜夫论·氏姓》)此说在后世著书者遂多所尊信。梁玉绳详辨此说之非,(《史记志疑》十九《人表考二·许繇下》)其所举证多近理。至其举《左传》臧文仲皋陶庭坚不祀之叹，以证徐秦之不祖皋陶，即皋陶非伯益之父，尤为确不可易。然古代传说中既有此盛行之一说，自当有所本。盖“皋益同族而异支”,(梁玉绳语)以族姓论，二者差近；以时代论，皋陶氏略先于伯益。后世之追造《世本》者，(周末此风甚炽，帝系即如此出来者)遂以为伯益父皋陶矣。今固不当泥于皋陶为伯益父之说，同时亦当凭此传说承认偃嬴二宗种姓上有亲属关系。

然则皋陶之皞，当即大皞少皞之皞，曰皋陶者，皋为氏，陶为名，犹丹朱、商均，上字是邑号，下字是人名。《易林》需之大畜称之曰陶叔，足征陶为私名。《路史·后纪》七云："封之于皋，是曰皋陶。"（按《路史》卖弄文辞而不知别择，好以己意补苴旧文，诚不可据。然宋时所见古书尚多，《世本》等尚未佚，《路史》亦是一部辑佚书，只是书辑得不合法度而已，终不当尽屏而不取）此说或有所本，亦可为此说之一旁证。皋陶之裔分配在英六群舒之地，似去徐州嬴姓较远。然若信皋陶之陶即少皞之皞，又知周初曾压迫熊盈（即嬴）之族，所谓平淮夷，惩舒人，皆对此部类用兵者，则当知此部类古先所居，当较其后世所居偏北；少皞之墟，未尝不可为皋陶之邑。

所有少皞诸姓国之地望，今列表如下：

国	姓	时代	地望	附记
郯	嬴（见《史记》《汉·志》《潜夫论》）己（杜说）	始建国不知在何时，当为古代部落，春秋后始亡。	今山东有郯城县。	《汉·地理志》："郯嬴姓国"；《春秋》文四年见。杜于郯姓未明说，然昭十七传云："郯氏来朝，……昭子问焉，曰，少皞氏鸟名官，何故也？郯子曰，吾祖也。"杜云："少皞金天氏，己姓之祖也。"是杜意以郯为己姓。
莒	嬴己（二姓或同出一源，说见前）	始建国不知在何时，当为古代部落，春秋后灭于楚。	杜云："今城阳莒县。"	
奄	嬴（《左传》昭二疏，襄二十疏引《世本》）	商代东方大国，灭于周初。	奄在鲁境。	定四："因商奄之民，命以伯禽，而封于少皞之虚。"按，克商为武王事，践奄为周公事，是奄亡于周公成王时。
徐	嬴（见《左传》《史记》等）	殷时旧国，西周中曾一度强大称王。西伐济河，见《檀弓》。齐桓时服事诸夏，后灭于楚。	其本土应在鲁，后为周公鲁公逐之。保淮水。《左传》僖三年杜注："徐国在下邳僮县东南。"	《书·费誓》《诗·大雅》《小雅》《鲁颂》《逸周书·作雒解》等，多记徐事。金文中自称郐王。

江	嬴（《陈杞世家·索隐》引《世本》）	不知建国于何时，文四年，灭于楚。	杜云："江国在汝南安阳县。"	《索隐》引《世本》：江黄并嬴姓。
黄	嬴（同上）	不知建国于何时，僖十二年灭于楚。	杜云："黄国，今弋阳县。"	
赵	嬴（见《左传》《史记》等）	《秦本纪》：缪王以赵城封造父。自晋献公时，赵氏世为晋大夫，始大。	《集解》引徐广云："赵城在河东永安县。"《正义》引《括地志》云："今晋州赵城县本彘县地，后改永安，即造父之邑。"	
秦	嬴（同上）	《秦本纪》：周孝王封非子，邑之秦。	《集解》引徐广曰："今天水陇西县秦亭。"	
梁	嬴（见《左传》《潜夫论》）	不知何时建国，僖十九，灭于秦。	杜云："梁国在冯翊夏阳县。"	
葛	嬴（见《左传》《潜夫论》）	《春秋》桓十五，葛人来朝。	杜云："梁国宁陵县东北。"	《左传》僖十七，有葛嬴为齐桓众夫人之一。据《孟子》，葛与汤为邻。春秋嬴姓之葛与古葛有若何关系，今不可考。
菟裘	嬴（《史记》《潜夫论》）	隐十一："公曰：……使营菟裘。"盖春秋前已亡，为鲁邑。	《寰宇记》："菟裘故城在泗水县北五十里。"	

费	嬴（《史记·秦本纪》）	《书》有《费誓》，盖灭于周初。	春秋鲁邑，后为季氏私邑，今犹名费县。	《书·费誓》，盖即对徐方嬴姓族用兵之誓。
群舒	偃（文十二疏引《世本》。杜注）	群舒部落，位于淮南。春秋时初灭于徐，卒灭于楚。	僖五，杜曰：“舒国，今庐江舒县。”	《左传》文十二：“群舒叛楚。”杜曰：“群舒偃姓，舒庸舒鸠之属。今庐江有舒城，舒城西南有龙舒。”《正义》曰：“《世本》：偃姓。舒庸，舒蓼，舒鸠，舒龙，舒鲍，舒龚。以其非一，故言属以包之。”
六	偃（《陈杞世家·索隐》引《世本》）	《春秋》文五：“楚人灭六。”	杜云：“今庐江六县。”	
蓼	偃（同上）	《左》文五：“楚子灭蓼。”	杜云：“今安丰蓼县。”	《左传》文五：“楚子燮灭蓼。臧文仲闻六与蓼灭，曰：皋陶庭坚，不祀忽诸！德之不建，民之无援，哀哉！”
英氏	偃（同上）	《春秋》僖十七年：“齐人徐人伐英氏。”杜云：“英氏，楚与国。”又《陈杞世家》：“皋陶之后，或封英六，楚穆王灭之。”		

以上所列，但以见于《左传》《史记》《世本》佚文、左氏《杜注》者为限，《潜夫论》所举亦略采及，至于《姓纂》《唐宰相世系表略》等书所列，材料既太厚，又少有头绪，均不列入。

据上表，足知少皞后世之嬴姓一支（宗少皞之己姓国在内）分配在今山东南境，河南东端，南及徐州一带。殷代有奄，为大国。有费，鲁公灭之。盖鲁地本嬴姓本土。所谓“奄有龟蒙，遂荒徐宅，至于海邦，淮夷蛮貊”，是指周人略嬴族之故事。因周人建国于奄土，嬴姓乃南退保淮水，今徐州一带。及周人势力稍衰，又起反抗，西伐济河。周人只能压迫之，却不能灭之，故曰“徐方不回，王曰旋归”。可见是灭不了的。入春秋，徐始式微，而殷人所置嬴姓在西土者，转而强大，其一卒并天下。其别系偃姓在今安徽北部、河南东南隅以及湖北东境者，当亦西周时淮夷部队中人，入春秋，为楚所并。夏商虽有天下，其子孙犹不若此之延绵。若东方人作三代系统，必以之为正统无疑。

此外，“夷”名号下之部落，有有穷后羿，即所谓夷羿，说已见前。又有所谓伯夷者，为姜姓所宗，当与叔齐同为部族之号，别见姜姓篇。又祝融八姓之分配在东海者，亦号曰夷，别见祝融八姓篇，今俱不入此文。

又殷有所谓人方者，似不如释作夷方，其地不知在何处。董彦堂先生示我甲骨文一片，其词云：“……在二月，在齐𩨾，隹王来正人方。”是夷方当在济水流域中矣。

上列各部族国邑皆曾为人呼之曰夷，或其后世为人列于夷之一格中。综合其区域所包括，西至今河南之中心，东尽东海，北达济水，南则所谓淮夷徐舒者皆是。这个分布在东南的一大片部族，和分布在偏于西方的一大片部族名诸夏者，恰恰成对峙的形势。这里边的部族，如太皞，则有制八卦之传说，有制嫁娶用火食之传说。如少皞，则伯益一支以牧畜著名，皋陶一支以制刑著名。而一切所谓夷，又皆以弓矢著名。可见夷之贡献于文化者不少。殷人本非夷族，而抚有夷之人民土地，故《吕览》曰："商人服象，为虐于东夷。"虽到宋襄公，还是忘不了东夷，活活的牺牲了夏代的后人，以取悦于东夷。殷曾部分地同化于夷。《逸书》曰："纣越厥夷居而不事上帝。"似乎殷末已忽略其原有之五方帝的宗教，改从夷俗，在亡国时飞廉恶来诸夷人犹为之死。周武王灭商之后，周公之践奄憝熊盈国，鲁公成王之应付"淮夷徐戎并兴"，仍全是夷夏交争之局面，与启益间，少康羿浞间之斗争，同为东西之斗争。西周盛时，徐能西伐济于河，俨然夷羿陵夏之风势。然经籍中所谓虞夏商周之四代，并无夷之任何一宗，这当是由于虞夏商周四代之说，乃周朝之正统史观，不免偏重西方，忽略东方。若是殷人造的，或者以夷代夏。所谓"裔（疑即衣［殷］字）不谋夏，夷不乱华"者，当是西方人的话。夏朝在文化上的贡献何若，今尚未有踪迹可寻，然诸夷姓之贡献却实在不少。春秋战国的思想家，在组织一种大一统观念时，虽不把东夷放在三代之系统内，然已把伯夷皋陶伯益放在舜禹庭中，赓歌揖让，明其有分庭抗礼的资格。（四岳为姜姓之祖，亦是另一部落。非一庭之君臣，乃异族之酋长。说详姜姓篇。）《左传》中所谓才子不才子，与《书·尧典》《皋陶谟》所举之君臣，本来是些互相斗争的部族和不同时的酋长或宗神，而哲学家造一个全神堂，使之同列在一个朝庭中。"元首股肱"，不限于千里之内，千年之间。这真像希腊的全神堂，本是多元，而希腊人之综合的信仰，把他们硬造成一个大系。只是夷夏列国列族的地望世系尚不尽失，所以我们在今日尚可从哲学家的综合系统中，分析出族部的多元状态来。

第五章　总结上文

说到这里，我们可以综合前几章中所论的结果，去讨论古代中国由部落进为王国（后来又进为帝国）的过程中，东西对峙的总局面。

随便看一个有等高线的中国地图，例如最近《申报》出版的丁文江、翁文灏、曾世英合著的中国分省图，不免觉得黄河下流及淮济流域一带和太行山及豫西群山以西的地域，有个根本的地形差别。这样东边的一大片，是个水道冲积的大平原，除山东半岛上有些山地以外，都是些一二百公尺以下的平地，水道改变是极平常的事：若非用人工筑堤防，黄河直无水道可言。西边的一大片是些夹在山中的高地，城市惯分配在河流的两岸。平汉铁路似乎是这个东西地形差别的好界线，不过在河南省境内郑州以下东平原超过平汉线西而几百里，在湖北情形更不整齐了。

我们简称东边一片平地曰东平原区，简称西边一片夹在大山中的高地曰西高地系。

东平原区是世界上极平的大块土地之一，平到河流无定的状态中，有人工河流始有定路，有堤防黄河始有水道。东边是大海，还有两个大半岛在望，可惜海港好的太少，海中岛屿又太少，是不能同希腊比的。北边有热察两省境的大山作屏障，只是这些山脉颇有缺口，山外便是直把辽洮平原（外国书中所谓满洲平原）经天山北路直到南俄罗斯平原连作一气的无障大区域，专便于游牧人生活的。东平原本有她的姊妹行，就是辽洮平原，不过两者中间以热河山地之限制，只有沿海一线可通，所以本来是一个的，分而为不断的两个了。辽洮平原与东平原的气候颇有差别，这个差别在初期农业中是很有意义的，但此外相同处远在东平原与任何平原之上。东平原如以地平论，南端可以一直算到浙西，不过南渡淮水不远，雨量也多了，溪沼也多了，地形与地利全不是一回事了。所以我们的东平原中可有淮南，却不能有江北。东平原中，在古代有更多的泽渚为泄水之用，因垦地及人口之增加。这些泽渚一代比一代少了。这是绝好的大农场而缺少险要形胜，便于扩大的政治，而不便于防守。

西高地系是几条大山夹着几条河流造成的一套高地系。在这些高地里头关中高原最大，兼括渭泾洛三水下流冲积地，在经济及政治的意义上也最重要。其次是汾水区，汾水与黄河夹着成一个“河东”，其重要仅次于渭水区。又其次是伊雒区，这片高地方本不大，不过是关中河东的东面大口，自西而东的势力，总要以雒阳为控制东平原区的第一步重镇。在这三片高地之西，还有陇西区，是泾渭的上游。有洮湟区，是昆仑山脚下的高地。在关中之北，过了洛水的上游，又是大块平的高原了。这大高原在地形上颇接近蒙古高原，甚便于游牧人，如无政治力量，阴山是限不住胡马的。在这三片之南，过了秦岭山脉，便是汉水流域。汉水流域在古代史上大致可分汉中、江汉、汉东三区。就古代史的意义说，汉水是长江的正源，不过这一带地方，因秦岭山脉之隔绝，与我们所谓西高地系者不能混为一谈。西高地系在经济的意义上，当然不如东平原区，然而也还不太坏，地形尤其好，攻人易而受攻难。山中虽不便农业，但天然的林木是在早年社会发展上很有帮助的，陵谷的水草是便于畜牧的。这样的地理形势，容易养成强悍部落。西高地系还有一个便利处，也可以说是一种危险处，就是接近西方，若有文化自中央亚细亚或西方亚细亚带来，它是近水楼台。

人类的住家不能不依自然形势，所以在东平原区中好择高出平地的地方住，因而古代东方地名多叫作丘。在西高地系中好择近水流的平坦地住，因而古代西方地名多叫作原。

在前四章中，我们把夷夏殷的地望条理出来，周代之创业岐阳又是不用证的，现在若把它们分配在本章的东西区域，我们可说夷与殷显然属于东系，夏与周显然属于西系。

同在东区之中，殷与夷又不同。诸夷似乎以淮济间为本土，殷人却是自北而南的。殷人是不是东方土著，或是从东北来的，自是可以辩论的问题，却断乎不能是从西北来的，如太史公所说。他们南向一过陇海线，便向西发展，一直伸张到陕甘边界或更西。夷人中，虽少皞一族，也不曾在军事上政治上有殷人的成功。但似乎人口非常众多，文化也有可观。殷人所以能建那样一个东起辽海西至氐羌的大帝国，也许是先凭着蓟辽的武力，再占有淮济间的经济与人力，所以西向无敌。

同在西系之中，诸夏与周又不尽在一处。夏以河东为土，周以岐渭为本。周在初步发展时，所居比夏更西，但他们在东向制东平原区时，都以雒邑为出口，用同样的形势临制东方。（夏都洛阳说，考见《求古录·礼说》。）

因地形的差别，形成不同的经济生活，不同的政治组织。古代中国之有东西二元，是很自然的现象。不过，黄河淮水上下流域到底是接近难分的地形。在由部落进为帝国的过程达到相当高阶段时，这样的东西二元局势，自非混合不可，于是起于东者，逆流压迫西方。起于西者，顺流压迫东方。东西对峙，而相争相灭，便是中国的三代史。在夏之夷夏之争，夷东而夏西。在商之夏商之争，商东而夏西。在周之建业，商奄东而周人西。在东方盛时，“自彼氐羌，莫敢不来享，莫敢不来王，曰商是常”。在西方盛时，“东人之子，职劳不来。西人之子，粲粲衣服”。秦并六国，虽说是个新局面，却也有夏周为他们开路。关东亡秦，虽说是个新局面，却也有夷人“释舟陵行”，殷人“覃及鬼方”，为他们作前驱。且东西二元之局，何止三代，战国以后数百年中，又何尝不然？秦并六国是西胜东，楚汉亡秦是东胜西，平林赤眉对新室是东胜西，曹操对袁绍是西胜东。不过，到两汉时，东西的混合已很深了，对峙的形势自然远不如三代时之明了。到了东汉，长江流域才普遍的发达。到孙氏，江南才成一个政治组织。从此少见东西的对峙了，所见多是南北对峙的局面。然而这是汉魏间的新局面，凭长江发展而生之局面，不能以之追论三代事。

现在将自夏初以来“东西对峙”的局面列为一表，以醒眉目。

正线的东西相争 东　西	结　局	斜线的东西相争 东　西	结　局
夷——夏	东西互胜，夷曾一度灭夏后氏，夏亦数度克夷，但夏终未尽定夷地		
商——夏	东胜西	殷——鬼方	东胜西
殷——周	西胜东	淮夷——周	虽淮夷曾再度危及成周，终归失败
六国——秦	西胜东		
陈、项等——秦	东胜西		
楚——汉	西胜东		

据此表，三代中东胜西之事较少，西胜东之事甚多。胜负所系，不在一端，或由文化力，或由战斗力，或由组织力。大体说来，东方经济好，所以文化优。西方地利好，所以武力优。在西方一大区兼有巴蜀与陇西之时，经济上有了天府，武力上有了天骄，是不易当的。

然而东方的经济人文，虽武力上失败，政治上一时不能抬头，一经多年安定之后，却是会再起来的。自春秋至王莽时，最上层的文化只有一个重心，这一个重心便是齐鲁。这些话虽在大体上是秦汉的局面，然也颇可以反映三代的事。

谈到这里，读者或不免要问，所谓东平原区，与所谓西高地系，究竟每个有没有它自已的地理重心，如后世之有关洛、邺都、建业、汴京、燕山等。答曰：在古代，社会组织不若战国以来之发达时，想有一个历代承继的都邑，是不可能的。然有一个地理的重心，其政治的，经济的，因而文化的区域，不随统治民族之改变而改变，却是可以找到的。这样的地理重心，属于东平原区者，是空桑，别以韦为辅。属于西高地系者，是雒邑，别以安邑为次。请举其说如下：

在东平原区中，其北端的一段，当今河北省中部偏东者，本所谓九河故道，即是黄河近海处的无定冲积地。这样地势，在早期社会中是很难发达的，所以不特这一段（故天津府、河间府、深冀两直隶州一带）在夏殷无闻，就是春秋时也还听不到有何大事在此地发生。齐燕之交，仿佛想象有一片瓯脱样的。到了春秋下半，凭借治水法子之进步，（即是堤防的法子进步，所谓以邻国为壑）这一带“河济间之沃土”始关重要。这样的一块地方，当然不能成为早期历史中心。至于山东半岛，是些山地，便于小部落据地固守，在初时的社会阶段之下，亦难成为历史的重心。只有这个大平原区的南部，即是西起陈、东至鲁一带，是理想的好地方。自荥泽而东，接连不断地有好些蓄水湖泽，如荷泽孟诸等，又去黄河下游稍远，所以天然的水患不大，地是最肥的，交通是最便当的。果然，历史的重心便在此地排演。太昊都陈，炎帝自陈徙曲阜。（《周本纪·正义》引《帝王世纪》）曲阜一带，即空桑之地。穷桑有穷，皆空桑一名之异称。所谓空桑者，在远古是一个极重要的地方。少昊氏的大本营在这里，后羿立国在这里，周公东征时的对象奄国在这里，这些事都明白指示空桑是个政治中心。五祀之三，勾芒、蓐收、玄冥，起于此地。(《左传》昭二十九及他书。) 后羿立国在此地。此地土著之伊尹，用其文化所赋之智谋以事汤，遂灭夏。此地土著之孔子凭借时势，遂成儒宗。这些事都明白指示空桑是个文化中心。古代东方宗教中心之泰山，有虞氏及商人所居之商丘及商人之宗邑蒙亳，皆在空桑外环。这样看，空桑显然是东平原区之第一重心，政治的及文化的。

在东平原区中，地位稍次于空桑之重心，是郼。郼读如衣，衣即是殷。(见《吕氏·慎大览》高诱注) 殷地者，其都邑在今河南省北端安阳县境，汤灭韦而未都，其后世自河南迁居于此。在商人统治此地以前，此地之有韦，大约是一个极重要的部落，所以《诗·商颂》中拿他和夏桀并提。商人迁居此地之目的，大约是求便于对付西方，自太行山外而来的戎祸，即所谓鬼方者，恰如明成祖营北平而使子孙定居，是为对付北鞑者一般。商人居此地数百年，为人称曰殷商，即等于称在殷之商。末世虽号称都朝歌，朝歌实尚在鄣地范围，所以成王封唐叔于卫，曰“封于殷虚”。(定四) 此地入周朝，犹为兵政之重镇。(看白懋父敦等) 又八百年后入于秦，为东郡，又成控制东方之重镇。到了汉末，邺为盛都，五胡时，割据中原者多都之，俨然为长安雒阳的敌手。

在西高地系内，正中有低地一条，即汾洛泾渭伊雒入河之规形长条。此长条在地形上之优点，地图已明白宣示，不待历史为它说明。它是一群高地所环绕的交通总汇，东端有一个控制东平原的大出口。利用这个形势成为都邑，便是雒阳。如嫌雒阳过分出于形胜的高地之外，则雒阳以西经过殽函之固，又过了河，便是安邑。雒阳为夏周两代所都，其政治的重要不待说。（夏亦曾都雒阳，见《求古录·礼说》）安邑一带，是夏代之最重要区域。在后世，唐叔受封，而卒成霸业。魏氏受邑，而卒成大名。直到战国初，安邑仍为三晋领袖之魏国所都，用以东临中原，西伺秦胡者。河东之重要，自古已然，不待刘渊作乱，李氏禅隋，方才表显它的地理优越性。

以上所举，东方与西土之地理重心，在东平原区中以南之空桑为主，以北之有邿为次；在西高地系中，以外之雒阳为主，内之安邑为次，似皆是凭借地形，自然长成，所以其地之重要，大半不因朝代改变而改变。此四地之在中国三代及三代以前史中，恰如长安、雒邑、建康、汴梁、燕山之在秦汉以来史。秦汉以来，因政治中心之迁移，有此各大都邑之时隆时降。秦汉以前，因部落及王国之势力消长，有本文所说。四个地理重心虽时隆时降，其为重心却是超于朝代的。认识此四地在中国古代史上的意义，或者是一件可以帮助了解中国古代史"全形"的事。

说“广陵之曲江”

余少读《文选》，至枚乘《七发》之赋曲江潮，为之神往，窃思何日得见此海天之大观耶？二十余年间，西游欧洲，南居岭外，终不得一睹子胥之波臣，民国十七年秋，羁旅上海，于仲秋既望往观于海宁，然后知枚生之辞，华而未尝无实，铺张而恰中事情也。归途坐小舟，遵江溪，景物清新，心旷神怡，窃意楚太子何事如彼头巾寒酸气，告以巨观，曰病未能，告以孔墨，乃霍然愈？于是益觉枚生所称曲江之潮非浙江潮莫当，而所谓“广陵之曲江”一语，更不能释然于心矣。后来稍稍询之治地理者，广陵之称，终不可解。今北都再危，忧愤忘事，爰检屈辞，遂及枚赋。旧情既萌，獭祭群书，卒得证据，涣然冰释矣。谨写其解如下：

以曲江为浙江者，朱竹垞也。既以曲江为浙江，遂似不得不以广陵为钱塘之城（见《曝书亭集》卷三十一，与《越辰六书》）。以广陵为近世所谓扬州城者，汪容甫也。既以广陵为扬州城，遂似不得不以曲江当甘泉县之小水。实则广陵正是后之广陵，曲江亦即后之浙江，事在易而两君求之难矣。

地名，人为者也，可同名，可移徙，可讹谬。地理，自然界之事实也，人不得而改易，故论地当以自然事实为先。今浙江之潮，诚世界稀有之大观，必入海之口为胃形，然后能成此奇迹。今世上有此现象者，钱塘江之外，仅南非一大川类似。若从汪氏说，以曲江为北江，则必两千年前，扬子江入海处与今日形状大异，镇江以下皆在海中，然后可也。夫崇明岛至宋始大，今日东海海塘之筑始于明代，固为熟知之事实。然谓西历纪元第二世纪中，即枚乘生时，长江入海处与今日情形如此大差异，诚不可能，区区两千年，在历史上固为久远，在地质史上乃不成一单位。且浙江潮固历代著名者，若扬子有同类之潮，枚乘之后不便即无称道之者，歌咏之者。李善注固以曲江为扬子江者，乃不得不引山谦之《南徐州记》,《南齐书·地理志》，以佐证之。然所引仅谓有江涛耳，与《七发》所形容者迥别。今扬子江潮犹及芜湖，然非浙江潮之类也。枚乘固云，"通望乎东海"，则观潮处必东近海口，设以扬子当之，亦必如今日海门以下，非扬州镇江之形势也。又云：

> 其始起也，洪淋淋焉，若白鹭之下翔。其少进也，浩浩溰溰，如素车白马帷盖之张。其波涌而云乱，扰扰焉如三军之腾装。……诚奋厥武，如震如怒。

则俨然今日浙江潮之画图也。郦道元，古代地理学之第一权威也。其序地理，虽不能尽由目验，亦皆折之事实，绝非抄袭史传，排比文辞者可比。其注江水，虽庐江郡以下自宋已阙佚，然其注浙江则云：

> 常以月晦及望尤大，至二月八月最高，峨峨二丈有余。《吴越春秋》以为子胥、文种之神也。昔子胥亮（忠）于吴，而浮尸于江，吴人怜之，立祠于江上，名曰胥山。《吴录》云，胥山在太湖边，去江不百里，故曰江上。文种诚于越，

而伏剑于山阴；越人哀之，葬于重山。文种既葬一年，子胥从海上负种俱去，游夫江海。故潮水之前扬波者伍子胥，后重水者大夫种。是以枚乘曰："涛无记焉。然海水上潮，江水逆流，似神而非，于是处焉。"

郦君明明以枚乘之曲江为浙江，汪氏舍此说，而乞灵于《南齐书·志》《南徐州记》，诚忘轻重。且"曲""浙"本一词，其音变甚明。今按之地形，征之字义，曲江潮之必为浙江潮，无可疑也。

广陵一名始见于《史记·六国表》，慎睹王二年，即楚怀王十年（公元319），"城广陵"。此当由灭越而起，前此十余年，越为楚灭，故今城之。《史记》此处固未示吾人以广陵之所在，然《项羽本纪》云：

广陵人召平，于是为陈王徇广陵，未能下。闻陈王败走，秦兵又且至，乃渡江矫陈王命，拜梁为楚王上柱国。

是时项梁"举吴中兵"，而召平渡江拜之。则广陵之在江北明矣。且据上文所引《史记》两事，广陵自战国即为重镇，不容钱塘江上又有一小邑，用夺其称。自汉以来，广陵为邑，为国，为郡，班班可考。今按之沿革，广陵城之必在江北，为近代所谓扬州城之前身，又无可疑也。

广陵城既必在江北，曲江潮又必为浙江潮，则"广陵之曲江"一词其不词乎？于是清帝弘历曰：

《七发》之作，不过文人托事抒藻之为，如子虚亡是，骋其赡博。非必若山经地志，专供考资者之脉落分明也（引见王先谦本《水经注》卷首）。

此语糊涂致极！子虚亡是，固可空托，若言实在地名，则不能乱说，乱说必为时人所讥。昆仑玄圃，神话中之地名也。故屈平可以肆用之，然云梦息慎，则实际地名矣，司马长卿虽设子虚亡是，然不能言“齐之云梦”“楚之息慎”也。然则“广陵之曲江”一词，必为汉惠文时通行之语，或可通之称，今宜寻其所由。若不然者，则《七发》必后人书矣。

以为广陵国不涉江南者，乃误读《汉地理志》之故，《汉志》郡国皆哀帝元始二年制，与前此之郡国分合不同。《汉志》中之广陵国境，乃成帝继广陵王胥之绝嗣，重立广陵孝王子守以后之分土。元始二年，在王位者为守子弘，此时广陵王国早失在江南之鄣郡，不止会稽而已。弘历以《汉志》之广陵国境论枚乘时事，其疏已甚。又《史记》褚少孙补三王世家记元狩六年广陵王胥受封之策曰：

於戏！小子胥，受兹赤社！朕承祖考，维稽古建尔国家，封于南土，世为汉藩辅，古人有言曰：“大江之南，五湖之间，其人轻心。杨州保疆，三代要服，不及以政。”（《汉书·武五子传》同）

褚又曰：“孝武帝之时，同日而俱拜三子为王……各因子才力智能，及土地之刚柔，人民之轻重，为作策以申戒之。”又曰：“夫广陵在吴越之地，其民精而轻，故诫之曰云云。”《汉书》亦云：“同日立，皆赐策，各以国土风俗申戒焉。”夫五湖，具区也，吴越，会稽郡是其本土。设若广陵王胥初受封时，并不及于会稽，则《汉书》及褚补所云，皆为不根之谈矣。

景帝后三年，武帝立，时年十六。武帝年“二十九，乃得太子，甚喜”，当在元朔元年。《武五子传》云，“元狩元年，立为皇太子，年七岁”，亦戾太子生在元朔元年之证。卫夫人王夫人并宠幸于武帝，元朔元年三月，立皇后卫氏，是太子生然后立其母为嫡，戾太子前，武帝当无子。同日受封之齐闳燕旦广陵胥三王，既皆不长于戾太子，而三人中齐王当居长，广陵王又为燕王之同母弟。《三王世家》首列霍去病上书云，“皇子赖天，能胜衣趋拜”；又曰，“皇子或在襁褓而立为诸侯王”。又，闳立八年，薨，而褚曰“早死”。《汉书·燕王旦传》云，“旦壮大就国”。凡此皆足证明三王初立，正在数龄，未尝即就国也。且由太子初生之元朔元年至三王受封之元狩六年仅十一年，尤为三王受封时少小之明证。广陵王始封时既未就国，则此国自等于虚设，会稽仍为汉廷之郡。封策中虽已列入吴越之地，行政上仍为假设之邦。其后元鼎元光中，武帝大用事于瓯闽，会稽郡为屯兵备战之重地，则会稽之隶汉廷也，当仍而未改。逮后来胥就国时，或即沿此不得会稽郡矣。江都易王时代，曾兼有会稽郡否，今已不可详知。江都易王之立，“治故吴国”，故吴都广陵，则江都王亦都广陵。王先谦依此以为江都兼有会稽之证，乃误以“治故吴国”为“治吴”或“都吴”耳。《汉志》会稽郡下云，“景帝四年属江都”，广陵下云，“江都易王非广陵厉王胥皆都此，并得鄣郡而不得吴”。显相矛盾，未知孰是。考江都王建自杀国除在元狩二年，而建元三年即有会稽守，见《严助传》，则江都王或未尝有会稽郡，或先有而后失之耳。西汉诸王国境变化不常，时而益封，时而削地，时而自请扫之汉廷，今不可一一考证得之。要之，江都国、广陵国皆不得以为从来但为江北国，皆一度兼得会稽郡，即钱塘江游域，其踪迹今犹可寻也。

广陵国非以江北为限，已如上文所述，然广陵国之号既始于元狩六年，枚乘又为文景时人，在其前不应预知，岂《七发》固为后人所作，抑此语为后人所改耶？曰，不然，以所治之邑名其郡国者，汉世之通习也。吴王濞之国治广陵，不治吴，则王濞之国在世俗称谓中，应曰广陵，不曰吴，作吴者策府之官号，作广陵者民间之习语。请举例以说之。终西汉之世，未尝有吴郡，会稽郡治吴，郡不名吴也。《汉志》会稽郡下云，“高帝六年，为荆国，十二年，更名吴”，此谓王濞之国为荆之更名，非谓会稽郡。王濞之国与会稽郡，大小固绝非一事。《汉志》广陵下云，“江都易王非，广陵厉王胥，皆都此，并得鄣郡而不得吴。”此处之吴，指会稽郡言，故与鄣郡为对。然汉固未尝有吴郡，是直以吴名会稽郡，即以会稽郡所治邑名会稽郡矣。例一也。《枚乘传》曰：“景帝召拜乘为弘农都尉。”弘农置郡在武帝元鼎四年，景帝时已有弘农都尉者，汉初弘农当属河南郡，盖为河南郡都尉而治弘农（钱大昕说）。河南都尉治弘农，即称弘农都尉，是又以治所名都尉之官也，例二也。刘濞之国，策名曰吴，然既都广陵不都吴，则民间自以称之曰广陵为便。《越绝书》二，“高皇帝更封兄子濞为吴王，治广陵，并有吴。立二十一年，东渡之吴，十日，还去”。《越绝书》为东汉会稽人袁康吴平所作，见杨慎《丹铅录》，其书稽古多不可据，而记会稽郡事则为亲见亲闻，其称吴王“治广陵，并有吴”者，可征当时人心中固以濞为广陵之王，兼制吴地，国既在广陵，国即称广陵矣。综是以观，王濞之国称广陵者，当时之通称也。枚乘著书称“广陵之曲江者”，依时俗也。元狩六年封胥为广陵王者，昔日民间之通称，今升为官府之策名者也。其称曲江必曰“广陵之曲江”者，明曲江在广陵所隶境内，犹曰“楚之云梦吴之具区”也。知“广陵”为王濞国之俗称，则“广陵之曲江”一词之解，当从其易，不必求其难矣。阎百诗《潜丘札记》三，论此事，与今此论有同处，然阎说无证，仅一假设，故为钱晓征所议。今不引举，读者幸参看焉。

然则与其执“广陵之曲江”一词以疑《七发》为非枚乘作，毋宁执此以证其为枚乘作耳。

民国二十三年六月

（原载1936年3月《国立中央研究院历史语言研究所集刊》第六本第一部分）

谁是《齐物论》之作者?

一 述题

今本《庄子》，为向秀郭象所编定者，计有《内篇》七,《外篇》十五,《杂篇》十一。按，内外杂之分，一凭主观，既无逻辑为之差别，又无遗说为之依据，可谓注者之私识，无关庄生一书之弘旨，读者如不局促于西晋二君之藩篱，斯不当据为典要。即如《齐物》一篇，在庄书中独显异采，以文词论，徘徊幽忽，不似他篇之昭朗翱翔也。以思想论，决然无主，不似他篇之睥睨众家也。再以标题言之,《庄子》一书中，此篇之外无以论名者，自慎到荀卿吕不韦之前，亦不闻以论名篇，则此篇之可疑滋甚，此题之待证孔殷。无惑乎自北宋人发挥批评精神，此事遂为经籍批评学中一问题。

疑此篇名者自王安石始（王说引见后代人书，原文今不可考见），而王应麟等畅其说。《困学纪闻》（卷十）云：

> 《齐物论》，非欲齐物也，盖谓物论之难齐也。是非毁誉，一付于物，而我无与焉，则物论齐矣。邵子诗谓“齐物到头争”，恐误。张文潜曰：“庄周患夫彼是之无穷，而物论之不

齐也，而托之于天籁。”（下略）（按，今本《柯山集》不载此语）

又，钱大昕《养新录》十九云：

王伯厚谓《庄子·齐物论》，云云（同上文所引，不重录）。按，左思《蜀都赋》，“万物可齐于一朝”，刘渊林注云，“庄子有齐物之论”。刘琨《答卢谌书》云，“远慕老庄之齐物”。《文心雕龙·论说篇》云，“庄周齐物，以论为名”。是六朝人已误以齐物两字连读，唐人多取齐物两字为名，其误不始康节也。

究竟谁误谁不误，今可考定，而本书作者亦可借此推求焉。

二 今本《庄子》为向郭所定与古本大不同

欲解此题，宜先究今本《庄子》为何如书。《世说新语·文学章》云：

初，注《庄子》者数十家，莫能究其旨要。向秀于旧注外为解义，妙析奇致，大畅玄风。惟《秋水》《至乐》二篇未竟，而秀卒，秀子幼，义遂零落。然犹有别本。郭象者，为人薄行，有俊才。见秀义不传于世，遂窃以为己注。乃自注《秋水》《至乐》二篇，又易《马蹄》一篇，其余众篇，或定点文句而已。后秀义别本出，故今有向郭二《庄》，其义一也。

又《晋书·向秀传》云：

> 向秀……雅好老庄之学。庄周著内外数十篇，历世方士虽有观者，莫適论其旨统也。秀乃为之隐解，发明奇趣，振起玄风，读之者超然心悟，莫不自足一时也。惠帝之世，郭象又述而广之，儒墨之迹见鄙，道家之言遂盛焉。

又陆德明《经典释文·庄子序录》云：

> 然庄生宏才命世，辞趣华深，正言若反，故莫能畅其弘致。后人增足，渐失其真。故郭子玄云，“一曲之才，妄窜奇说，若阏奕意修之首，危言游凫子胥之篇，凡诸巧杂，十分有三。”《汉书·艺文志》庄子五十二篇，即司马彪孟氏所注是也。言多诡诞，或似《山海经》，或类占梦书，故注者以意去取。其内篇众家并同，自余或有外而无杂。唯子玄所注，特会庄生之旨，故为世所贵。

据此，《庄子》一书后来以郭注为定本。前此诸家虽崔譔注二十七篇，向秀注二十六篇，司马彪注五十二篇，并著录于《释文》，向秀注二十卷（原注“今阙”），司马彪注十六卷（原注，“本二十一卷，今阙”），并著录于《隋志》，崔、向、司马三家亦并著录于两唐书志，然《崇文总目》即已不载，陈振孙谓“向义今不传”，知先郭诸家均亡于唐世，或唐宋之际矣。今以现存各家《庄子注》对勘，不特篇卷无殊，即文字之差异亦复至少，知郭注既为定本，诸家从此沦没。今固不能见庄书面目于郭本之前，类书等所引庄子有在今本外者，必由唐人犹见司马本之故（《御览》虽编于宋初，然实抄旧有类书）。

然郭本实删定本也。《释文序录》所引郭子玄语不见今本《庄子注》，意者当为《庄子注后序》，或郭氏他文，今不可考。此文谓“凡诸巧杂十分有三”，是郭氏本对司马氏本所删除者，十居其三。按《释文叙录》载司马本五十二篇（《汉志》同），郭本三十三篇，郭本正当司马本百分之六十三余，与郭氏删芟什三之数相合。所谓“阏奕意修之首，危言（或系卮言之误）、游凫子胥之篇”，今皆不可见，是皆删之矣。且向郭二氏实魏晋玄风之中坚，文辞清华，思致玄邈，而考订之学，则非所论也。故上之不如汉儒之质拙，虽欲改窜而不能掩其迹，下之不如宋世朴学诸贤，如朱熹、蔡沈、王应麟，疑古辨伪可得其正。乃竟指挥由心，率尔编定，其失多矣。恐向郭之本不特篇章有选择，即词句亦有所删改耳。又按《史记，庄子列传》云：

> 庄子者……其学无所不窥，然其要本归于老子之言，故其著书十余万言，大抵率寓言也。作《渔父》《盗跖》《胠箧》，以诋訾孔子之徒，以明老子之术。《畏累虚》《亢桑子》之属，皆空语，无事实。

按，亢桑，及庚桑当并是空桑之转。张守节《正义》以为《亢桑子》即今本《庚桑楚》，张守节生当司马本未亡时，此说当不误。其畏累虚一名，则司马贞《索隐》云，“按，《庄子·畏累虚》，篇名也”，是太史公所特为标举者，亦有为向郭所删落者矣。《庄子》一书，诚非尽庄子所著，然内外杂之分既不可据，向郭又非考定之才，其所去取，自是凭一家之爱憎而已。

今更进而论《齐物论》一篇之思想。《齐物》一篇，所论者甚多曲折，其文辞又复张皇幽眇，诚不可以一言归纳之。然郭注颇得其要旨，其言曰：

> 夫自是而非彼，美己而恶人，物莫不皆然，故是非虽异，而彼我均也。

此正《天下篇》谓慎到“舍是与非”也。《天下篇》所云“决然无主，趣物而不两”者，《齐物》反复言之，盈数百言，以多方作喻，其归则“至于莫之是莫之非而已矣”。“万物皆有所可有所不可”，而“辩也者有不见也”，正《天下篇》所谓“大道能包之而不能辩之也”。《齐物论》更详申其义曰，“是不是，然不然。是若果是也，则是之异乎不是也，亦无辩。然若果然也，则然之异乎不然也，亦无辩。”“是非之彰也，道之所以亏也。”至于“弃知去己”之义，《齐物论》中啮缺问乎王倪一节，所释最为明白。所谓“弃知”，并己之不知亦不知，并物果无知否亦不知。所谓去己，则罔两与景皆无所谓己，人之所美，则“鱼见之深入，鸟见之高飞”者也。凡此相同之点，无待列举。细以《天下篇》所述彭蒙、慎到、田骈所持义与《齐物论》比勘，自当觉其互为注脚耳。

儒家曰：“夫物之不齐，物之情也。”非儒者务反是，以为物本齐也，乃有妄人儒墨者，自以为圣智，立是非，辩人我，于是乎不齐矣。以不齐齐其齐也，不齐，犹《庄子》曰，“以不平平其平也，不平”。

《齐物论》一书，在《庄子》三十三篇中，“块然独处，廓然独居”。文辞既绝与他篇不同，思想亦不类，今以《天下篇》庄子所以自述者为准，知《逍遥》《秋水》诸篇最为庄子之本旨，所谓“外死生无终始”者，外篇杂篇所载转多胜义。《齐物论》者，犹不免以齐为心，以齐喻齐，不若以非齐喻齐也，如是安得“上与造物者游”乎？故《齐物论》虽能“与物輐转”，而庄子犹以为“慎到、田骈不知道”耳。

《齐物论》词句与《庄子》他篇偶同者，一见于《庚桑楚》，再见于《寓言》，皆抄袭《齐物》，无关旨要，盖后人敷衍成文者，此不足为《齐物》属于庄子著书之证，适足为《齐物论》混入庄学颇早之证。时至汉初，反儒墨用古之义及其认真之态度者，几皆托庇于黄老，于是乎《庄子》中甚多篇颇似为五千言作注脚者，而庄老之分乃不易见。慎到之学，当至战国末而微，以儒墨为对，自觉其近于庄氏，其混入亦复近情。今幸犹存《天下篇》，可据以探其异源耳。

庄子之学，在汉仅附老子而行，至魏晋则转以老子释庄子。吾尝以为老学凡三变，而阴阳养生神仙术数之比附者不与焉。其一曰关老，其义流行于战国末，乃道术之一派，如《天下篇》所述者是也。其二曰黄老，其义流行于盛汉，乃用世之学，君相南面之术也。其三曰庄老，其义流行于魏晋，乃与时俯仰之见解，衰代聪明自私之人之避世术也（干宝《晋纪总论》，“学者以庄老为宗”，明庄学比老学在当时更居前列，魏晋玄谈，实以老释庄耳）。庄书虽称老子，并非老学，《天下篇》所论者可证。时至汉初，九流相混，庄义难行于盛时，遂成老子之附庸。太史公所见，乃当时之景象，壹如《班志》叙墨家所释贵俭，兼爱，尚贤，明鬼，非命，尚同，诸义，皆汉代墨者之义，非战国时墨学之真。自庄书之要义观之，此为庄学之衰微，然庄书正恐缘此而不失耳。在一派学术衰杀之日，其名犹盛，其理则识之者少，一切相干不相干者，从此附入，亦事理之恒然。人皆知庄子之名，而不识庄子之实，他家名稍逊者，若与庄义相邻，在无别择之时人观之，即为庄子书矣。然则《汉志》著录《庄子》五十二篇，其中正可有他家书之混入，汉晋名贤，无以识别之也。

三 《齐物论》作者为慎到

今日考订古籍，仅可有《庄子》一书之问题，不可有庄子一人之问题；仅可以一篇为单位，不可以一书为单位。古者诸子著书，自吕刘诸家之外，多以篇为单位，集众篇以为一书者，后人之作为，每非著者及生可见之事。功出后死之人，或竟隔远数代，不能起古人而问之，即不能辨何者为原书，何者为后录矣。庄子事迹，可考者少，其曾游稷下否，今不可断言（其不游稷下为章氏太炎臆说）。其真终身不仕否，今无术证明（见《史记》）。今日可得议而不辩者，只《庄》书之思想系统耳。

欲明此事不可不立一标准，标准惟何，《天下篇》所论者是也。《庄子内篇》七，固为魏晋名贤所重，然太史公所重者，乃在《渔父》《盗跖》《胠箧》。此由魏晋玄风，《逍遥》为胜，盛汉百家，老氏为先，各从其时，不关《庄》书之本。《天下篇》虽未必为庄生自作，然所举六派十一家恰与《荀子·非十二子篇》,《天论篇》末、《吕氏·不二篇》，及孟子所论者，大体相合，明其所述者为战国末诸子之形态，非如刘安、司马谈所说为汉人之见识也。此《天下篇》早成之外证也。关老一派，慎到田骈一派，庄子一派，自后人观之，若不易分，而庄老之混，不特汉儒多作此想，即《庄》书本身亦每现此象。然五千文具在，不同卮言，道德义可据，无关逍遥。今《庄》书多篇竟若混同之水，而《天下篇》所示，乃为泾渭未合之上游，从此可知《天下篇》所示者，庄生之原意，虽《胠箧》《盗跖》，亦为后起之书矣。此《天下篇》早成之内证也。持《天下篇》为准，以别关老与庄氏，即可出《齐物论》于《庄》书矣。《天下篇》述慎到、田骈之方术曰：

公而不当（崔本作党），易而无私，决而无主，趣物而不两，不顾于虑，不谋于志，于物无择，与之俱往。古之道术有在于是者，彭蒙田骈慎到闻其风而悦之。齐万物以为首，曰，天能覆之，而不能载之；地能载之，而不能覆之；大道能包之，而不能辩之。知万物皆有所可，有所不可。故曰，选则不遍，教则不至，道则无遗者矣。是故慎到弃知去已，而缘不得已，泠汰于物，以为道理。曰，知不知，将薄知而后邻伤之者也。謑髁无任，而笑天下之尚贤也。纵脱无行，而非天下之大圣。椎拍輐断，与物宛转。舍是与非，苟可以免。不师知虑，不知前后，魏然而已矣。推而后行，曳而后往。若飘风之还，若羽之旋。若磨石之隧，全而无非。动静无过，未尝有罪。是何故？夫无知之物，无建己之患，无用知之累。动静不离于理，是以终身无誉。故曰，至于若无知之物而已，无用贤圣。夫块不失道。

豪杰相与笑之，曰，慎到之道非生人之道，而至死人之理，适得怪焉。

田骈亦然。学于彭蒙，得不教焉。 彭蒙之师曰，古之道人，至于莫之是莫之非而已矣。其风窢然，恶可而言。常反人不见观，而不免于魭（輐）断。其所谓道非道，而所言之韪不免于非。

彭蒙、田骈、慎到不知道。虽然，概乎皆尝有闻者也。

据此文，则慎到著书，曾以《齐物》一篇为首也。所谓“首”者，谓首章，犹《国语》云“以《那》为首”。又，《史记·孟子荀卿列传》云：

> 慎到，赵人，田骈，接子，齐人，环渊，楚人，皆学黄老道德之术，因发明序其指意。故慎到著十二论，环渊著上下篇，而田骈接子皆有所论焉。

据此文，则慎到著书，以论名篇，其数凡十二也。合此两事，知《齐物论》者，慎到所著十二论之首篇也。

《齐物论》一篇中，仅末段见《庄子》名，然此段陈义乃与前文相反。此段中有云，“周与胡蝶则必有分矣”，前文乃云，“分也者，有不分也”。试取古卷子本看其款式，卷尾最易为传写者追加，此段之来源正当如是。

此篇除末节外，分作数章，皆为对语。最先最长之一章为南郭子綦与颜成子游之对语，此两人皆无可考。据下文南郭子綦名丘，颜成子游名偃，字子游。夫师名丘，而徒名偃，更字子游，俨然影射孔子与言偃。战国时，孔子与言偃，在儒家中最知名，荀子所谓“仲尼、子游为兹厚于后世”也。今乃仿其名号，改其主义，以为论议，甚矣慎到之吊诡，稷下先生之好事也！

四　前章所持论之旁证

慎到之学见引于晚周诸子者，皆与前说吻合。兹列举如下。《荀子·非十二子篇》云：

> 尚法而无法，不循（从王念孙改）而好作。上则取听于上，下则取从于俗。终日言成文典，反纠察之，则倜然无所归宿。不可以经国定分。然而其持之有故，其言之成理，足

以欺惑愚众，是慎到田骈也。

又《天论篇》：

慎子有见于后，无见于先。老子有见于诎，无见于信。墨子有见于齐，无见于畸。宋子有见于少，无见于多。有后而无先，则群众无门。有诎而无信，则贵贱不分。有齐而无畸，则政令不施。有少而无多，则群众不化。

《吕览·不二篇》：

老聃贵柔，孔子贵仁，墨翟贵廉，关尹贵清，列子贵虚，陈骈贵齐。（高注："贵齐，齐生死等古今也。"）

今按，所谓尚法者，解见下章。所谓"不循而好作"者，仅谓其著书陈义，自我作古，是泛语，未能据以审断慎子思想。其谓"上则取听于上，下则取从于俗"者，疑谓在上位者，一任所凭之势以为治，无待乎辩贤与不肖，正如《韩非子·难势篇》所引慎到语"无以是知势位之足恃，而贤智之不足慕也"。齐物之思想，若以之应用于人事，自必去是非，泯贤愚，而专用势。"上则取听于上"者，似指居上者当取其力于其自身所凭之势，"下则取从于俗"者，既不辨是非，等而齐之，自可顺俗为治。所谓"有见于后无见于先"者，但据本文颇不可解，观下文云，"有后而无先，则群众无门"，则易解矣。由荀子观之，慎子不能探本追源，以定是非，乃杂然并陈，以为万物皆可皆不可，群众对此，犹治丝而棼之，何所适从？故曰，"有后而无先，则群众无门”也。后者，众说之比肩，先者，原始之一贯也。

上文所释，诚非惟一可能之解。吾在此处所祈求辩证者，仅谓荀子此语与《齐物论》为慎子义之一说不相违悖，非谓其相互证明，此中分际，不敢逾越。《慎子》书既号称十二论，《齐物》之外至少犹有十一篇，《齐物》固为道体之言，此外必有用世之论。以《齐物》之道论，自可有“无所归宿”之人事论，用势而不尚贤之政治论耳。

至于《吕览》所载，乃大可为吾解《齐物论》之证。陈骈即田骈（见《汉志》)，田骈即与慎子同道齐名之人，庄荀论此一派，皆以二者并举。此语中所谓柔，仁，廉，清，虚，皆指抽象之德，不关政治之用，则所谓齐者，当亦如是。高诱注以贵齐为“齐生死，等古今”，不以为齐贵贱，甚得其旨。田骈既贵齐，慎到亦必贵齐，贵齐之义，正托于《齐物论》以传于今耳。

五 论今本《慎子》不足据

如此解《齐物论》，吾深觉其涣然冰释矣。然有一类事实，表面与吾说不合者，即《汉志》著录《慎子》四十二篇在法家，而今本《慎子》思想与《齐物论》既不相干，文辞更绝不类，是也。

求解此谜，并非难事。由《庄子·天下篇》《荀子·非十二子篇》所示，慎到田骈乃一派之学，今《汉志》以《田子》二十五篇列之道家，《慎子》四十二篇列之法家，明二子之后世，学有变化矣。战国诸子，相反相生，一传之后，本师之名号未改，此学之内容乃变，是以读其书者不可不论其世也。据《史记·始皇本纪》太子扶苏语，孔子为神仙方士所宗，据《非十二子篇》，子思、孟子造为五行，据《汉志》语，墨家以养三老五更为兼爱，以顺四时而行为非命。此岂所以论其朔耶？凡此持论者，皆据当时所见言之，既不可以为探本之谈，亦不便以为伪造之证。慎到田骈，在始本为一家之学，《天下篇》所著者其道论也。其用世之旨，政治之论如何，虽可略窥其端，究不能详考其说，惟既以绝是非摒知虑为说，自易流为任势尚法之学。意者十二论中先开其端，其弟子所记乃衍而畅之。道家之流为法家，本自然之势也（《汉志》所谓道家者，虽以五千文为宗，实乃关尹老聃，慎到田骈，庄周列御寇之总名）。凡此慎田二子之支流，邻于法家引于韩非者，正是荀子所谓“尚法而无法”，《汉志》所以列四十二篇于法家者也。犹之自《文子》以降引老子言多出五千文之外者，因当时五千文之外，复有托名老子之传记，其书后世不传耳。且学风之变，动于时尚，成于利禄之途。在慎子田子时，世变未至其极，大国犹可安居，稷下先生开第康庄之衢，不治而议论，穷年清谈，块然可以为生，下逮战国末，交争之风更炽，利国之要求尤著，承师说者，自不能不迁竞时尚，以写新书，而资啖饭，于是解《老子》者，为申韩张目，承慎到者，助法家扬波矣。儒墨在汉皆曾如此丕变，慎学在战国末容亦不免耳。然则韩吕所引，慎子后世书也。果《汉志》著录之四十二篇不绝，吾说当得直接证明。今幸道家犹著录《田子》二十五篇，高注以为“齐生死，等古今”，此中得其消息矣（凡此所论，详见拙著《变化的诸子》，未刊）。

至于今本《慎子》，不足深论。今行世著者二本，慎懋赏本最多，亦最不可据，其内篇已杂采群书，外篇乃纯系伪造，世有定评。《守山阁本》最谨严，然实辑佚之书，校以《群书治要》，多出者甚少，是此书之全佚久矣。凡此佚文，当在四十二篇中，吾所谓后世宗慎子者所写录也。

二十五年五月六日

附　记

余之蓄此说也，几近十年矣，人事鞅掌，东西南北，每思写出，而逡巡不果。本年5月2日，余与李济、董作宾、梁思永诸先生聚谈一室，涉及此事，乃发愤曰，“今晚回家写成”，于是尽两夜之力，成此一文。

此文写成后，同事陈钝先生为我抄录，因举《国学论文索引第三编》所刊山东大学励学社所刊之《励学》中王先进一文，名《庄子考证》，子目有《齐物论之作者问题》一项示余。适研究所无此书，立函山东大学索之。越一周，董作宾先生谓有此书，取而读之，知王先进先生所持之论与余说全合，即谓《齐物论》为慎到作，以《天下篇》为证也（《励学》自题出版于二十二年十二月，惟首页有赵校长序，题一月十日，故知此书出版期当在二十三年一月，或其后）。

余之初为人道此说也，始于民国十六年春，在中山大学教书时。十七年春，访胡适先生于其沪寓，谈《中国古代哲学史》之再版重写，因及此事。适之先生甚喜此说，勉以速写，《哲学史》再版时当引入也。其后适之先生见辄催之，如是二年之久，直至其返居北平之后，犹以为言。此外余又向同好者道之，如顾颉刚、冯友兰、罗膺中、罗莘田、丁山、容元胎及其他甚多友人同事，皆习闻吾说。在北大授“中国古代文学史”课，亦每为诸生言之。其将此说写布者，则为顾颉刚先生。顾先生于所著《从〈吕氏春秋〉推测〈老子〉之成书年代》一文中云。（载于《史学年报》第四期，民国二十一年六月出版，并转载于《古史辨》第四册，二十二年三月出版）：

> 关于慎到，傅斯年先生有一很重要的发见。他觉得《天下篇》中所云“弃知去己”“舍是与非”“块不失道”等义均

与《庄子·齐物论》相合，而“齐万物以为首”一语，简直把《齐物论》的篇名也揭了出来了。这是四年前他在谈话中所发表的。那时容肇祖先生亦举一证以证成之。他说：“《史记·孟子荀卿列传》，中说‘慎到，赵人……著十二论’，《齐物》名‘论’，即是十二篇之一。”他们的见解都是极精确的。

按，王先进君文，未注明写于何时，然《励学》出版，既在《史学年报》第四期及《古史辨》第四期之后，再按以编者之《编后》，王君必预读顾文无疑：因《编后》引王君来信，自称“其材料是本诸黄方刚《老子年代之考证》一段，在《古史辨》第四册第357~358页和罗根泽《老子及老子书的年代》一段，同书第449页”。《古史辨》第四册刊于二十二年三月，而王文自谓用其材料，则其写彼一文必不在二十二年之前可知也。《古史辨》第四册既为王君自认所熟读，所依据，而王君发挥《齐物论》为慎到书之一义，竟全不引同书中顾先生论此事之原文！然此亦不足深论也。

同年六月十九日

此意蓄之十年，以为不移之论，一旦写成，转觉可疑。《庄子杂篇》中与《齐物论》之思想相应者甚多，不可以为偶合，然则《齐物论》之思想与庄生后学者相混久矣，《天下篇》所论，仅见其始耳。甚矣治学之宜毋意毋必也。

同年六月廿一日

(原载1936年《国立中央研究院历史语言研究所集刊》第六本第四部分)

谁是《后出师表》之作者？

余羁旅渝城，行箧中史籍仅存《三国志》一部。《文史杂志》编者卢逮曾先生征文于余，不特考证之文无从着手，即泛论之词亦难下笔。盖引书而不检原书，不可示人也。促之不已，姑乞灵于《三国志》以塞责，读者谅之。

世传诸葛孔明《后出师表》，末有句云：

> 臣鞠躬尽力，死而后已！

此真忠臣谋国之典型，足以仪训百世者也！然其下又云：

> 至于成败利钝，非臣之明所能逆睹也。

是则可怪矣。夫诸葛公出师，北向秦陇，固争其必胜者也。先定南中，而后北进，内整军民，外联胡越，而后举事，将以为成算可操也。时后主朝中，不无滋疑之人，以为以一州之地未可败大敌者，故《前出师表》中谆谆命之，其辞云：

> 今南方已定，兵甲已足，当奖率三军北定中原，庶竭驽钝，攘除奸凶，兴复汉室，还于旧都。此臣所以报先帝，而忠陛下之职分也。……愿陛下托臣以讨贼兴复之效，不效则治臣之罪，以告先帝之灵。

此之自信为何如？其昭示其自信者又何如？“谨慎”者作此言，其有把握又何如？大凡负荷世业之人，绝非认前途为漆黑之辈，事出无奈，无精打采，自不信矣，何以信人？信以成功，疑以招败，古今通例也。若诸葛公以为当时之力未足以克敌，则当益储实力，以待来年，绝不漫然出兵，又漫然作此语。若诸葛公以为当时之力足以克敌，此言更何为者？历观建立世功者，必有其见识，亦必有其自信，人以为冒险，彼知其必克，今观《后出师表》，全篇充满文人做事之心理，若果决而实忧疑，若奋发而实不振，其文辞固与《前出师表》断然两途，其用思尤嫌冰炭。今试问《后出师表》之言为谁发之？为将士欤？此足以隳三军之气勇者也。为朝臣欤？则朝臣已有贪苟安者矣，此固诸葛相力求克服之者，岂容反而助之？为后主欤？则后主庸君，原无庙算，诸葛公谆谆然命之者，“亲贤臣，远小人……宫中府中俱为一体……亦宜自谋，以谘诹善道，察纳雅言，深追先帝遗诏”也，岂容滋长其疑于大计乎？《后出师表》之六不解，虽不可曰“败北主义”，终不免于“不必胜”论，求之于史，颇似殷浩庾亮之心境，即桓玄子亦劣不至此，更安所论于我汉家三炎之丞相哉？

故世人于此文疑之久矣，而信者亦不乏人。其疑之者，以为此文与诸葛公他文皆不类，心境亦不同，而赵云卒年尤与史不合也。其信之者，爱其文辞，谅其居心之苦，且觉其称道时事与当时情景逼合也。身边无一书可查，亦不必查，国志一书之资料足以证之矣。余于辩章两造之前，先察此文之出处。

此表之来源裴松之云："亮集所无，出张俨默记。"

（原载1941年7月16日重庆《文史杂志》第一卷第八期）